취득·양도
상속·증여

절세의 기초와
노하우

취득·양도·상속·증여
절세의 기초와 노하우

2021년 6월 4일 초판 발행
2025년 4월 1일 3판 발행

지 은 이 | 장보원·최왕규·안준혁·김광진
발 행 인 | 이희태
발 행 처 | 삼일피더블유씨솔루션
등록번호 | 1995. 6. 26. 제3-633호
주   소 | 서울특별시 용산구 한강대로 273 용산빌딩 4층
전   화 | 02)3489-3100
팩   스 | 02)3489-3141
가   격 | 25,000원

ISBN   979-11-6784-377-7   03320

취득·양도
상속·증여

절세의 기초와
노하우

장보원 · 최왕규 · 안준혁 · 김광진 지음

SAMIL | 삼일인포마인

2025년 개정판 서문

독자 여러분들의 사랑에 힘입어 2025년에 취득·양도·상속·증여 절세의 기초와 노하우 개정판을 출간하게 되어 영광입니다.

올해는 양도소득세 분야의 파워 블로거 최왕규 세무사와 안준혁 세무사를 새로운 저자로 영입하여 더 다양한 시각으로 본 저서를 업데이트하였습니다.

또한 취득과 양도가 동전의 앞뒤와 같아 양도소득세의 문의만큼 취득세의 문의도 많아 취득세를 보강하였고, 책의 제목도 「취득·양도·상속·증여 절세의 기초와 노하우」로 변경하였습니다.

이로써 자산의 취득 이후에 양도, 상속, 증여의 의사결정에서 다뤄지는 세금을 모두 엿볼 수 있는 책이 된 것 같아 뿌듯합니다.

자산의 투자와 처분은 누구에게나 있을 수 있는 보편적인 일입니다. 따라서 이때 발생하는 세금에 대한 절세는 전문가만이 아는 비밀스러운 영역이 아니라, 모든 국민이 익히셔야 할 하나의 영역이라 생각합니다.

세무 대리인에게 맡길 수 있는 부분이 있더라도 꼭 시간을 내셔서 한 편 한편으로 구성된 글들을 읽어주시고 스스로 점검해 보셨으면 합니다.

그리고 자산의 투자와 처분 시 사전에 반드시 세무 전문가에게 문의하셔서 예상치 못한 세금 문제로 고민하시지 않기를 바랍니다. 사전에 고민하신다면 절세를 위한 더 나은 방법을 찾을 수 있습니다. 다만, 사후에 세무조사의 빌미가 될 어떠한 편법 행위도 멀리하시길 바랍니다.

저자들은 모두 각자의 세무사무소에서 고객들과 직접 소통하고 있으나, 졸저를 통해 수많은 독자님들과 간접 소통하고 있으니 어려움이 있으시면 연락하시기 바랍니다.

늘 번창하시고 가족들과 행복하시고 건강하시길 바랍니다. 감사합니다.

2025년 3월

장보원, 최왕규, 안준혁, 김광진

머리말

절세는 아름답습니다.
다만, 그 과정을 명확히 이해하고 있어야만
완성될 수 있습니다.

대한민국 국민의 재산권을 지키는데 일조하는 절세 이야기를 온라인, 오프라인으로 알려보겠다고 5년 전 「절세테크 100문 100답」을 출간했습니다. 다만, 그 초고가 사업자의 절세와 재산제세의 절세를 모두 묶어 출간하다 보니 5년간 개정세법을 반영할 때에도 그 틀은 변함이 없었습니다.

그러나 많은 독자들이 사업자가 아닌 까닭에 사업자 부분 외에 재산제세, 즉 양도 · 상속 · 증여 · 금융 절세의 기초와 노하우를 많이 원하셨던 것 같습니다. 그래서 2021년에는 기존의 원고를 사업자 부분과 재산제세 부분의 두 가지로 구분하여 분책하였습니다.

먼저 출간되는 「양도 · 상속 · 증여 · 금융 절세의 기초와 노하우」는 종전 「절세테크 100문 100답」의 재산제세 부분에 현재 은행 PB로 활동하고 있는 김광진 세무사의 경험을 글로 녹여 금융권의 자산관리 서비스(WM) 중 하나인 재산제세 절세테크를 대폭 보강하였습니다.

5년 전 시작한 국민들과 소통하는 절세 이야기는 그간 수천 명의 독자들 앞에서 절세 강연을 하면서 이어져 왔는데, 작년에는 코로나19로 인하여 온라인 활동에 더 매진했던 것 같습니다. 그사이 세무사 업력이 늘어 이제 저는 경력 20년 차가 넘는 개업 세무사가 되어 있습니다.

절세 이야기를 출간하고 이를 알리기 위한 절세의 봉사강연을 하기 전인 5년 이전까지만 해도 실전에서 배운 가치 있는 세무지식은 나만의 것, 나만의 무기라고 생각했습니다. 그 세무지식으로 돈을 벌면서 잘 살 수 있을 거라고 생각했습니다.

그런데 세상에서 잘 먹기는 했지만, 잘 살지는 못했던 것 같습니다. 나라의 살림살이가 크게 나아지지 않고 주변에 억울한 세금으로 인해서 고통받는 많은 국민들이 있었는데 제가 아는 세무지식이 주변에, 세상에 아무 기여도 하지 못한 채 제 머릿속에만 웅크리고 있다는 것을 깨닫게 되었습니다.

언제라도 국민들께 재산권을 지키는데 필요한 중요한 세무정보를 나누어야겠다고 생각해서 시작한 일이 5년을 넘어 갑니다. 코로나19를 극복해 내면 또다시 절세 이야기로 전국 어디든 세법을 알고 싶은 국민들을 만나뵈러 다닐 것입니다. 그리고 이 책은 그 이야기꾼 대신에 전하는 글의 모음입니다.

강연은 재미있는 사례로 귀를 즐겁게 해 드릴 수 있는데, 글이란 그 딱딱함을 깨기가 쉽지는 않은 것 같습니다. 다만, 누구라도 금세 이해할 수 있도록 가급적 쉽게 풀어썼습니다. 부디 많은 국민들께서 이 책을 통해 쉽게 세법을 이해하기를 바랄 뿐입니다. 어려운 세법을 쉽게 알리는 일은 결코 쉽지 않은 작업입니다. 그러나 세무사로서 평생을 통해 이루고자 하는 일인 만큼 독자 여러분의 더 많은 채찍질과 조언 부탁드리겠습니다.

2021년 6월

장보원 세무사 · **김광진** 세무사 드림

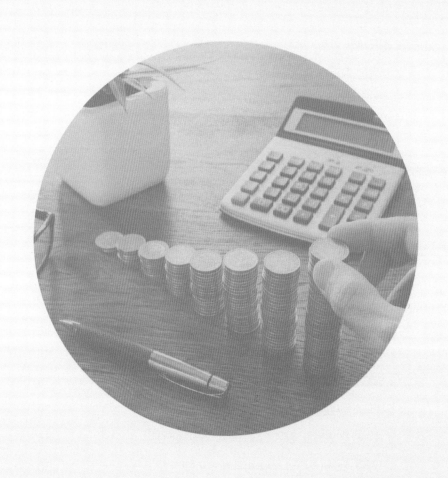

CONTENTS

취득·양도·상속·증여
절세의 기초와 노하우

취득세의 개념

취득세란 부동산(토지 · 건축물), 차량, 기계장비, 입목, 항공기, 선박, 광업권, 어업권, 골프회원권, 승마회원권, 콘도미니엄회원권, 종합체육시설이용권, 요트회원권의 취득이라는 사실 자체를 포착하여, 이에 담세력을 인정하고 부과하는 유통세의 일종이다.

현재의 취득세는 종전의 등록세가 취득세에 통합되었기 때문에 등기 · 등록에 대한 수수료 성격도 함께 가지고 있다. 2010년까지는 취득세와 함께 등기 · 등록 행위 자체를 과세대상으로 하는 등록세가 별도 존재하였는데, 2011년부터 지방세 세목 체계 간소화 차원에서 취득과 관련된 등록세의 과세대상을 취득세의 과세대상으로 통합하고, 취득과 관련 없는 등록세의 나머지 과세대상은 등록면허세로 개편되었다.

취득세 과세대상의 사례

이렇듯 취득세 과세대상에는 부동산뿐 아니라 골프회원권 등 각종 권리도 포함되는데, 그렇다면 아파트 분양권이나 조합원입주권, 미준공 건축물도 취득세 과세대상일까?

먼저 아파트 분양권은 열거되어 있지 않으므로 분양권을 취득하더라도 납세의무가 없다. 다만 추후 신축 아파트의 잔금을 청산할 때 취득세를 내게 된다.

그리고 조합원입주권의 취득은 원조합원인 경우 당초 소유 부동산 등이 관리처분계획인가로 조합원입주권으로 변환되었으므로 취득세가 없고, 종전 조합원으로부터 조합원입주권을 승계취득하는 경우에는 토지지분 취득에 따른 취득세를 부담하게 된다. 이후 신축 아파트가 준공되게 되면 원조합원과 승계조합원 모두 신축 아파트(건물)를 원시취득한 것으로 취득세를 부담하게 된다.

한편 미준공 건축물 자체를 거래할 때는 아직 건축물이 완성되지 않았으므로 취득세 과세대상이 아니지만 준공 후에 건축물의 원시취득에 따른 취득세를 부담하게 된다.

취득의 유형

이렇게 보면 취득세 과세대상의 판단보다 취득의 유형별로 취득세를 부담하는 경우를 이해할 수 있다. 이러한 "취득"을 구분해 보면 부동산 등의 최초 취득인 '원시취득'과 소유권의 변동이 수반되는 '승계취득', 소유권의 변동이 없더라도 취득으로 간주되는 '간주취득'이 있다.

원시취득이란 토지의 공유수면매립 · 간척, 건축물의 신축 · 증축 · 개축 · 재축 · 이축, 선박의 건조, 차량 · 기계장비 · 항공기의 제조 또는 조립, 광업권 · 어업권의 출원, 「민법」상 시효취득이 이에 해당한다.

승계취득이란 유상승계취득인 매매 · 교환 · 현물출자와 무상승계취득인 상속 · 증여로 구분할 수 있다.

간주취득이란 부동산 등 취득세 과세대상을 보유한 법인의 주식을 취득하는 경우와 토지의 지목변경, 건축물의 개수, 차량 등의 종류변경(개조) 등이 있다.

취득의 시기

취득세 과세대상을 각 유형별 취득에 따라 취득하면 취득세를 부담하게 되는데 부동산 원시취득의 경우 사용승인일과 사실상 사용일 중 빠른 날로 하며, 상속취득은 상속개시일에, 증여취득은 증여계약일에 취득한 것으로 본다. 다만 취득일 전에 등기 · 등록한 경우에는 그 등기 · 등록일에 취득한 것으로 본다.

유상승계취득의 경우 취득자가 소유권이전 등기·등록 등 완전한 내용의 소유권 취득 여부와 관계없이 사실상의 잔금지급일에 취득한 것으로 본다. 다만 취득일 전에 등기·등록한 경우에는 그 등기·등록일에 취득한 것으로 본다.

취득세 과세표준

　　　　　　　　취득세 과세표준은 취득 당시의 가액으로 하며, 유상취득은 법인과 개인 구분 없이 취득시기 이전에 발생한 사실상 취득가액을 과세표준으로 하고, 증여취득은 "시가인정액"을 원칙으로 하며, 상속취득은 "시가표준액"으로 한다. 원시취득은 사실상 취득가액으로 하되, 개인의 경우 사실상 취득가액 확인이 어려운 경우에는 시가표준액으로 한다.

취득세 신고납부기한

　　　　　　　　취득세 과세물건을 취득한 자는 그 취득한 날부터 60일(증여는 증여일이 속하는 달의 말일부터 3개월, 상속은 상속개시일이 속하는 달의 말일부터 6개월이나 외국에 주소를 둔 상속인이 있는 경우 9개월) 이내에 그 과세표준에 취득세율을 적용하여 산출한 세액을 신고하고 납부하여야 한다. 다만 신고·납부 기한 이내에 등기·등록한 경우에는 그 등기·등록 신청서를 등기·등록 관서에 접수하는 날까지 취득세를 신고 · 납부하여야 한다.

한편, 일반세율로 신고했다가 5년 이내에 취득세 중과 대상이 되면 사유 발생일로부터 60일 이내에 중과세율을 적용하여 재차 신고하고 납부하여야 한다. 다만 신고 · 납부 기한 이내에 등기 · 등록한 경우에는 그 등기 · 등록 신청서를 등기 · 등록 관서에 접수하는 날까지 취득세를 신고 · 납부하여야 하지만 중과세 사유 발생이 등기 · 등록의 대상이 되는 경우는 흔치 않다.

Q2

부동산 취득세 일반세율의 원리

취득세 계산 시 원시취득과 승계취득 등 취득 유형별로 구분이 필요한 것은 그 취득의 유형에 따라 각각 다른 취득세율이 적용되어 세부담이 달라지기 때문이다. 예를 들면, 건축물을 신축하면 취득세율은 2.8%인 데 비해 건축물을 매매로 취득하면 4.0%의 취득세율이 적용된다.

부동산 취득세 일반세율

취득세 세율이 이처럼 다양한 구조로 정해져 있는 것은 2011년부터 종전 취득세와 등록세를 통·폐합하면서 종전 취득세율와 등록세율을 합하여 현행 취득세 세율이 정해졌기 때문이다. 이에 따라 종전 등록세가 소유권 보전·이전 등 등기원인에 따라 세율이 각각 달랐기 때문에 현행 취득세 세율도 그 등기원인에 따라 각각 다르게 정해져 있는 것이다.

구분		취득세	지방교육세	농어촌특별세	합계세율
부동산 원시취득과 상속 취득		2.8%	0.16%	0.2%	3.16%
상속 외 무상취득	일반납세자	3.5%	0.3%	0.2%	4.0%
	비영리사업자	2.8%	0.16%	0.2%	3.16%
부동산(주택 외) 유상취득		4.0%	0.4%	0.2%	4.6%
주택의 유상 거래 (취득 당시 가액별)	6억 원 이하 85㎡ 이하	1%	0.1%	–	1.1%
	6억 원 이하 85㎡ 초과		0.1%	0.2%	1.3%
	6억 원 초과 9억 원 이하 85㎡ 이하	1~3%	0.1~0.3%	–	1.1~3.3%
	6억 원 초과 9억 원 이하 85㎡ 초과		0.1~0.3%	0.2%	1.3~3.5%
	9억 원 초과 85㎡ 이하	3%	0.3%	–	3.3%
	9억 원 초과 85㎡ 초과		0.3%	0.2%	3.5%

부동산의 원시취득과 승계취득은 종전 소유자가 있느냐 없느냐에 따라 구분할 수 있다. 건축물을 신축·증축·개축·재축으로 취득하는 경우 종전 소유자가 없는 원시취득으로서 소유권의 보존등기를 하는데 이에 대한 취득세율은 2.8%(종전 취득세율 2%+종전 등록세율 0.8%)가 적용된다.

조합원이 되기 위해 종전 조합원으로부터 조합원입주권에 딸린 토지를 유상으로 취득한 경우에 토지 부분은 승계취득으로서 원칙적으로 4%(종전 취득세율 2%+종전 등록세율 2%)의 취득세율이 적용되지만, 아파트를 신축하는 시점에서 조합원은 그 건축물을 원시취득한 것이므로 2.8%의 세율이 적용된다.

한편 부동산을 상속으로 취득하게 되면 취득세율은 2.8%(종전 취득세율 2%+종전 등록세율 0.8%)이고 증여로 취득하는 경우 일반적으로 3.5%(종전 취득세율 2%+종전 등록세율 1.5%)의 세율이 적용된다.

매매·교환 등으로 종전 소유자로부터 부동산을 승계취득하면 원칙적인 취득세율은 종전 취득세와 등록세를 합한 4%의 세율이지만, 주택의 유상거래에 있어서는 일반적으로 취득 당시의 가액에 따라 일반적으로 1~3%의 세율을 적용한다.

그러나 주택의 경우 1가구 1주택 상속에 따른 0.8%의 특례세율이 적용될 수 있고, 다주택자가 조정대상지역에 있는 주택으로서 시가표준액 3억 원 이상의 주택을 증여하는 경우 그 취득자는 12%의 중과세율이 적용될 수 있다. 또한 다주택자와 법인이 유상으로 취득하는 주택은 8%, 12%의 중과세율이 적용될 수 있다. 이러한 특례세율과 중과세율의 자세한 내역은 후술하기로 한다.

취득세에 부가되는 농어촌특별세와 지방교육세

구분			취득세	지방 교육세	농어촌 특별세	합계 세율
부동산 원시취득과 상속 취득			2.8%	0.16%	0.2%	3.16%
상속 외 무상취득	일반납세자		3.5%	0.3%	0.2%	4.0%
	비영리사업자		2.8%	0.16%	0.2%	3.16%
부동산(주택 외) 유상취득			4.0%	0.4%	0.2%	4.6%
주택의 유상 거래 (취득 당시 가액별)	6억 원 이하	85㎡ 이하	1%	0.1%	–	1.1%
		85㎡ 초과		0.1%	0.2%	1.3%
	6억 원 초과 9억 원 이하	85㎡ 이하	1~3%	0.1~0.3%	–	1.1~3.3%
		85㎡ 초과		0.1~0.3%	0.2%	1.3~3.5%
	9억 원 초과	85㎡ 이하	3%	0.3%	–	3.3%
		85㎡ 초과		0.3%	0.2%	3.5%

취득세가 부과되는 경우에는 지방교육세와 농어촌특별세가 더해지는데 농어촌특별세는 종전 취득세 상당액의 10%를 부과한 것이 현재에 이르렀다. 종전 취득세율의 일반세율은 2% 단일세율이었기 때문에 0.2%의 농어촌특별세가 부과되는 것이다.

다만, 전용면적 85㎡ 이하 국민주택을 취득하는 경우에는 농어촌특별세가 비과세된다. 따라서 취득 유형과 관계없이 주택의 유상거래를 포함한 모든 국민주택 취득에는 농어촌특별세가 없다.

그리고 지방교육세는 종전 등록세 상당액의 20%를 부과한 것이 현재에 이르렀다. 종전 등록세의 일반세율은 등기 유형별로 다양했기 때문에 현재 취득세율에서 2%를 제외하고 나머지 세율을 종전 등록세율로 보면 된다. 예를 들어 부동산의 원시취득세율 2.8%는 종전 취득세율 2%, 종전 등록세율 0.8%로 구분되는데 0.8%의 20%인 0.16%가 지방교육세로 부과된다.

한편 주택의 유상거래 대상 중 1~3%의 취득세 일반세율이 적용되는 경우 농어촌특별세와 지방교육세 계산이 복잡해질 수 있는데 농어촌특별세는 종전 취득세율(2%)의 10%로 일률적으로 0.2%로 부과하되 국민주택 규모의 취득에 대해서는 비과세하고, 지방교육세는 1~3%의 절반이 종전 등록세율로 가정하여 0.5%~1.5%의 20%인 0.1%~0.3%로 부과한다.

유상거래로 취득하는 주택의 취득세 일반

저율 또는 중과세율 적용 대상 주택의 범위

유상거래를 원인으로 주택을 취득하는 경우에는 1~3%의 상대적으로 낮은 취득세율이 적용된다. 취득세 표준세율이 1~3%로 적용되는 주택이란 「주택법」 제2조 제1호에 따른 주택으로서 「건축법」에 따른 건축물대장·사용승인서·임시사용승인서 또는 「부동산등기법」에 따른 등기부에 주택으로 기재된 주거용 건축물과 그 부속토지를 말한다.

주택법 제2조 제1호에 따른 "주택"이란 세대(世帶)의 구성원이 장기간 독립된 주거생활을 할 수 있는 구조로 된 건축물의 전부 또는 일부 및 그 부속토지를 말하며, 단독주택과 공동주택으로 구분한다. 단독주택은 단독주택, 다중주택, 다가구주택을 의미하며, 공동주택은 아파트, 연립주택, 다세대주택을 의미한다.

따라서 여기에 속하지 아니한 기숙사, 다중생활시설, 오피스텔은 1~3% 적용 대상 주택이 아니므로 유상승계취득 시 4%의 취득세율을 적용한다.

한편 다주택 세대와 법인의 주택 중과세 적용 대상 주택도 「주택법」 제2조 제1호에 따른 주택에 대하여 중과세율을 적용하는 바 여기서 속하지 아니한 기숙사, 다중생활시설, 오피스텔은 중과세 적용 대상이 아니다.

이러한 공부상의 판단 기준에 따라 행정안전부에서는 무허가주택 등 공부상 주택이 아니지만 사실상 이용 현황이 주택인 경우 주택 취득세율의 적용에 있어 사실상 주택으로 사용하더라도 주택유상거래 세율적용 대상이 되는 주택의 범위에 포함하지 않도록 하고 있다(행안부 지방세운영과-607, 2015. 2. 23.). 다만 구 건축법에 따라 건축허가 또는 신고 없이 건축이 가능하였던 주택은 포함한다.

또한 주택의 건축물이 철거 진행 중인 경우 주택으로 보느냐도 쟁점인데, 「도시 및 주거환경정비법」에 따른 재개발·재건축 사업이 진행되고 있는 경우 "주택의 건축물이 사실상 철거·멸실된 날, 사실상 철거·멸실된 날을 알 수 없는 경우에는 공부상 철거·멸실된 날을 기준으로 주택 여부를 판단한다(행안부 지방세운영과-1, 2018. 1. 2.). 즉, 주택 취득일 현재 해당 부동산이 관리처분계획인가 후 건축물대장상 주택으로 등재되어 있고 주택의 구조 및 외형이 그대로 유지되고 있는 경우 주택으로 보아 취득세율을 적용한다.

유상거래의 판단

유상거래를 원인으로 주택을 취득하는 경우에 적용되는 세율이므로 유상거래를 원인으로 취득하였는지 여부가 중요한데, 실무상 주로 쟁점이 되는 사항으로 직계존비속 간 유상거래를 하였는지 여부이다.

「지방세법」 제7조 제11항에서 '배우자 또는 직계존비속의 부동산등을 취득하는 경우에는 증여로 취득한 것으로 본다.'라고 규정하면서 공매 등으로 취득한 경우이거나 그 취득을 위하여 대가를 지급한 사실이 증명되는 경우 등은 유상으로 취득한 것으로 보도록 하고 있다.

이에 기존에 행정안전부가 "직계비속이 직계존속으로부터 주택을 매수하면서 소득증명이 있더라도 대금지급 사실 또는 채무승계 사실이 없는 이상 부모·자식 간 전세보증금에 대해서는 유상거래로 볼 수 없다"고 해석(행정안전부 지방세운영과-279, 2017. 8. 30.)하여 상당히 많은 추징(1~3%의 유상승계취득세율이 아닌 3.5%의 무상승계취득세율 적용)이 있었다.

그러나 다수의 조세심판례(조심 2020지0324, 2020. 5. 11. 외 다수)에서는 "주택을 취득하고 매매대금을 지급할 수 있는 소득이 증명된다고 볼 수 있는 점 등에 비추어 볼 때 처분청이 청구인의 전세보증금에 대하여 직계존비속 간 그 대가를 지급한 사실이 증명되지 않는 증여취득으로 본 취득세 등 부과처분은 잘못이 있다"고 판단하여 부과취소 하고 있다.

한편, 부담부(負擔附)증여의 경우에는 그 채무액에 상당하는 부분은 부동산 등을 유상으로 취득하는 것으로 보되, 배우자 또는 직계존비속으로부터의 부담부증여의 경우에는 증여로 취득한 것으로 보지만 공매 등으로 취득한 경우이거나 그 취득을 위하여 대가를 지급한 사실이 증명되는 경우 등은 유상으로 취득한 것으로 보도록 하고 있다.

서울행정법원에서는 직계존비속 간의 부담부증여에 의한 부동산 거래에서 부모의 부채를 그의 자녀가 승계 시 해당 부채에 상당하는 금액을 유상거래로 볼 수 있는지 여부에 대하여 부담부증여 계약체결 이전에 소유하고 있던 재산 등 그 밖에 원고의 재산이 있어 보증금 상당액을 반환할 수 있는 정도에 이른다는 점이 증명되어야 한다고 판시(서울행정법원 2019. 7. 12. 선고 2018구합79100 판결 참고)한 바, 재산 또는 소득금액의 증명이 있어야 유상거래가 된다.

🗋 유상거래로 취득하는 주택의 취득세 표준세율

구분			취득세	지방교육세	농어촌특별세	합계세율
주택의 유상 거래 (취득 당시 가액별)	6억 원 이하	85㎡ 이하	1%	0.1%	–	1.1%
		85㎡ 초과		0.1%	0.2%	1.3%
	6억 원 초과 9억 원 이하	85㎡ 이하	1~3%	0.1~0.3%	–	1.1~3.3%
		85㎡ 초과		0.1~0.3%	0.2%	1.3~3.5%
	9억 원 초과	85㎡ 이하	3%	0.3%	–	3.3%
		85㎡ 초과		0.3%	0.2%	3.5%

* (취득당시가액× $\dfrac{2}{3억\ 원}$ −3)×1%로 소수점 다섯째 자리 반올림하여 넷째 자리까지 계산함

지분으로 취득한 주택의 취득당시가액의 산정

취득세율의 적용을 보면 취득당시가액에 따라 취득세율이 달라진다. 그런데 주택을 지분으로 취득하게 되는 경우에는 그 주택의 원본가격에 지분에 상당하는 가액으로 취득하게 되다 보니 취득당시가액의 해석을 지분가액으로 할지, 전체 주택의 가액으로 할지에 대해 다툼의 여지가 있었다.

이를 명확히 하고자 2015년 7월 지방세법을 개정하여 지분으로 취득한 주택의 취득 당시의 가액은 다음 계산식에 따라 산출한 전체 주택의 취득당시가액으로 한다고 명문화하였다. 다만, 이는 세율의 적용 문제이지 과세표준의 문제는 아니므로 과세표준은 취득지분의 취득당시가액으로 한다.

$$\text{전체 주택의 취득당시가액} = \text{취득 지분에 따른 취득당시가액} \times \frac{\text{전체주택의 시가표준액}}{\text{취득지분의 시가표준액}}$$

Q4

유상거래로 취득하는 주택의 취득세 중과

다주택 세대가 유상거래로 취득하는 주택에 대한 중과세

개인(1세대 기준)이 유상거래를 원인으로 주택을 취득하는 경우로서 다음의 어느 하나에 해당하는 경우 각 해당 중과세율이 적용된다. 이 경우 주택의 공유지분이나 부속토지만을 소유하거나 취득할 때도 주택을 소유하거나 취득한 것으로 본다. 조정대상지역(강남구, 서초구, 송파구, 용산구) 내의 주택 취득으로 2주택이 되는 경우 원칙적으로 8%의 중과세율이 적용되는 것이나, (신)주택 취득 후 3년 이내에 (구)주택을 처분하는 경우에는 일시적 2주택으로 보아 1~3% 세율을 적용한다. 양도소득세의 일시적 1세대 2주택 비과세 특례 규정과 유사하나, 취득세에서는 양도소득세와는 달리 '종전주택을 취득하고 1년 경과 후 신규주택 취득'의 요건은 없다.

구분	1주택	2주택	3주택	4주택 이상
조정대상지역	1~3%	8% ※ 일시적 2주택 제외	12%	12%
조정대상지역 외	1~3%	1~3%	8%	12%

중과세율 적용은 당초 보유 중인 주택의 소재지와 무관하게 새로 취득하는 주택의 소재지(조정대상지역 여부)와 새로운 취득으로 인하여 보유하는 주택 수로 판단하면 된다. 한편 주택 수는 주택 취득일 현재 취득하는 주택을 포함하여 1세대가 국내에 소유하는 주택, 2020년 8월 12일 이후 취득한 조합원입주권, 주택분양권 및 오피스텔의 수를 합산한다.

취득세 중과세에 있어서 조정대상지역에 소재하는 주택에 한하여 양도소득세를 중과세하는 국세법과 취급이 다른 이유는 기본적으로는 조정대상지역에서 유상취득하는 주택에 대해서는 취득세 중과세를 하는 것이지만, 주택 수에 따라 조정대상지역 외에서 유상취득하는 주택에 대해서도 취득세를 중과하여 주택가격 상승을 억제하겠다는 취지이다.

법인이 유상거래로 취득하는 주택에 대한 중과세

　　　　　　법인이 유상거래를 원인으로 주택을 취득하는 경우에는 12%의 중과세율이 적용된다. 여기에서 법인이란 법인으로 보는 단체, 비법인 사단과 재단 등 개인이 아닌 자를 포함하며, 국세기본법에 따른 법인으로 보는 단체, 부동산등기법에 따른 법인 아닌 사단과 재단 등 개인이 아닌 자를 포함한다.

2020년 8월 12일 이후부터는 법인이 유상거래로 주택을 취득하는 경우 종전의 1~3% 세율이 아닌 12% 세율로 중과되는데, 이는 개인인 다주택자가 법인을 이용하여 우회취득을 방지하기 위한 취지이다.

법인은 개인의 경우와 달리 소유한 주택의 수 또는 해당 주택이 조정대상지역에 소재하는지 여부와 관계없이 모두 12%의 세율이 적용된다. 다만, 다주택자의 경우와 마찬가지로 법인이 주택의 공유지분이나 부속토지만을 소유하거나 취득하는 경우에도 주택을 소유하거나 취득한 것으로 보며, 주택을 신축하거나 조합원입주권에 의한 취득 등 원시취득하는 경우에는 유상거래로 취득하는 주택에 대한 중과세를 적용하지 아니한다.

주택 취득세 중과세와 고급주택 취득세 중과가 동시에 적용되는 경우

주택 취득세 중과세와 고급주택에 대한 취득세 중과세가 동시에 적용되는 과세물건에 대한 취득세율은 다주택자·법인의 주택 취득세 중과세율에 8%(중과기준세율의 4배)를 합한 세율을 적용한다.

따라서 다주택 세대의 경우 조정대상지역 내 2주택 또는 비조정대상지역 내 3주택에 해당하는 주택(8%)이 고급주택인 경우 중과기준세율(2%)의 4배인 8%를 합한 16%의 세율이 적용되며, 조정대상지역 내 3주택 이상 또는 비조정대상지역 내 4주택 이상인 경우 주택 취득세 중과세율 12%에 중과기준세율(2%)의 4배인 8%를 합한 20%의 세율이 적용된다.

법인의 경우 주택 취득세 중과세율 12%에 중과기준세율(2%)의 4배인 8%를 합한 20%의 세율이 적용된다.

구분		취득세	지방교육세	농어촌특별세	합계세율
주택 중과세	법인, 단체 등의 취득	12%	0.4%	1%	13.4%
	1세대 2주택 조정지역 내, 1세대 3주택 조정지역 외	8%	0.4%	0.6%	9.0%
	1세대 3주택 조정지역 내, 1세대 4주택 조정지역 외	12%	0.4%	1%	13.4%
	법인 등 + 고급주택	20%	0.4%	1.8%	22.2%
	1세대 2주택 조정지역 내, 1세대 3주택 조정지역 외 + 고급주택	16%	0.4%	1.4%	17.8%
	1세대 3주택 조정지역 내, 1세대 4주택 조정지역 외 + 고급주택	20%	0.4%	1.8%	22.2%

* 전용면적 85㎡ 이하 국민주택을 취득하는 경우 농어촌특별세가 비과세됨

취득세 중과세에서 배제되는 주택

주택 수에 무관하게 취득세 중과세에서 배제되는 주택은 시가표준액 1억 원 이하의 정비구역 외 소재 주택과 농어촌주택, 사원용 주택, 주택건설을 위해 취득하는 멸실예정주택 등이 열거되어 있는데 이는 전문가 영역이므로 주택 취득 시 중과배제 대상 여부를 세무전문가와 상의하고 사후관리하여야 한다.

Q5

주택 수 산정 시 분양권 등의
취급과 중과세 쟁점

다주택자 주택 취득세 중과세는 현재 보유 중인 주택의 소재지와 무관하게 새로 취득하는 주택의 소재지가 조정대상지역인지 여부와 새로운 취득으로 인해 보유하는 주택 수로 판단하면 된다. 여기서 주택 수는 주택 취득일 현재 취득하는 주택을 포함하여 1세대가 국내에 소유하는 주택, 2020년 8월 12일 이후 취득한 조합원입주권, 주택분양권 및 주거용 오피스텔의 수를 합산한다.

분양권으로 취득한 주택의 취득세

주택 수에 포함되는 조합원입주권은 추후 신축 아파트가 완공될 때 조합원이 원시취득하게 되는바 주택 취득세 중과세에 해당하지 않는다. 즉 조합원입주권은 주택 수에만 가산될 뿐이다.

주택 수에 포함되는 오피스텔도 주택법상 단독주택, 공동주택에 해당하지 않으므로 취득 시 주택의 표준세율 또는 중과세율의 적용을 받지 않는다. 즉 오피스텔도 주택 수에만 가산될 뿐이다.

그런데 분양권은 추후 신축 아파트가 완공되고 잔금청산을 하면 분양사업자로부터 유상승계 취득하게 되는데 이때 신축 아파트의 주택 취득세율 적용이 문제가 된다. 즉 분양권은 주택 수에도 가산되지만 분양권에 의해 취득하는 주택의 중과세 적용 여부가 쟁점이 된다.

일반적인 주택의 경우 주택 취득일 현재의 주택 수에 따라 중과세 여부를 판정한다. 그러나 분양권에 의해 취득하는 주택의 경우에는 잔금청산일이 아니라, 분양권이 당첨되어 분양사업자와 분양계약한 날의 주택수를 기준으로 중과세 여부를 판정한다. 분양권을 전매로 취득했다면 전매잔금지급일의 주택 수를 기준으로 중과세 여부를 판정한다.

만약 2주택을 소유한 상태에서 2020년 8월 12일 이후 조정대상지역 내에서 분양한 분양권에 당첨되어 분양계약을 했다고 추후 신축 아파트가 완공되고 잔금청산할 때 그 시점의 주택 수와 무관하게 이미 3주택으로 보아 조정대상지역의 3주택 세율인 12%가 적용된다. 분양계약일 이후 기존에 소유하고 있던 2주택을 전부 또는 일부 양도한 경우에도 이는 변치 않는다.

분양권으로 취득한 주택의 취득세 중과 제외 꼼수

그런데 만일 분양계약일 현재에는 2주택 상태에서 분양계약을 하고 기존에 소유하고 있던 2주택을 전부 또는 일부 양도한 경우로서 당초 분양권을 배우자에게 증여하면 어떻게 될까?

행정안전부는 증여받은 분양권으로 주택을 취득한 경우 주택 수 산정 기준일에 대해 "배우자가 취득하는 주택에 대해서는 분양권 증여에 따른 증여계약서상 계약일로 보는 것이 타당하다고 해석하였다(부동산세제과 -974, 2024. 3. 7.). 따라서 이 경우 증여계약일에는 무주택 세대가 되므로 1주택 세율이 적용된다.

이러한 꼼수를 바로잡기 위하여 2024년 말 지방세법 시행령을 개정하였는데 주택 수 판정을 위한 주택분양권의 취득일을 주택분양권의 매매·교환 및 증여를 통하여 1세대 내에서 동일한 주택분양권에 대한 취득일이 둘 이상이 되는 경우에는 가장 빠른 주택분양권의 취득일로 변경하였다. 즉 주택 수를 줄이기 위해 배우자 간 분양권을 증여하는 꼼수를 막은 것이다.

따라서 위 사례에서 분양권이 2025년 1월 1일 이후 분양 계약한 분양권이라면 2주택을 양도한 후에 배우자에게 분양권을 증여하더라도 1세대 내에서 동일한 주택분양권에 대한 취득일이 둘 이상이 되는 경우에 해당하기 때문에 가장 빠른 주택분양권의 취득일인 증여자의 취득일을 기준으로 하여 여전히 분양권에 의해 취득한 아파트는 3주택 세율이 적용된다.

그러나 해당 규정은 2025년 1월 1일부터 시행하며 이 영 시행 이후 1세대에 속하지 않은 자로부터 해당 주택분양권을 취득하는 경우부터 적용한다. 따라서 다주택자로서 2024년 12월 31일 이전에 취득한 분양권의 경우 다른 주택을 양도하여 주택 수를 줄일 계획이 있다면 분양권의 배우자 증여를 통해 취득세 중과세를 피할 수 있다.

예를 들어 당초 2주택 보유 중 비조정대상지역의 분양권에 당첨되어 계약했고, 보유주택 1개를 양도한다면 그 주택 양도 후에 분양권을 배우자에게 증여했을 때 비조정대상지역의 2주택 취득에 해당하여 일반세율이 적용될 수 있다. 다만 분양권 증여 시 중도금대출이 있어서 부담부증여 등이 되는 경우 이에 대한 양도소득세가 발생될 수 있으니 세무전문가의 도움을 받는 것이 안전할 것이다.

Q 6

증여로 취득하는 주택의
취득세와 중과세

증여 등 무상취득 주택의 중과세 취지

서민 주거안정 도모 및 투기수요 근절을
위한 「주택시장 안정 보완대책」(2020. 7. 10.)과 관련한 다주택자 및 법
인이 취득하는 주택에 대한 취득세 중과제도의 실효성 확보 차원으로 다
주택자가 조세회피목적으로 명의 분산하는 것을 방지하기 위하여 조정대
상지역 내 시가표준액 3억 원 이상의 주택을 증여로 취득하는 경우 취득
세를 다주택자 및 법인의 최고 세율과 같은 12%로 중과한다. 다만, 주택
소재지가 조정대상지역이 아닌 경우와 1세대 1주택자가 소유 주택을 배
우자 또는 직계존비속에게 증여하는 경우에는 3.5%의 취득세율이 적용
된다.

증여 등 무상취득 주택의 중과 대상 및 제외 대상

조정대상지역에 있는 주택으로서 시가표준액(지분이나 부속토지만을 취득한 경우에는 전체 주택의 시가표준액을 말한다)이 3억 원 이상인 주택을 상속 외의 원인으로 무상취득하는 경우에는 12%의 세율을 적용한다. 다만, 다음의 경우에는 제외한다.

① 1세대 1주택을 소유한 사람으로부터 해당 주택을 배우자 또는 직계존비속이 무상취득을 원인으로 취득하는 경우
② 이혼에 따른 재산분할로 인한 취득에 해당하는 경우

따라서 비조정대상지역에 소재하는 주택의 무상취득에 대해서는 중과세되지 아니하며, 조정대상지역이라도 주택의 시가표준액이 3억 원 미만인 경우에도 중과세되지 아니한다.

한편, 1세대 1주택을 소유한 사람으로부터 해당 주택을 배우자 또는 직계비속이 무상취득하는 경우에는 그 무상취득하는 직계존비속이 소유한 주택 수와 관계없이 중과세되지 않는다. 즉, 1세대 1주택자의 기준은 수증자(취득자)의 소유 주택 수가 아닌 증여자의 소유 주택 수를 기준으로 판단한다.

이는 조정대상지역 내 2주택 이상의 소유자가 종합부동산세 인상 등을 고려하여 실수요 목적 외의 주택을 직계존비속에게 증여하는 것보다는 시장에 매각을 유도하는 규정으로 유상취득과는 달리 취득자의 주택 수를 별도로 고려하지 않았다.

결국 무상취득하는 주택의 취득세 중과세는 조정대상지역 내 2주택 이상의 소유자가 시가표준액 3억 원 이상인 주택을 증여하는 경우에 수증자에게 적용되는 규정이라고 볼 수 있는데 증여자의 주택 수의 계산은 주택, 분양권, 조합원입주권, 오피스텔을 포함하지만, 유상거래 취득세 중과 시 중과세에서 배제되는 주택 또는 주택 수 산정 방법과 같이 유상거래에만 적용되는 규정은 증여 등 무상취득에 따른 주택의 중과 대상 판단에는 적용되지 않음에 유의하여야 한다.

예를 들어 상속을 원인으로 취득한 주택의 경우 주택의 유상거래 취득세 중과 시 주택 수에서 제외되지만, 증여 등 무상취득에 따른 주택의 중과 대상 판단 시 증여자의 주택 수에서 제외되지 아니한다.

🏠 주택 취득세 중과세와 고급주택 취득세 중과가 동시에 적용되는 경우

구분		취득세	지방교육세	농어촌특별세	합계세율
주택 중과세	조정지역 내 무상취득	12%	0.4%	1%	13.4%
	조정지역 내 무상취득 + 고급주택	20%	0.4%	1.8%	22.2%

* 전용면적 85㎡ 이하 국민주택을 취득하는 경우 농어촌특별세가 비과세됨

취득세 과세표준과 신고기한

상속 외 무상취득(증여)을 원인으로 한 취득의 경우 과세표준은 시가인정액이며, 무상취득일이 속하는 달의 말일부터 3개월 이내에 신고·납부하여야 한다. 다만 신고·납부 기한 이내

에 등기·등록한 경우에는 그 등기·등록 신청서를 등기·등록 관서에 접수하는 날까지 취득세를 신고·납부하여야 한다.

그리고 과세표준 산정 시 예외적으로 시가표준액 1억 원 이하인 부동산 등을 무상취득하는 경우에는 시가인정액과 시가표준액 중에서 납세자가 정하는 가액으로 하며, 1억 원 초과하는 경우로서 시가인정액을 산정하기 어려운 경우에는 시가표준액으로 한다.

Tax
Q7

상속으로 취득하는 주택의 취득세

상속으로 취득하는 주택의 취득세 개요

상속으로 인하여 취득하는 주택의 취득세 표준세율은 2.8%(지방교육세 0.16%, 농어촌특별세 0.2%)이다. 과세표준은 주택의 시가표준액으로 하며, 취득세 신고기한은 상속개시일이 속하는 달의 말일부터 6개월(외국에 주소를 둔 상속인이 있는 경우에는 9개월)이다. 다만, 신고·납부 기한 이내에 등기·등록한 경우에는 그 등기·등록 신청서를 등기·등록 관서에 접수하는 날까지 취득세를 신고·납부하여야 한다. 신고기한은 상속재산분할 여부와 무관하므로 신고기한을 준수하여야 한다.

이때의 상속이란 피상속인이 상속인에게 한 유증과 포괄유증을 포함한다. 즉, 상속인이 아닌 자에게 포괄유증한 경우에도 상속으로 보아 상속에 따른 세율 및 신고기한을 적용하여야 한다. 포괄유증은 특정 재산이 아닌 상속재산 전체의 일정지분을 유증하는 것으로 특정 재산(당해 재산에 대한 부채 포함)만을 유증하는 경우는 상속에 해당하지 아니하고 그 외 무상승계취득에 해당하여 무상취득일이 속하는 달의 말일부터 3개월 이내에 신고·납부하여야 한다.

상속으로 취득하는 주택의 특례세율

주택을 상속받아 주된 상속인을 기준으로 1가구 1주택에 해당하면 취득세 세율은 2.8%가 아니라 0.8%의 적용을 받는다.

이때 1가구 1주택이란 지방세관계법령에서 일률적으로 세대별 주민등록표를 기준으로 판단한다. 다만 가족이 아닌 동거인은 제외한다.

따라서 비록 사실상 생계를 달리하고 있음에도 형식상 주민등록을 함께하고 있어 특례요건을 불리하게 적용받더라도 이는 주민등록표와 자신의 실제 주거지를 일치시키지 않은 데서 기인한 것이라고 보아야 할 것이므로, 주민등록표에 함께 기재되어 있으나 사실상 생계를 달리한다고 하여 1가구 1주택 특례요건을 구비한 것이라고 주장하는 것은 무리가 있다 (대법원 2007. 4. 26. 선고 2007두3299 판결 참조).

그리고 1주택을 여러 사람이 공동으로 상속받는 경우 지분이 가장 큰 상속인을 그 주택의 소유자로 보아 특례요건 여부를 판정한다. 이 경우 지분이 가장 큰 상속인이 두 명 이상일 때에는 지분이 가장 큰 상속인 중 그 주택에 거주하는 자, 연장자의 순서에 따라 그 주택의 소유자를 판정한다.

따라서 무주택자인 배우자와 유주택자의 자녀가 있을 때 상속받은 주택의 지분이 가장 큰 상속인을 무주택자인 배우자로 하는 경우 1가구 1주택에 다른 특례세율을 적용받을 수 있다.

한편 특례 적용 대상 주택은 주택법에 따른 단독주택과 공동주택이며, 지방세법상 사치성 재산에 해당하는 고급주택은 1가구 1주택의 특례세율을 적용받지 못하고 고급주택 취득에 따른 취득세 5배 중과 대상에 해당한다.

"1가구 1주택"과 "1세대 1주택"의 개념

지방세관계법령에서 규정하는 1가구 1주택과 1세대 1주택은 공히 세대별 주민등록표를 기준으로 한다. 이는 국세법에서 사실상 생계를 같이 하는 것을 1세대로 보는 것과 큰 차이가 있다.

상속주택의 특례세율 적용 시 특례 요건을 규정한 1가구 1주택의 개념은 다음과 같다.

> "1가구 1주택"이란 상속인(「주민등록법」에 따른 재외국민은 제외한다)과 같은 법에 따른 세대별 주민등록표에 함께 기재되어 있는 가족(동거인은 제외한다)으로 구성된 1가구(상속인의 배우자, 상속인의 미혼인 30세 미만의 직계비속 또는 상속인이 미혼이고 30세 미만인 경우 그 부모는 각각 상속인과 같은 세대별 주민등록표에 기재되어 있지 아니하더라도 같은 가구에 속한 것으로 본다)가 국내에 1개의 주택(주택법에 따른 주택으로 사용하는 건축물과 그 부속토지를 말하되, 고급주택은 제외한다)을 소유하는 경우를 말한다.

한편 다주택 세대 취득세 중과세 판단 시 세대의 개념은 다음과 같다.

"1세대"란 주택 취득일 현재 주택을 취득하는 사람과 「주민등록법」 세대별 주민등록표 또는 「출입국관리법」 등록외국인기록표 및 외국인등록표에 함께 기재되어 있는 가족(동거인은 제외한다)으로 구성된 세대를 말하며 주택을 취득하는 사람의 배우자(사실혼은 제외하며, 법률상 이혼을 했으나 생계를 같이 하는 등 사실상 이혼한 것으로 보기 어려운 관계에 있는 사람을 포함한다), 취득일 현재 미혼인 30세 미만의 자녀 또는 부모(주택을 취득하는 사람이 미혼이고 30세 미만인 경우로 한정한다)는 주택을 취득하는 사람과 같은 세대별 주민등록표 또는 등록외국인기록표 등에 기재되어 있지 않더라도 1세대에 속한 것으로 본다.

[참고] 국세와 지방세의 용어 차이로 인한 오해

국세인 양도소득세와 지방세인 취득세를 다룰 때 세무 전문가조차도 용어의 정의가 차이가 있음을 인지하지 못해 잘못된 해석을 하는 경우가 종종 있다. 앞서 지방세관계법령이 정하는 "1가구 1주택"과 "1세대"의 개념이 대표적이다. 몇 가지 주의할 용어를 살펴보면 다음과 같다.

국세와 지방세의 "1세대" 개념 차이

국세에서의 "1세대"란 거주자 및 그 배우자(법률상 이혼하였으나 생계를 같이 하는 등 사실상 이혼한 것으로 보기 어려운 관계에 있는 사람을 포함한다)가 그들과 같은 주소 또는 거소에서 생계를 같이 하는 자와 함께 구성하는 가족 단위를 말한다.

즉, 지방세관계법령의 "1가구" 또는 "1세대"는 주민등록표를 기준으로 판단한다면 국세는 같은 곳에서 생계를 같이 가족 여부로 판단한다. 따라서 지방세관계법령상 "1가구" 또는 "1세대"로 혜택을 받고자 한다면 생계를 같이 하는지와 무관하게 주민등록표를 잘 정리해야 한다.

국세와 지방세의 "주택" 개념 차이

국세에서의 "주택"이란 허가 여부나 공부상의 용도 구분과 관계없이 세대의 구성원이 독립된 주거생활을 할 수 있는 구조로서 세대별로 구분된 각각의 공간마다 별도의 출입문, 화장실, 취사 시설이 설치되어 있는 구조를 갖추어 사실상 주거용으로 사용하는 건물을 말한다. 이 경우 그 용도가 분명하지 아니하면 공부상의 용도에 따른다.

반면 지방세관계법령에서 규정한 "주택"이란 「주택법」 제2조 제1호에 따른 주택으로서 「건축법」에 따른 건축물대장·사용승인서·임시사용승인서 또는 「부동산등기법」에 따른 등기부에 주택으로 기재된 주거용 건축물과 그 부속토지를 말한다.

즉, 지방세관계법령은 공부상 기준의 주택으로 주거용 건축물과 그 부속토지를 모두 포함하지만, 국세는 허가 여부나 공부상의 용도 구분과 관계없이 사실상 주거용으로 사용하는 건물을 말하므로 주택의 건물 소유자와 부속토지 소유자가 다르면 주택의 건물 소유자만 주택을 보유한 것으로 본다. 따라서 지방세관계법령상 "주택"으로 혜택을 받거나 불이익을 받는 경우 공부상의 주택과 그 부속토지 여부를 잘 확인해야 한다.

국세와 지방세의 "농지" 개념 차이

국세에서의 "농지"란 논밭이나 과수원으로서 지적공부의 지목과 관계없이 실제로 경작에 사용되는 토지를 말한다.

반면 지방세관계법령에서 규정한 "농지"는 취득 당시 공부상 지목이 논, 밭 또는 과수원인 토지로서 실제 농작물의 경작이나 다년생식물의 재배지로 이용되는 토지와 취득 당시 공부상 지목이 논, 밭, 과수원 또는 목장용지인 토지로서 실제 축산용으로 사용되는 축사와 그 부대시설로 사용되는 토지, 초지 및 사료밭을 말한다.

즉 지방세관계법령은 공부와 실제 경작에 부합하는 농지를 말하고, 국세는 지적공부의 지목과 관계없이 실제로 경작에 사용되는 토지를 말한다. 따라서 지방세관계법령상 "농지"로 혜택을 받고자 한다면 공부상 농지 여부를 잘 확인해야 한다.

국세와 지방세의 "조합원입주권" 개념 차이

국세에서의 "조합원입주권"이란 「도시 및 주거환경정비법」에 따른 관리처분계획의 인가 및 「빈집 및 소규모주택 정비에 관한 특례법」에 따른 사업시행계획인가로 인하여 취득한 입주자로 선정된 지위를 말한다. 이 경우 「도시 및 주거환경정비법」에 따른 재건축사업 또는 재개발사업, 「빈집 및 소규모주택 정비에 관한 특례법」에 따른 자율주택정비사업, 가로주택정비사업, 소규모재건축사업 또는 소규모재개발사업을 시행하는 정비사업조합의 조합원으로서 취득한 것(그 조합원으로부터 취득한 것을 포함한다)으로 한정하며, 이에 딸린 토지를 포함한다.

그리고 지방세관계법령도 "조합원입주권"의 개념은 국세와 다르지 않다. 그러나, 국세는 주택이냐 조합원입주권이냐의 판단을 관리처분계획인가일 등을 기준으로 하는 것이나, 지방세에서는 「도시 및 주거환경정비법」에 따른 재개발·재건축 사업이 진행되고 있는 경우 "주택의 건축물이 사실상 철거·멸실된 날, 사실상 철거·멸실된 날을 알 수 없는 경우에는 공부상 철거·멸실된 날을 기준으로 주택 여부를 판단한다고 해석하고 있다(행안부 지방세운영과-1, 2018. 1. 2.).

즉, 주택 취득일 현재 재개발·재건축 구역 내 해당 부동산이 관리처분계획인가 후 이주가 완료되었으나, 건축물대장상 주택으로 등재되어 있고 주택의 구조 및 외형이 그대로 유지되고 있는 경우 이를 "주택"으로 보아 주택 수에 따른 취득세율을 적용한다.

주택조합과 재개발·재건축사업의 취득세

주택조합 등의 취득세

「주택법」에 따른 주택조합과 「도시 및 주거환경정비법」 및 「빈집 및 소규모주택 정비에 관한 특례법」에 따른 재건축조합 및 소규모재건축조합이 해당 조합원용으로 취득하는 조합주택용 부동산은 그 조합원이 취득한 것으로 본다. 다만, 조합원에게 귀속되지 아니하는 부동산(비조합원용 부동산)은 제외한다.

왜냐하면 주택조합 등은 그 소유의 자금으로 조합원의 건물을 신축하는 것이 아니라 절차에 따라 조합원으로부터 각자 부담할 건축자금을 제공받아 조합원의 자금으로 이를 건축하는 것이므로, 건축 절차의 편의상 조합 명의로 그 건축허가와 준공검사를 받았다고 하더라도 그 건물의 소유권은 특단의 사정이 없는 한 건축자금의 제공자인 조합원들이 원시취득한 것이기 때문이다(대법원 1994. 6. 24. 선고 93누18839 판결).

따라서 주택조합 등이 취득하는 조합주택용 부동산은 조합원이 취득한 것이 되고, 비조합원용 부동산의 경우에는 조합이 취득한 것이 된다. 이 경우 주택조합 등이 취득하는 비조합원용 부동산의 취득시기는 다음과 같다.

「주택법」에 따른 주택조합이 주택건설사업을 하면서 조합원으로부터 취득하는 토지 중 조합원에게 귀속되지 아니하는 토지를 취득하는 경우에는 사용검사를 받은 날에 그 토지를 취득한 것으로 보고, 「도시 및 주거환경정비법」에 따른 재건축조합이 재건축사업을 하거나 「빈집 및 소규모주택 정비에 관한 특례법」에 따른 소규모재건축조합이 소규모재건축사업을 하면서 조합원으로부터 취득하는 토지 중 조합원에게 귀속되지 아니하는 토지를 취득하는 경우에는 소유권이전 고시일의 다음 날에 그 토지를 취득한 것으로 본다.

위와 같이 주택조합 등은 비조합원용 부동산인 일반분양분 공동주택과 상가 부분에 대해서는 취득세 납세의무가 있으며 대지권에 대하여는 무상승계취득한 것으로 보아 사업 종료 후 3.5%의 취득세를 신고·납부해야 하고 일반분양분 공동주택과 상가 부분의 건물 신축에 대해서도 원시취득으로 보아 주택조합 등이 취득세를 신고·납부해야 한다. 이때 과세표준은 공사도급금액을 면적별로 안분한 가액이 되며, 세율은 원시취득에 따라 2.8%가 적용된다.

도시개발사업과 정비사업의 취득세

한편 「도시개발법」에 따른 도시개발사업과 「도시 및 주거환경정비법」에 따른 정비사업(재개발·재건축사업을 말한다)의 시행으로 해당 사업의 대상이 되는 부동산의 소유자(상속인 포함)가 환지계획 또는 관리처분계획에 따라 공급받거나 상환받는 건축물은 그 소유자가 원시취득한 것으로 보며, 토지의 경우에는 그 소유자가 승계취득한 것으로 본다. 이 경우 토지는 당초 소유한 토지 면적을 초과하는 경우로서 그 초과한 면적에 해당하는 부분에 한하여 취득한 것으로 본다. 따라서 다음과 같이 재개발·재건축 조합원의 취득세를 정리해 볼 수 있다.

조합원의 취득세

재개발·재건축에 따른 신축 아파트의 사용승인이 있게 되면 조합원 지분에 대하여는 조합원이 아파트의 보존등기권리자가 된다.

이때 해당 조합원의 토지의 경우 신탁의 해지로 자기 지분만큼 취득한 것에 한해서는 취득세가 비과세되는 것이나, 증가된 면적이 있는 경우에는 이를 승계취득으로 보아 취득세가 과세하는 것이며, 신축 건물에 대해서는 공사도급금액을 면적별로 안분한 가액을 과세표준으로 하여 원시취득에 따른 취득세율 2.8%로 과세한다. 다만, 2022년 이전 관리처분받은 재개발의 경우에는 추가 분담금을 과세표준으로 하여 원시취득에 따른 2.8%로 과세한다.

2020년 8월 12일 이후 취득하는 다주택 세대의 주택 취득세 중과세는 유상취득과 무상취득에 한하여 적용되므로 조합원입주권에 의한 신축 아파트의 취득은 원시취득에 해당하여 주택 수와 관계없이 2.8%의 취득세율이 적용된다.

그리고 재개발 원조합원에 한하여 다음과 같이 취득세 감면이 적용된다.

구분		2019년 말 이전 사업시행인가	2020년 이후 사업시행인가
감면요건		정비구역지정고시일 이전 취득	정비구역지정고시일 이전 취득 & 1가구 1주택
감면율	전용 60㎡ 이하	면제	75%
	전용 85㎡ 이하	면제	50%

한편, 조합원으로부터 조합원입주권을 취득한 사람(승계조합원)은 전조합원이 조합 신탁등기를 해지하게 한 후 이전등기하고(이때 조합원입주권을 취득한 가액으로 주택 또는 대지 지분에 대한 취득세를 신고·납부하여야 한다) 그 후 다시 조합 앞으로 신탁을 원인으로 하여 소유권이전 등기를 하여야 하며, 신축 아파트의 사용승인이 있으면 앞서 서술한 바와 같이 건물 보존등기에 따른 취득세를 부담한다.

일반분양자의 취득세

일반분양자는 주택조합 등으로부터 신축 아파트를 유상승계 취득하는 것이므로 취득세 납세의무가 있다. 유상승계취득의 경우 사실상의 잔금지급일에 취득하는 것으로 보아 잔금지급일로부터 60일 이내에 취득세를 신고 · 납부하여야 한다. 다만 신고 · 납부기한 이내에 등기 · 등록한 경우에는 그 등기 · 등록 신청서를 등기 · 등록 관서에 접수하는 날까지 취득세를 신고 · 납부하여야 한다.

이때 유상승계취득하는 일반분양자가 다주택 세대의 주택 취득세 중과세에 해당되는지 여부를 파악하여 1~3% 일반세율 또는 8%, 12%(사치성 재산에 중복 적용되는 경우 16%, 20%) 중과세율을 적용하여야 한다.

사치성 재산의 취득세 중과세

취득세 중과세 제도

지방세는 원칙적으로 지방자치단체의 재정수입을 충족할 목적으로 마련된 세금이지만, 특정 재산의 취득·보유를 억제하거나 지역 간 균형발전 등 정책 수단으로 활용되기도 한다.

별장(2023년 중과 대상에서 제외), 골프장, 고급주택, 고급오락장, 고급선박과 같은 사치성 재산의 취득세와 재산세 중과세는 1970년 초에 도입되어 현재에 이르고 있고, 수도권과밀억제권역 내 법인 취득 부동산에 대한 취득세 중과세(구 등록세 중과세 포함)는 1980년과 1990년대에 들어와 현재에 이르고 있다. 앞서 살펴본 법인과 다주택자의 주택 취득에 따른 취득세 중과세는 주택 투기를 막기 위해 2020년에 들어와 현재까지도 유효하다.

사치성 재산의 취득세 중과세율

골프장, 고급주택, 고급오락장, 고급선박을 취득하는 경우(고급주택 등을 구분하여 그 일부를 취득하는 경우를 포함한다)의 취득세는 일반적인 부동산 취득의 세율에 중과기준세율(2%)의 4배(8%)를 합한 세율을 적용하여 계산한 금액을 그 세액으로 한다. 종전 취득세(2%)의 5배 중과세 제도에 해당한다. 예를 들어 일반 취득세율 4%＋중과세 8%＝12%로 중과세한다.

이 규정은 골프장, 고급주택, 고급오락장의 건축을 전제로 하기 때문에 토지 취득 이후에 골프장 등을 건축한다는 점에 착안하면 중과세 대상으로 사용한 기한에 따라 중과세를 판단해야 하는데 토지나 건축물을 취득한 후 5년 이내에 해당 토지나 건축물이 골프장, 고급주택 또는 고급오락장에 해당하게 된 경우에 중과세율을 적용하여 취득세를 추징하기 때문에 일반 취득 후 중과세 사유 발생이 5년 경과되었는지에 따라 취득세 중과세 여부가 달라진다.

사치성 재산의 개념

골프장은 「체육시설의 설치 · 이용에 관한 법률」에 따른 회원제 골프장용 부동산 중 구분등록의 대상이 되는 토지와 건축물 및 그 토지 상(上)의 입목을 중과 대상으로 한다. 이 경우 골프장 시설을 갖추어 「체육시설의 설치 · 이용에 관한 법률」에 따라 체육시설업의 등록(시설을 증설하여 변경 등록하는 경우를 포함한다)을 하는 경우뿐만 아니라 등록하지 아니하더라도 사실상 골프장으로 사용하는 경우에도 적용한다.

고급주택은 주거용 건축물 또는 그 부속토지의 면적과 가액이 다음과 같이 법정 기준을 초과하거나 해당 건축물에 67㎡ 이상의 수영장 등 법정 부대시설을 설치한 주거용 건축물과 그 부속토지를 중과 대상으로 한다. 다만, 주거용 건축물을 취득한 날부터 취득세 신고기한 이내에 주거용이 아닌 용도로 사용하거나 고급주택이 아닌 용도로 사용하기 위하여 용도변경 공사를 착공하는 경우는 제외한다.

(공통요건) 주택의 시가표준액 9억 원 초과 (단, ④는 제외)
(개별요건) 다음 요건 중 하나 이상 구비 시
① 1구의 건축물 연면적 331㎡ 초과
② 1구의 건축물 대지면적 662㎡ 초과
③ 1구의 건축물에 적재하중 200㎏ 초과 엘리베이터 설치
④ 1구의 건축물에 에스컬레이터 또는 67㎡ 이상 수영장 중 1개 이상 시설 설치
⑤ 1구의 공동주택의 연면적 245㎡(복층형 274㎡) 초과

고급오락장은 도박장, 유흥주점영업장, 특수목욕장, 그 밖에 이와 유사한 용도에 사용되는 건축물 중 다음의 법정 건축물과 그 부속토지를 중과 대상으로 한다. 다만, 고급오락장용 건축물을 취득한 날부터 취득세 신고기한 이내에 고급오락장이 아닌 용도로 사용하거나 고급오락장이 아닌 용도로 사용하기 위하여 용도변경 공사를 착공하는 경우는 제외한다.

① 카지노장(외국인 전용 카지노장 제외)
② 자동도박기를 설치한 장소
③ 고급미용실(욕실 설비 & 요금 지불)
④ 「식품위생법」 제37조에 따른 허가 대상인 다음의 유흥주점으로 영업장 100㎡ 초과
  • 무도장(카바레 · 나이트클럽 · 디스코클럽 등)
  • 룸살롱, 요정 등

고급선박은 비업무용 자가용 선박으로서 시가표준액 3억 원을 초과하는 선박을 중과 대상으로 한다.

한편 위와 같은 고급주택 · 고급오락장에 부속된 토지의 경계가 명확하지 아니할 때에는 그 건축물 바닥면적의 10배에 해당하는 토지를 그 부속토지로 본다.

최근 사치성 재산의 쟁점

고가의 주택을 분양하는 건설사업자 입장에서 분양하는 주택이 고급주택에 해당하게 되면 원시취득에 따른 취득세 중과와 수분양자의 승계취득에 따른 취득세 중과의 이중적 불이익을 당하게 된다. 이에 전용면적을 245㎡(복층 274㎡)에 미달하는 주택으로 설계하여 취득세 중과를 피해 가는 경우가 많았다.

이에 서울시는 2023년부터 서울 시내 대형 고가주택을 조사하여 일부 공용면적을 주거 전용면적으로 판단해서 중과세로 추징하였다. 그러나 취득세 중과를 결정했던 ○○○한남의 경우 상당수의 펜트하우스가 전용 244㎡, 복층형은 전용 273㎡로 고급주택 기준 면적에 각각 1㎡씩 비켜 갔는데 서울시가 주거 면적의 추징 근거로 삼았던 차단문이 설치된 지하 주차장과 지하에 설치된 캐비닛 창고를 조세심판원은 공용시설로 보아 취득세를 취소하였다.

한편 고급오락장 같은 경우에는 부동산 취득 당시에는 일반상가 건축물이었으나, 5년 이내에 소유자 또는 임차인에 의하여 고급오락장(룸살롱, 나이트, 카바레 등)으로 사용되는 경우가 있는데, 이때 소유자에게 취득세가 중과세되므로 사용 용도에 유의하여야 한다.

수도권과밀억제권역의
취득세 중과세

지방세는 원칙적으로 지방자치단체의 재정수입을 충족할 목적으로 마련된 세금이지만, 특정 재산의 취득·보유를 억제하거나 지역 간 균형발전 등 정책 수단으로 활용되기도 한다.

1980년대에 이르러 전 국토 면적의 11.8%에 해당하는 수도권에 인구 및 산업의 35% 이상 과도하게 밀집되어 있어 지역 간의 격차 유발과 교통난, 주차난, 공해, 범죄 등 도시문제의 심화 현상 등 문제점이 야기되자, 수도권 집중을 해소하고 수도권의 체계적인 정비와 국토의 균형발전을 도모하기 위해 1982년 수도권정비계획법이 제정되었다. 이에 발맞추어 1980년과 1990년대에 수도권과밀억제권역 내 취득하는 부동산의 취득세 중과세 제도가 마련되었다.

법인의 본점용 부동산 원시취득 시 취득세 중과세

법인이 수도권과밀억제권역에서 본점 등을 신축·증축하는 경우 건축물과 그 부속토지에 대해서 부동산 취득세율에 중과기준세율(2%)의 2배를 합한 세율을 적용한다. 종전 취득세(2%)의 3배 중과세 제도에 해당한다. 예를 들어 일반 취득세율 2.8%+중과세 4%=6.8%로 중과세한다.

통상의 건축물 원시취득이 토지를 취득한 이후 이뤄지고, 그 실제 사용은 원시취득 후 이뤄진다고 보면 해당 취득세 중과세가 적용되기 위해서는 몇 가지 중과세 요건에 부합하여야 한다.

먼저 건축물이 수도권과밀억제권역 내에서 원시취득으로 신축·층축되고 법인의 본점으로 사용되어야 한다. 법인의 본점용 부동산에는 기숙사, 합숙소, 사택, 연수시설, 체육시설 등 복지후생시설과 예비군 병기고 및 탄약고는 제외하고 연구전담시설도 제외한다.

따라서 원시취득이 아닌 승계취득의 경우에는 취득세 중과세 대상에 해당하지 아니하며, 원시취득했더라도 법인의 본점으로 사용되는 부분이 아니면 중과세 대상에 해당하지 아니한다.

한편 원시취득된 건축물과 부속토지에 관해서 그 사용기한에 따른 중과세를 판단해야 하는데 토지나 건축물을 취득한 후 5년 이내에 해당 토지나 건축물이 수도권과밀억제권역 내 법인의 본점이나 주사무소의 사업용 부동산(본점 또는 주사무소용 건축물을 신축하거나 증축하는 경우와 그 부속토지만 해당한다)에 해당하게 된 경우에 중과세율을 적용하여 취득세를 추징하기 때문에 일반 취득 후 중과세 사유 발생이 5년 경과되었는지에 따라 취득세 중과세 여부가 달라진다.

최근 서울 마곡지구에 연구소를 신축하기 위해서 토지를 분양받고 건축물을 신축한 상당수의 법인이 5년 이내에 법인의 본점을 이전 또는 경영진을 이전하여 본점으로 판정받아 취득세를 추징당한 사례가 대표적이다.

법인의 본점·지점 설립 후 5년 내 취득하는 부동산 취득세 중과세

법인이 수도권과밀억제권역(산업단지를 제외하고 "대도시"라고 한다)에 본점 · 지점을 설립 · 설치 · 전입하는 경우 그 설립 · 설치 · 전입 이전에 법인의 본점 또는 지점 용도로 직접 사용하기 위한 대도시 내 부동산 취득에 대해 표준세율의 3배에서 중과기준세율(2%)의 2배를 차감한 세율로 중과세한다.

또한 그 설립 · 설치 · 전입 이후의 대도시 내 부동산 취득은 이후 5년 이내에 하는 업무용 · 비업무용 또는 사업용 · 비사업용의 모든 부동산 취득에 대해 표준세율의 3배에서 중과기준세율(2%)의 2배를 차감한 세율로 중과세한다. 종전 등록세(등기원인에 따른 다른 세율)의 3배 중과세 제도에 해당한다. 예를 들어 일반 취득세율 4%＋유상승계취득 중과세 4%＝8%로 중과세한다.

따라서 법인이 대도시 내에 본점·지점을 설립·설치하고 이후 5년 이내에 취득하는 모든 대도시 내 부동산은 원칙적으로 중과세되는 것이나, 대도시 외에 본점·지점을 설립하고 대도시 내 부동산을 취득한 경우에는 중과세되지 아니한다.

그러나 최근 사실상 서울에 법인을 설립하고 법인등기부의 명의만 김포시, 용인시 등 수도권과밀억제권역 외에 본점을 둔 것으로 가장한 법인에 대해 서울시와 경기도는 5년 내 서울시 또는 수도권과밀억제권역 내에 취득한 모든 부동산을 적발하여 취득세를 중과로 추징하였다.

한편 취득 당시에는 중과세 대상이 아니지만, 중과세 대상으로 사용한 기한에 따른 중과세를 판단해야 하는데, 대도시 외에 본점·지점을 설립하고 대도시 내 취득한 부동산이 5년 이내에 법인의 본점·지점으로 사용되면 그 사용 부분에 대해서는 취득세 중과세로 추징하기 때문에 일반 취득 후 중과세 사유 발생이 5년 경과되었는지 여부와 본점·지점의 사용 부분에 해당하는지 여부에 따라 취득세 중과세가 달라진다(세제과 -3210. 2020. 2. 25.).

서울에서 중과 제외 지역에 해당하는 산업단지로 지정된 곳은 서울디지털산업단지와 마곡산업단지 등이 있는데 이곳에 법인을 설립하고 대도시 내 부동산을 취득하는 경우에는 중과세되지 아니한다. 5년 이내에 대도시 내로 법인 본점을 이전하는 경우에도 본점 사용분에 한하여 중과세되는 바 이를 활용할 필요도 있다.

수도권과밀억제권역 내 공장의 신설·증설 시 부동산 등 취득세 중과세

납세의무자(법인·개인을 불문한다)가 수도권과밀억제권역(산업단지, 유치지역, 공업지역을 제외한다) 내에 공장을 신설하거나 증설하기 위한 부동산 등 취득의 경우에는 부동산 취득세율 등에 중과기준세율(2%)의 2배를 합한 세율을 적용하고, 아울러 해당 부동산 취득에 대해 표준세율의 3배에서 중과기준세율(2%)의 2배를 차감한 세율로 중과세한다. 즉 취득세 중과세 규정 2개가 동시에 적용될 수 있는 사안으로 동시 적용 시 표준세율의 3배로 과세한다. 예를 들어 공장 부지 취득 시 적용된 취득세율이 4%인 경우 3배인 12%로 추징한다.

생애최초 주택 구입과 출산·양육을 위한 주택 취득세 감면

생애최초 주택 구입에 대한 취득세 감면 내용

주택을 소유한 사실이 없는 경우로서 취득가액 12억 원 이하인 주택을 유상거래로 취득하는 경우에는 취득세 산출세액 200만 원 이하인 경우에는 면제하고, 산출세액이 200만 원을 초과하는 경우에는 산출세액에서 200만 원을 공제한다.

감면대상 주택은 주택법 제2조 제1호에 따른 단독주택과 공동주택으로서, 유상거래가 아닌 상속 또는 증여(부담부증여 포함)로 취득하거나 신축 등 원시취득은 감면대상 주택에 해당되지 않는다.

다만, 2025년부터 청년 등의 주거 사다리 역할을 하는 소형주택(아파트 제외)의 공급을 정상화하기 위해 취득세 감면 한도가 200만 원에서 300만 원으로 확대되었다. 즉, 공동주택(아파트 제외), 도시형 생활주택,

다가구주택으로서 전용면적 60㎡ 이하이고 취득당시가액 3억 원(수도권 6억 원) 이하인 주택을 생애최초로 취득하는 경우에는 300만 원 한도로 취득세가 감면되며 이 경우에는 최소납부세제도 배제된다.

한편 2인 이상이 공동으로 주택을 취득하는 경우에는 총 감면액은 200만 원 이하(소형주택은 300만 원) 이하로 한다.

생애최초 주택 구입에 대한 취득세 감면은 본인과 배우자(주소지와 관계없음)가 주택 취득일 전까지 주택 구입 경험이 없어야 한다. 따라서 가구 내의 다른 구성원(형제자매 등)이 주택을 보유하였더라도 본인과 배우자가 주택을 취득한 사실이 없다면 취득세 감면이 가능하다.

생애최초 주택 판단 시 주택 소유 사실이 없는 경우 의제

다음의 경우에는 생애최초 주택 구입 판단 시 주택을 소유한 사실이 없는 것으로 간주된다.

① 상속으로 취득한 주택의 공유지분을 처분한 경우
② 도시지역 외의 지역 등에 소재한 20년 이상 경과 또는 85㎡ 이하 단독주택, 상속주택 소유자가 소재 지역에 거주하다 타 지역으로 이주한 경우(해당 주택을 처분하였거나 감면대상 주택 취득일부터 3개월 이내 처분한 경우로 한정)
③ 전용면적 20㎡ 이하 주택을 소유하고 있거나 처분한 경우. 다만, 전용면적 20㎡ 이하 주택 둘 이상을 소유했거나 소유하고 있는 경우는 제외

④ 시가표준액이 100만 원 이하인 주택을 소유하고 있거나 처분한 경우
⑤ 전세사기피해주택을 소유하고 있거나 처분한 경우
⑥ 소형주택 중 취득당시가액이 2억 원(수도권 3억 원) 이하이고 임차인으로서 1년 이상 상시 거주(「주민등록법」에 따른 전입신고를 하고 계속하여 거주하는 것을 말한다)한 주택을 2024년 1월 1일부터 2025년 12월 31일까지의 기간 중에 취득하여 생애최초 주택 구입에 대한 취득세 감면을 받은 경우. 다만, 감면세액이 추징된 경우는 제외한다.

생애최초 주택 구입에 대한 취득세 사후관리

주택 취득자가 실제 거주해야 하며 다음의 어느 하나에 해당하는 경우에는 감면된 취득세를 추징한다.

① 정당한 사유 없이 주택을 취득한 날부터 3개월 이내에 상시 거주(취득일 이후 「주민등록법」에 따른 전입신고를 하고 계속하여 거주하거나 취득일 전에 같은 법에 따른 전입신고를 하고 취득일부터 계속하여 거주하는 것을 말한다)를 시작하지 아니하는 경우
② 주택을 취득한 날부터 3개월 이내에 추가로 주택을 취득(주택의 부속토지만을 취득하는 경우를 포함한다)하는 경우. 다만, 상속으로 인한 추가 취득은 제외한다.
③ 해당 주택에 상시 거주한 기간이 3년 미만인 상태에서 해당 주택을 매각·증여(배우자에게 지분을 매각·증여하는 경우는 제외한다)하거나 다른 용도(임대를 포함한다)로 사용하는 경우

출산·양육을 위한 주택 취득에 대한 취득세 감면

2025년 12월 31일까지 자녀를 출산한 부모(미혼모 또는 미혼부를 포함한다)가 해당 자녀와 상시 거주할 목적으로 출산일부터 5년 이내에 취득 당시의 가액이 12억 원 이하인 1주택을 취득하는 경우(출산일 전 1년 이내에 주택을 취득한 경우를 포함한다)로서 다음의 요건을 모두 충족하면 그 산출세액이 500만 원 이하인 경우에는 취득세를 면제하고, 500만 원을 초과하는 경우에는 산출세액에서 500만 원을 공제한다. 최소납부세제도 배제된다.

---

① 가족관계등록부에서 자녀의 출생 사실이 확인될 것
② 해당 주택이 1가구 1주택에 해당할 것(해당 주택을 취득한 날부터 3개월 이내에 1가구 1주택이 되는 경우를 포함한다)

다만 취득세를 감면받은 사람이 다음의 어느 하나에 해당하는 경우에는 감면된 취득세를 추징한다.

---

① 정당한 사유 없이 주택의 취득일(출산일 전에 취득한 경우에는 출산일)부터 3개월 이내에 해당 자녀와 상시 거주를 시작하지 아니하는 경우
② 해당 자녀와의 상시 거주 기간이 3년 미만인 상태에서 주택을 매각·증여(배우자에게 지분을 매각·증여하는 경우는 제외한다)하거나 다른 용도(임대를 포함한다)로 사용하는 경우

Tax
Q12

양도소득세란 무엇인가?

양도소득세의 개념과 과세대상

우리나라 사람들이 가장 많은 관심을 보이는 세금은 아마도 양도소득세가 아닐까 싶다. 부동산을 매각할 때 양도소득세 예상액과 1세대 1주택 비과세를 비롯한 여러 특례 규정을 이용한 절세방법 등은 중요하게 고려되는 사항이다. 그래서인지 필자 개인적으로도 양도소득세와 관련한 세무 상담이 가장 많은 것 같다.

양도소득세란 개인이 부동산이나 부동산에 관한 권리, 주식 등의 자산을 유상으로 양도함으로써 발생하는 소득에 과세하는 세금을 말한다. 이와 달리, 대가 없이 무상으로 이전하는 경우에는 증여세를 과세한다.

대부분의 양도소득세는 부동산의 양도에서 발생하지만, 부동산 외에 부동산에 관한 권리를 매각할 때도 양도소득세가 과세된다. 부동산에 관한 권리란 지상권·전세권·등기된 부동산임차권·부동산을 취득할 수 있는 권리를 말한다. 현실적으로 지상권·전세권·등기된 부동산임차권의 양도는 찾아보기 힘들지만, 부동산을 취득할 수 있는 권리의 양도는 매우 흔하다.

부동산을 취득할 수 있는 권리란 부동산의 취득시기가 도래하기 전에 해당 부동산을 취득할 수 있는 권리를 말한다. 아파트 분양권과 조합원입주권이 대표적이다. 사람들은 건설회사가 아파트를 분양할 때 입찰해서 분양권을 사고 프리미엄이 붙으면 팔기도 하며, 자신이 보유한 노후주택 단지가 재건축·재개발될 때 조합원입주권을 받고 아파트 완공 전에 프리미엄을 붙여 팔기도 한다. 이 경우 양도차익이 있으면 양도소득세 과세대상이 된다.

다만, 조합원입주권은 이전에 소유한 노후주택이 일시적으로 부동산을 취득할 수 있는 권리로 바뀐 상태이기 때문에 원조합원(승계조합원 제외)으로서 1세대 1주택 비과세 대상자가 조합원입주권 보유자로 전환된 경우라면 1세대 1주택 비과세 및 특례 규정을 준용해 조합원입주권 양도차익에 대해 양도소득세를 비과세받을 수도 있다.

부동산 양도가 사업소득으로 과세되는 경우

한편, 부동산을 팔았는데 양도소득이 아니라 사업소득으로 과세되는 경우가 있다. 이때 소득의 구분 기준은 일시적·우발적인 매매인지, 계속적·반복적인 매매인지의 여부이다. 부동산 및 부동산에 관한 권리를 양도함에 있어서 계속적·반복적인 매매를 한다면 이는 양도소득이 아니라 사업소득으로 분류한다.

부동산 및 부동산에 관한 권리를 매매하기 위해 사업자등록을 내거나, 사업자등록이 없어도 반기별로 '1회 이상 부동산 등을 취득하고 2회 이상 판매하는 경우'에는 세법상 부동산매매업자로 분류되어 사업소득으로 과세한다. 그런데 양도소득세가 중과세되는 자산을 사업적으로 양도했다면, 사업소득세의 계산은 양도소득세로 계산한 금액과 사업소득세로 계산한 금액 중 큰 금액으로 한다.

부동산 양도 시 부가가치세가 과세되는 경우

그리고 사업적으로 양도한 경우, 부가가치세를 내야 하는 경우도 있다. 속칭 '떴다방' 같이 아파트 분양권과 조합원입주권을 반복적으로 매매해서 가격을 올려 파는 투기 행위가 일어날 때가 있다. 이 경우 '떴다방'은 부동산매매업자로 의제된다. 즉, '떴다방'을 세법상 사업자로 본다는 뜻인데, 사업자는 부가가치세 과세대상 재화·용역을 거래할 때 판매금액의 10%를 부가가치세로 납부해야 하기 때문에 '떴다방'에도 부가가치세가 과세되는 것이다.

"주택을 사고파는데 무슨 부가가치세가 있나?"라고 따지는 사람도 있다. 하지만 부가가치세 면세 대상 재화로 규정된 '토지'와 '국민주택(전용면적 85㎡ 이하, 읍·면 지역은 100㎡ 이하) 규모의 주택' 외에는 모두 부가가치세 과세대상이다. 그렇기 때문에 부동산에 관한 권리를 계속적·반복적으로 매매한 자는 부가가치세를 부담해야 하며, 이때 사업자등록 여부는 가리지 않는다.

단지, 일반적인 경우에 개인이 부동산 등을 사고팔 때 부가가치세가 없는 것은, 그 부동산이 면세 대상이기 때문이 아니라 해당 개인이 부동산의 매매를 주업으로 하는 사업자가 아니기 때문이다. 반면에, 아파트를 분양받을 때 국민주택 규모를 초과하는 아파트 가격에는 부가가치세가 별도로 붙는다. 이것은 아파트를 최초 분양하는 자가 건설회사라는 사업자이기 때문이다.

주식 양도에 대한 양도소득세

이와 같이 부동산과 부동산에 관한 권리의 매매가 양도소득세 과세대상의 대부분을 이루지만, 주식을 양도하는 경우에도 양도소득세 납세의무가 발생한다. 다만, 일반인 주식 거래의 대부분을 차지하는 상장주식의 양도에 따른 소득은 장외거래분과 대주주 양도분 외에는 양도소득세 과세대상에서 제외된다.

양도소득세 과세대상 가운데 주식은 주식 또는 출자지분, 기타자산 중 부동산 과다보유 법인의 주식, 특정 파생상품으로 구분되는데 그 이유는 주식 종류별로 과세 여부와 세율의 차이를 두어 조세정책적 목적으로 활용하기 위해서이다.

그 밖의 자산 양도에 대한 양도소득세

그 밖에 양도소득세가 과세되는 기타자산으로는 각종 회원권, 사업용 자산과 함께 양도하는 영업권(영업권만 사고

팔면 기타소득 과세대상이다)이 있다. 골프회원권 등을 사고팔면서 차익을 얻었거나, 자신이 보유한 부동산과 함께 사업까지 매각하면서 부동산 외에 영업권 양도대금을 받고 차익을 얻었다면 양도소득세를 내야 한다.

한편, 2021년부터 신탁의 이익을 받을 권리(「자본시장과 금융투자업에 관한 법률」에 따른 수익증권 및 같은 법에 따른 투자신탁의 수익권 등은 제외하며, 이하 "신탁 수익권"이라 한다)의 양도로 발생하는 소득에 대해서도 양도소득세를 과세하며, 세율은 과세표준 3억 원 이하는 20%, 3억 원 초과는 25%를 적용한다. 다만, 신탁 수익권의 양도를 통하여 신탁재산에 대한 지배·통제권이 사실상 이전되는 경우는 신탁재산 자체의 양도로 본다.

양도소득세 과세대상	비고
① 토지 또는 건물(건물에 부속된 시설물과 구축물 포함) ② 부동산에 관한 권리 • 지상권 • 전세권과 등기된 부동산임차권 • 부동산을 취득할 수 있는 권리(분양권과 조합원입주권)	부동산 관련
③ 주식 또는 출자지분 • 상장주식으로서 대주주 양도분과 장외 거래분 • 비상장주식 ④ 파생상품 • (국내) 모든 주가지수 관련 파생상품 • (국외) 장내 및 일부 장외상품 등	주식 관련
⑤ 기타자산 • 부동산 과다 보유법인 주식(부동산으로 간주해 과세함) • 사업용 고정자산과 함께 양도하는 영업권 • 회원권	기타
⑥ 신탁수익권	신탁 관련

Q13

양도소득세 계산 시
필요한 서류는 어떤 것일까?

개인이 부동산 등을 양도하면 양도일이 속하는 달의 말일부터 2개월 (부담부증여에 따른 양도소득세는 3개월) 이내에 양도소득세 예정신고를 해야 한다. 신고기한까지 신고하지 않으면 가산세가 발생하게 되는데 양도소득세 납부세액의 20%가 무신고가산세로 부과되며 연 8.03%의 납부지연가산세도 추징된다.

무신고가산세의 경우 신고기한이 지난 후 1개월 이내에는 50%, 1개월 초과 3개월 이내에는 30%, 3개월 초과 6개월 이내에 신고하는 경우 20%의 감면을 적용한다. 따라서 신고기한까지 신고하지 않았더라도 기한 후 신고 시 가산세의 감면을 받기 위해서는 최대한 빨리 양도소득세를 신고해야 한다.

간혹 납세자들이 예정신고를 미루다가 뒤늦게 세무사에게 "양도소득세 신고 대리를 의뢰하려면 어떤 서류를 준비해야 하느냐"고 묻는 일이 흔하다. 서류 준비에도 만만치 않은 시간이 소요되고, 보완서류를 준비해야 하는 일도 발생하기 때문에 미리미리 필요한 서류를 숙지해서 준비해야 한다.

양도소득세 신고 시 필요서류와 필요경비의 범위

양도소득세는 양도차익에 과세하는 세금인 만큼 양도 시 계약서와 취득 시 계약서는 필수다. 부동산을 취득할 때 낸 취득 · 등록세 영수증과 법무사 수수료 등 등기비용, 부동산 양도 · 취득 시 발생한 중개수수료 영수증도 확보해야 한다.

구분	주요 내역
매매차익 계산을 위한 기본서류	• 양도 시 매매계약서 • 취득 시 매매계약서
취득할 때 발생하는 필요경비	• 취득세와 등기비용 • 인테리어(자본적 지출에 한함)
양도할 때 발생하는 필요경비	• 명도비용 • 양도소득세 신고수수료
양도 및 취득 시 발생하는 필요경비	• 중개수수료

부동산 등기비용

만약 취득 · 등록세 영수증을 분실했다면 구청이나 주민센터에서 지방세 납부내역을 발급받아 오면 된다. 법무사가 등기 업무를 대리한 경우 법무사 수수료 계산 내역서에는 양도소득 필요경비에 해당하는 법무사 수수료, 등기비용, 채권매각차손 내역 등도 같이 기재된다. 그런데 이 서류는 분실하면 추가발급이 안되기 때문에 잘 보관해야 한다.

인테리어 비용

부동산을 보유하는 동안 이것저것 수리한 것이 많다면서 "각종 수선 비용도 필요경비가 되느냐?"라고 묻는 사람이 종종 있다. 확장공사 비용 또는 새시 설치, 상하수도 배관공사, 보일러 교체에 들어간 비용은 자본적 지출로 보아 양도차익 계산 시 필요경비가 된다. 하지만 벽지, 장판, 도색, 방수공사, 싱크대, 화장실, 보일러 수리에 들어간 비용은 수익적 지출로 보아 필요경비에 반영되지 않는다.

이를테면, 부동산을 취득하면서 확장공사를 한 경우, 확장공사비는 대금 지급 증빙을 가져오라고 하지만 벽지나 장판, 싱크대 교체에 들어간 비용은 증빙을 가져올 필요가 없는 것이다. 과거에는 싱크대를 교체하고는 새시를 설치했다면서 간이영수증을 발급받아 온 납세자들이 종종 있었는데, 이를 어떻게 처리해야 할지 세무대리인이나 과세관청이나 애매한 입장이었다.

그러나 2016년 이후 지출분부터는 자본적 지출이라고 주장하려면 반드시 세금계산서, 계산서, 신용카드, 현금영수증 가운데 하나로 입증하거나 금융기관 송금내역 등 실제 경비지출 사실을 입증해야 공제받을 수 있다.

명도비용과 세무신고수수료

한편, 부동산을 양도할 때 발생하는 대표적인 필요경비로는 명도비용과 세무신고수수료가 있다. 필요경비로 인정되는 명도비용이란, 부동산을 매각할 때 부동산을 이미 사용 중인 임차인 등을 매도자가 내보낼 때 소요되는 비용이다. 통상 임차인은 부동산 소유자가 명도를 요구하면 이사비용이나 중개보수 실비, 배상금 등을 요구한다. 이때 부동산을 매각하기로 한 매도자 입장에서는 매매거래가 잘 마무리될 수 있도록 명도합의서를 쓰고 합의금을 주는데, 이 명도비용이 양도소득세 계산 시 필요경비가 된다.

이 명도비용을 필요경비로 인정받기 위해서는 매매계약에 따른 인도의무를 이행하기 위하여 양도자가 지출하는 명도비용이어야 한다는 것이다. 매매계약에 명도에 관한 특약 내용이 없는 경우에는 필요경비로 인정받지 못할 수 있으니 주의해야 한다.

그런데 명도비용을 입증함에 있어 납세자들은 명도합의서만 가져오는 경우가 많다. 즉, 합의서를 쓰고 현금으로 보상금을 주었다면 영수했다는

도장이 찍히지 않았냐고 주장한다. 그러나 세법에 적용할 때에는 금융기관 송금내역 등 실제 경비지출 사실을 입증할 수 없는 경우에 해당하므로 경비처리가 되지 않는다. 따라서 반드시 명도합의를 한 후에는 금융기관 송금방식으로 합의금을 주는 것이 바람직하다.

중개수수료

부동산의 취득과 양도에 모두 소요되는 비용이 있다. 바로 중개수수료이다. 중개수수료는 통상 공인중개사에게 지급하게 되고, 공인중개사는 법정수수료로만 청구하게 되니 그 비용 상당액을 현금영수증 등을 첨부하여 경비로 인정받으면 된다. 그런데 가끔씩 법정수수료보다 많은 중개보수를 주었다며 경비처리 여부를 묻는 사람들이 있다.

예를 들어, 법정수수료는 5백만 원인데 비싸게 팔아주겠다면서 성공시 성공보수로 1천만 원을 추가지급해 달라고 하여 실제 1.5천만 원을 중개수수료로 주었다는 것이다.

이때 세법은 실질로 판단하므로, 실제 지급된 1.5천만 원을 전부 필요경비로 처리할 수는 있다. 그러나 실제 지급 사실을 입증해야 하므로 반드시 금융기관 송금 내역 등 실제 경비지출 사실을 입증할 수 있어야 한다.

Q14

양도소득세를 계산하는 방법은?

토지를 양도하고 양도소득세를 계산하기 위한 다음의 서류를 가지고 왔다고 가정해 보자. 일반적인 양도소득세의 계산은 다음과 같다.

주요 내역	금 액
• 양도 시 매매계약서 • 취득 시 매매계약서	5억 원 3억 원
• 취득세와 등기비용 • 인테리어(자본적 지출에 한함)	5백만 원 –
• 명도비용 • 양도소득세 신고수수료	– 2백만 원
• 중개수수료	3백만 원

양도차익의 계산

먼저 부동산의 양도차익을 계산하는데 양도가액에서 취득가액과 각종 비용을 필요경비로 공제해서 계산한다. 위의 경우에는 양도가액 5억 원, 취득가액 3억 원, 기타 필요경비 입증금액이 1천만 원이므로 양도차익은 1.9억 원이 된다.

양도소득금액의 계산

그리고 부동산에 한하여 장기보유특별공제액을 산정해서 양도차익에서 공제하여 양도소득금액을 확정한다. 장기보유특별공제란 부동산의 보유기간에 따라 차등적으로 소득공제하는 제도를 말한다. 일반적인 경우 3년 이상 보유한 토지, 건물 및 원조합원입주권 등에 대하여 보유기간별로 연간 2%(최대 30%)씩 공제(「표1」)하며, 과세되는 1세대 1주택에 대하여는 거주기간이 2년 이상인 경우 보유기간별 연간 4%(최대 40%)와 거주기간별 연간 4%(최대 40%)를 합산하여 공제(「표2」)한다.

보유기간	공제율
3년 이상 4년 미만	6%
4년 이상 5년 미만	8%
5년 이상 6년 미만	10%
6년 이상 7년 미만	12%
7년 이상 8년 미만	14%
8년 이상 9년 미만	16%

보유기간	공제율
9년 이상 10년 미만	18%
10년 이상 11년 미만	20%
11년 이상 12년 미만	22%
12년 이상 13년 미만	24%
13년 이상 14년 미만	26%
14년 이상 15년 미만	28%
15년 이상	30%

예를 들어, 일반적인 부동산을 20년 보유했다면 매년 2%씩 최대 30%까지 공제해주기 때문에 장기보유특별공제액은 5.7천만 원이 되고, 양도차익에서 장기보유특별공제한 금액이 양도소득금액이 된다. 이 경우 양도소득금액은 1.33억 원이 된다.

양도소득 과세표준과 세액의 계산

그리고 양도소득금액에서 양도소득기본공제 250만 원을 공제하면 양도소득 과세표준이 나온다.

사례의 경우 130,500,000원이 된다. 여기에 일반적인 양도소득세에 해당하면 다음의 기본세율을 곱하고 누진공제를 하면 양도소득세 산출세액이 계산된다. 아래 세율표를 참고하여 계산해보면, 130,500,000원×35%-15,440,000원을 계산해보면 양도소득 산출세액 30,235,000원이 산출된다.

과세표준	기본세율	누진공제
1,400만 원 이하	6%	–
5,000만 원 이하	15%	1,260,000원
8,800만 원 이하	24%	5,760,000원
1.5억 원 이하	35%	15,440,000원
3억 원 이하	38%	19,940,000원
5억 원 이하	40%	25,940,000원
10억 원 이하	42%	35,940,000원
10억 원 초과	45%	65,940,000원

양도소득 총부담세액의 계산

양도소득 총부담세액은 양도소득 세액공제 및 감면을 차감하고 가산세를 더하여 계산한다. 산출세액에서 공제 또는 감면되는 제도가 그다지 많지 않고, 가산세의 경우에는 신고 및 협력의무 불이행 시에 적용되므로 예정신고 당시에 적용되는 사례는 별로 없다. 그래서 양도소득 산출세액이 총부담세액이 되는 경우가 많다.

양도소득 차감납부세액의 계산

양도소득 총부담세액에서 이미 신고·납부한 세액 등이 있으면, 해당 기신고세액을 공제한 금액을 양도소득 차감납부세액으로 한다. 한 해 동안 2 이상의 부동산 양도 시 누적적으로 합산과세하는 경우 적용된다. 이와 같이 계산한 신고서를 양도일이 속하는 달의 말일부터 2개월 이내에 양도자의 주소지 관할 세무서에 신고하고 해당 세액을 납부한다.

지방소득세의 계산

　　　　　　　　　한편 양도소득분 지방소득세도 같이 신고해야 하는데, 세액 산출은 양도소득세의 계산방식을 따르고 세율만 0.6~4.5% 8단계 초과누진세율을 적용하기 때문에 결과적으로 양도소득 총부담세액의 10%로 산출된다. 이와 같은 지방소득세는 양도소득세 신고기한부터 2개월 이내에 관한 지방자체단체(시·군·구)에 신고하고 납부하면 된다.

※ 2010. 1. 1. 이후 양도분부터는 양도소득세 예정신고를 하지 않으면 가산세가 부과됩니다.

(2025년 귀속) 양도소득(국외전출자)과세표준 신고 및 납부계산서

관리번호 [ ]

☑ 예정신고 ☐ 확정신고 ☐ 수정신고 ☐ 기한 후 신고

① 신고인 (양도인)	성 명	안준혁	주민등록번호		내·외국인	☑ 내국인, ☐ 외국인	
	전자우편 주소		전화번호		거주구분	☑ 거주자, ☐ 비거주자	
	주 소				거주지국	한국	거주지국코드 KR
					국적	한국	국적코드 KR
② 양수인	성 명		주민등록번호	양도자산 소재지	지분	양도자와의 관계	
				서울특별시 서초구 서초동 999-999			

③ 세율구분	코 드	양도소득세 합계	국내분 소계	일반세율 (1-10)			국외분 소계
④ 양도소득금액		133,000,000	133,000,000	133,000,000			
⑤ 기신고·결정·경정된 양도소득금액 합계							
⑥ 소득감면대상 소득금액							
⑦ 양도소득 기본공제		2,500,000	2,500,000	2,500,000			
⑧ 과 세 표 준 (④+⑤-⑥-⑦)		130,500,000	130,500,000	130,500,000			
⑨ 세 율				35%	%	%	
⑩ 산 출 세 액		30,235,000	30,235,000	30,235,000			
⑪ 감 면 세 액							
⑫ 외국납부세액공제							
⑬ 원천징수세액공제							
⑭ 전자신고세액공제							
⑮ 가산세	무(과소)신고						
	납부지연						
	기장불성실 등						
	계						
⑯ 기신고·결정·경정세액, 조정공제							
⑰ 납부할 세액 (⑩-⑪-⑫-⑬-⑭-⑯+⑮)		30,235,000	30,235,000	30,235,000			
⑱ 분납(물납)할 세액							
⑲ 납 부 세 액		30,235,000	30,235,000				
⑳ 환 급 세 액							

농어촌특별세 납부계산서

㉑ 소득세감면세액	
㉒ 세 율	20%
㉓ 산 출 세 액	
㉔ 수정신고가산세 등	0
㉕ 기신고·결정·경정세액	
㉖ 납 부 할 세 액	
㉗ 분 납 할 세 액	
㉘ 납 부 세 액	
㉙ 환 급 세 액	

신고인은 「소득세법」 제105조(예정신고)·제110조(확정신고), 「국세기본법」 제45조(수정신고)·제45조의3(기한후 신고), 「농어촌특별세법」 제7조에 따라 신고하며, 위 내용을 충분히 검토하였고 신고인이 알고 있는 사실 그대로를 정확하게 적었음을 확인합니다.

2025 년 06 월 02 일

신고인 : 안준혁 (서명 또는 인)

환급금 계좌신고

㉚ 금융기관명	
㉛ 계좌번호	

세무대리인은 조세전문자격자로서 위 신고서를 성실하고 공정하게 작성하였음을 확인합니다.

(서명 또는 인)

세무서장 귀하

붙임서류	1. 양도소득금액계산명세서(부표 1, 부표 2, 부표 2의2, 부표 2의3 중 해당하는 것) 1부 2. 매매계약서(또는 증여계약서) 1부 3. 필요경비에 관한 증빙서류 1부 4. 감면신청서 및 수용확인서 등 1부 5. 그 밖에 양도소득세 계산에 필요한 서류 1부	접수일 인
담당공무원 확인사항	1. 토지 및 건물등기사항증명서 2. 토지 및 건축물대장 등본	

세무대리인	성명(상호)		사업자등록번호	
	생년월일		전화번호	

1 / 1

■ 소득세법 시행규칙 [별지 제84호서식 부표 1] <개정 2024. 3. 22.>

양 도 소 득 금 액 계 산 명 세 서

※ 관리번호는 적지 마십시오.

(양도인 : 안준현)

□ 양도자산 및 거래일

① 세 율 구 분 (코드)		합 계	일반세율(1-10)	
소재지국	소 재 지		한국 / 서울특별시 서초구 서초동 999-999	
	② 부동산고유번호			
③ 자 산 종 류 (코드)			아파트(03)	
거래일자 (거래원인)	④ 양 도 일 (원인)		2025-03-01(매매)	
	⑤ 취 득 일 (원인)		2008-12-05(매매)	
거래자산 면적(㎡)	⑥ 총면적 (양도지분)	토 지	40 (100/100)	
		건 물	134 (100/100)	
	⑦ 양도면적	토 지	40	
		건 물	134	
	⑧ 취득면적	토 지	40	
		건 물	134	
1세대1주택 비과세대상	⑨ 보 유 기 간			
	⑩ 거 주 기 간			

□ 양도소득금액계산

거래금액	⑪ 양 도 가 액	500,000,000	500,000,000	
	⑫ 취 득 가 액	300,000,000	300,000,000	
	취득가액 종류		실지거래가액	
⑬ 기납부 토지초과이득세				
⑭ 기타 필요경비		10,000,000	10,000,000	
양도차익	전체 양도차익	190,000,000	190,000,000	
	비과세 양도차익			
	⑮ 과세대상 양도차익	190,000,000	190,000,000	
⑯ 장기보유특별공제(코드)		57,000,000	57,000,000(02)	
⑰ 장기보유특별공제적용대상거주기간				
⑱ 양 도 소 득 금 액		133,000,000	133,000,000	
감면소득 금액	⑲ 세 액 감 면 대 상			
	⑳ 소득금액감면대상			
㉑ 감면종류	감면율			

□ 기준시가 (기준시가 신고 또는 취득가액을 환산취득가액으로 신고하는 경우에만 적습니다.)

양도시 기준 시가	㉒ 건 물			
	㉓ 토 지			
	합 계			
취득시 기준 시가	㉔ 건 물			
	㉕ 토 지			
	합 계			

1 / 1

취득·양도·상속·증여 절세의 기초와 노하우

Tax
Q15

계약서가 잘못된 경우
양도소득세 계산 방법은?

양도소득세 신고 대리를 하다 보면 부동산 취득 당시 이른바 다운계약서를 썼거나 계약서를 분실했을 때 어떻게 해야 하는지 묻는 의뢰인이 의외로 많다. 집을 살 때 매도인 요구로 다운계약서를 써준 경우 막상 집을 다시 팔 때가 되니 서류상 양도차익이 너무 커져 세금 폭탄을 걱정한다. 취득 당시 쓴 계약서를 잃어버렸다는 의뢰인도 알고 보면 계약서 분실 자체보다 '환산취득가액'으로 신고해 세금을 아껴보려는 의도가 있는 경우가 많다.

다운계약서 썼어도 실거래가 증명 시 적용 가능

양도차익을 계산하는 과정에서 취득 당시 매매계약서를 요구하면 "취득 당시 계약서에 적힌 금액보다 더 많은 돈을 주었는데, 다운계약서를 받았다"면서 "다운계약서상 금액이 아니라 실제 지급한 금액으로 취득가액을 신고하면 안 되느냐"고 묻는 경우가 있다.

결론부터 말하자면, '실제 계약서'나 '대금 지급 증빙' 등으로 입증할 수만 있다면 실제 취득가액을 기준으로 양도소득세를 신고·납부할 수 있다.

그러나 이렇게 되면 취득 당시 이중계약을 하거나 다운계약서를 작성하여 그 당시 양도차익을 줄여서 허위 신고한 양도인의 부당과소신고 사실이 드러나게 되어 이전 양도인에게 양도소득세가 추징된다. 본세만 추징되는 것이 아니라 당초 부당하게 과소신고한 것에 대한 행정벌로 본세의 40%에 해당하는 부당과소신고 가산세도 내야 한다. 여기에 제때 본세를 납부하지 않은 행정벌로 연 8.03% 상당의 납부지연 가산세까지 추징된다.

다만 이전 양도인이 부정행위로 국세를 포탈하거나 환급·공제받았더라도 법정신고기한 경과 후 10년이 지났다면 부과제척기간이 만료돼 다운계약서를 쓴 사람에게도 양도소득세를 추징할 수 없다.

2006년 이후 실거래가는 다 찾아낸다

취득 당시 매매계약서를 분실해 실제 취득가액을 알 길이 없으니 환산취득가액으로 양도소득세를 신고해 달라는 요청도 적지 않다. 환산취득가액은 양도 당시 실거래가액을 기준시가로 나눈 뒤 취득 시 기준시가를 곱해 계산한 금액이다. 양도 시 기준시가가 높으면 환산취득가액이 낮아지는 구조다.

- 양도가액 : 환산취득가액(X) = 양도 시 기준시가 : 취득 시 기준시가

- 환산취득가액(X)=양도가액× $\dfrac{\text{취득 시 기준시가}}{\text{양도 시 기준시가}}$

원칙적으로 양도가액은 있는데 취득가액이 불분명하면 환산취득가액으로 양도소득세를 신고할 수 있다. 그런데 환산취득가액을 적용하는 것은 말 그대로 취득가액이 불분명할 때다. 납세자가 계약서를 잃어버렸다고 해서 이를 적용할 수 없다.

과세관청은 환산취득가액으로 양도소득세를 신고하면 해당 재산의 실제 취득가액을 이전 양도자에게 확인하거나 각종 서류로 밝혀낸다. 2006년 이후에는 등기부등본(매매목록)에 실제 취득가액이 명시된다. 이 경우 환산취득가액으로 신고해도 국세청이 모두 파악할 수 있기 때문에 실익이 없다. 실제 2006년 이후 거래에 대해 환산취득가액 적용을 요구하는 경우도 많지 않다.

2006년 이전에 부동산 취득한 납세자의 경우 환산취득가액이 적용될 수도 있다. 국세청의 취득가액 전산화가 2006년 직전에야 완료됐기 때문에 이전 서류가 없기도 하고, 이전 양도자가 사망하는 등 사실상 취득가액 확인이 어려운 경우도 있어서다. 만약 국가나 지방자치단체, 법원으로부터 경매나 공매로 부동산을 받은 경우 거래관련 증빙자료가 영구

보존되기 때문에 취득가액을 바로 확인할 수 있다. 체비지를 지자체에서 불하받은 경우에도 해당기관에 행정정보공개요청을 통해 거래가액을 확인할 수 있다.

신·증축 절세 목적으로 환산취득가액 적용?

가끔 실무적으로 건축물을 신축 또는 증축한 후 실제 건축비를 확인할 수 없을 때 환산취득가액을 적용해 세무신고를 하기도 한다. 세무계산상 환산취득가액이 실제 건축비보다 더 많이 산출되는 경우가 흔해 일부러 실제 건축비를 확인하지 않는 경우도 많다. 건축물은 시간이 지날수록 가치가 감소하는 감가상각이 환산취득가액 계산에 반영되어 있기 때문이다. 그래서 세무대리인 중 일부는 환산취득가액을 양도소득세 절세 수단으로 장려하기도 한다.

이 때문에 이를 방지하는 소득세법이 2017년 12월 19일 개정됐다. 취득 당시 실거래가액이 아닌 환산취득가액을 적용해 세 부담을 회피하는 것을 방지한다는 취지다. 이 법에 따르면 신축 또는 증축한 건물을 5년 이내 양도하고 환산취득가액을 적용한 경우 해당 건물의 환산취득가액(증축의 경우 증축한 부분에 한정)의 5%를 가산세로 부과한다.

Tax
Q 16

1세대 1주택
양도소득세 비과세는 어렵다(1)

1세대 1주택 비과세 요건

　　　　　　　양도소득세 세무 상담에서 가장 많은 비중을 차지하는 것은 뭐니 뭐니 해도 '1세대 1주택 양도소득세 비과세'이다. 1세대 1주택 비과세 요건에 충족하는 경우, 비과세이기 때문에 원칙적으로 양도소득세를 신고할 필요도 없다.

　현행 세법은 1세대 1주택 양도 시 양도소득세를 비과세함으로써 거주 목적 주택의 자본이익 과세에 따른 세금 부담을 없애 1세대 1주택자의 주택 마련에 어려움이 없도록 하고 있다. 이러한 1세대 1주택 양도소득세 비과세는 1세대 요건, 2년 보유요건(2017년 8월 3일 이후 취득한 조정대상지역 내 주택의 경우 2년 거주요건 추가), 양도 당시 1주택 요건이 모두 충족되면 적용된다.

1세대 요건

　　　　　　거주자 및 그 배우자(법률상 이혼했으나 생계를 같이하는 등 사실상 이혼한 것으로 보기 어려운 관계에 있는 사람, 이른바 사실혼 배우자를 포함한다)가 그들과 동일한 주소에서 생계를 같이하는 가족과 함께 구성하는 1세대가 양도하는 주택이어야 한다. 따라서 비거주자는 1세대 1주택 비과세를 적용받을 수 없고, 배우자가 없으면 1세대를 구성할 수 없다. 다만, 다음에 해당하는 경우에는 배우자가 없어도 세대 분리 시 이를 1세대로 본다.

---

① 당해 거주자의 연령이 30세 이상인 경우
② 배우자가 사망하거나 이혼한 경우
③ 소득*이 중위소득을 12개월로 환산한 금액의 40% 수준 이상으로서 소유 부동산을 관리·유지하면서 독립된 생계를 유지할 수 있는 경우 (원칙적으로 미성년자는 제외)

---

* 사업소득, 근로소득, 저작권 수입·강연료 등 인적용역의 대가인 기타소득으로서 필요경비 및 비과세소득을 차감한 소득을 말한다.

　2025년 현재 1인 가구 기준의 중위소득은 2,392,013원이며 12개월로 환산한 금액인 28,704,156원의 40%인 11,481,662원 이상이 되어야 1세대로 인정받을 수 있다.

2년 보유요건

　　　　　　양도일 현재 주택의 보유기간이 2년(비거주자가 거주자로 전환된 경우에는 3년) 이상이어야 한다. 보유기간 계산의 원칙은 주택의 취득일부터 양도일까지이며, 주택이 아닌 건물을 사실상 주택으로 사용하거나 공부상의 용도를 주택으로 변경하는 경우 주택으로 사용한 날(사실상 주거용으로 사용한 날이 분명하지 않은 경우에는 그 자산의 공부상 용도를 주택으로 변경한 날)부터 보유기간을 기산한다. 다만, 다음에 해당하는 경우에는 보유기간 및 거주기간의 제한을 받지 않는다.

① 민간건설임대주택, 공공건설임대주택 또는 공공매입임대주택을 분양전환으로 취득해 양도하는 경우로서 해당 건설임대주택 등의 임차일부터 양도일까지의 거주기간이 5년 이상인 경우
② 주택이 법률에 따라 협의 매수 또는 수용되는 경우
③ 해외 이주로 세대 전원이 출국하는 경우. 다만, 1주택자로서 출국일부터 2년 이내 양도하는 경우에 한한다.
④ 취학 또는 근무상의 형편으로 1년 이상 계속해서 국외 거주가 필요해 세대 전원이 출국하는 경우. 다만, 1주택자로서 출국일부터 2년 이내 양도하는 경우에 한한다.
⑤ 1년 이상 거주한 주택을 취학, 근무상의 형편, 질병의 요양 등 부득이한 사유로 양도하는 경우

2년 거주요건

2017년 8월 3일 이후 조정대상지역 내 취득하는 주택의 경우에는 기존의 1세대 1주택 비과세 요건에 2년 이상 거주요건이 추가되었다. 다만, 거주자가 조정대상지역의 공고가 있은 날 이전에 매매계약을 체결하고 계약금을 지급한 사실이 증빙서류에 의해 확인되는 경우로, 해당 거주자가 속한 1세대가 계약금 지급일 현재 주택을 보유하지 않은 경우에는 거주기간 요건의 제한을 받지 않는다.

한편 국내에 1주택(1세대 1주택으로 보는 경우를 포함)을 소유한 1세대가 다음의 요건을 모두 갖춘 상생임대주택을 양도하는 경우에는 거주요건 없이 비과세를 받을 수 있다. 즉, 2017년 8월 3일 이후에 조정대상지역에서 취득한 주택인 경우 1세대 1주택 비과세를 받기 위해서 세대 전원이 2년 이상 거주해야 하는데, 상생임대주택에 해당하면 거주요건 없이 비과세 적용이 가능하다.

상생임대주택에 해당하는 경우에는 여러 가지 혜택을 받을 수 있다. 1세대 1주택 비과세 요건 판단 시 거주요건이 있는 경우에도 거주요건 없이 비과세를 받을 수 있으며, 1세대 1주택 고가주택의 양도차익을 계산할 때 2년 이상 거주하지 않았어도 표2에 따른 보유기간별 공제율(연 4%씩 최대 40%)을 적용받을 수 있으며, 요건을 충족한 장기임대주택이 있는 경우 2년 이상 거주한 주택을 양도할 때 비과세를 적용해주는 거주주택 비과세 특례규정을 적용함에 있어도 2년 이상 거주하지 않아도 비과세가 가능한 세 가지 혜택이 있다.

① 1세대가 주택을 취득한 후 해당 주택에 대하여 임차인과 체결한 직전 임대차계약(해당 주택의 취득으로 임대인의 지위가 승계된 경우의 임대차계약은 제외하며, 이하 "직전 임대차계약"이라 한다) 대비 임대보증금 또는 임대료의 증가율이 5%[*1]를 초과하지 않는 임대차계약(이하 "상생임대차계약"이라 한다)을 2021년 12월 20일부터 2026년 12월 31일까지의 기간 중에 체결(계약금을 지급받은 사실이 증빙서류에 의해 확인되는 경우로 한정한다)하고 임대를 개시할 것
② 직전 임대차계약에 따라 임대한 기간이 1년 6개월 이상[*2]일 것
③ 상생 임대차계약에 따라 임대한 기간이 2년 이상[*2]일 것

[*1] 상생임대차계약을 체결할 때 임대보증금과 월 임대료를 서로 전환하는 경우에는 「민간임대주택에 관한 특별법」에서 정하는 기준에 따라 임대보증금 또는 임대료의 증가율을 계산한다.
[*2] 직전 임대차계약 및 상생임대차계약의 임대기간은 월력에 따라 계산하며, 1개월 미만인 경우에는 1개월로 본다.

직전 임대차계약 및 상생임대차계약에 따른 임대기간을 계산할 때 임차인의 사정으로 임대를 계속할 수 없어 새로운 임대차계약을 체결하는 경우로 종전 임대차계약과 비교하여 새로운 임대차계약에 따른 임대보증금 또는 임대료가 증가하지 않았다면 새로운 임대차계약의 임대기간을 합산하여 계산한다.

상생임대주택을 적용함에 있어서 중요한 점은 직전 임대차계약을 판단할 때 "주택을 취득한 후"에 직전 임대차계약을 체결해야 한다는 것이다. 만약 아파트의 분양권에 당첨된 후 해당 분양권이 주택으로 취득되는 시기는 보통 분양대금 잔금일이다. 만약 잔금을 치를 자금이 없어서 전세를 받아 이 전세보증금으로 분양대금 잔금을 하게 하는 경우 주택 취득일인 분양대금 잔금일보다 전세 계약을 먼저 하였으므로 주택을 취득한 후 직전 임대차계약을 체결하지 않았기 때문에 직전 임대차계약이 될 수 없다.

이는 승계조합원입주권도 마찬가지이다. 승계조합원입주권이 주택으로 되는 시기는 보통 완공일(사용승인일)이며 이 완공일 이전에 실제로 사용하거나 임시사용승인이 되는 경우에는 실제 사용일과 임시 사용승인일을 주택의 취득일로 본다. 만약 완공되기 전에 임대차계약을 한 경우에는 직전 임대차계약에 해당되지 않는다.

또한 직전 임대차계약이나 상생임대차계약을 하던 중 임차인의 사정으로 임대기간 충족이 되지 않았으나 조기 전출하는 사례가 있다. 이처럼 임차인이 중도 퇴거하여 임대기간 요건을 충족하지 못한 경우에는 종전 임대차계약의 임대보증금 또는 임대료보다 낮거나 같은 경우 임대기간을 합산하여 직전 임대차계약 및 상생임대차계약을 판단할 수 있다.

또한 묵시적 갱신 등으로 신규 계약 체결 없이 임대한 기간도 임대한 기간으로 인정받을 수 있다. 예를 들어 임차인과 2년 전세 계약을 하고 계약이 만료되어 묵시적 갱신으로 보증금 등을 올리지 않고 2년을 더 거주했다고 가정한다면, 당초 2년 계약은 직전 임대차계약으로 인정되며 묵시적 갱신으로 임대한 2년은 상생임대차계약으로 인정될 수 있다. 다만, 처음부터 4년의 계약을 하였다면 앞의 2년을 직전 임대차계약, 뒤의 2년을 상생임대차계약으로 볼 수는 없다.

양도 당시 1주택 요건

양도일 현재 국내에 1주택을 보유하고 있어야 한다. 따라서 1세대가 양도 당시 양도주택 외에 다른 주택이 있으면 원칙적으로 비과세를 적용받을 수 없다. 그런데 특별한 사정으로 인해 불가피하게 2주택이 되는 경우가 있다. 다음의 경우에는 양도 당시 1주택으로 보아 1세대 1주택 양도소득세 비과세를 적용한다.

① 국내에 1주택을 소유한 1세대가 종전주택을 양도하기 전 신규주택을 취득함으로써 일시적으로 2주택이 된 경우 신규주택을 취득한 날부터 3년 이내에 종전주택을 양도하는 경우. 다만, 연속적인 일시적 2주택 비과세를 규제하기 위하여 종전주택과 신규주택의 취득시기는 1년 이상 차이가 나야 한다.

② 상속받은 주택과 상속개시 당시 일반주택을 국내에 각각 1개씩 소유한 1세대가 일반주택을 양도하는 경우

③ 1세대 1주택자가 60세 이상 또는 중대한 질병 등이 발생한 60세 미만의 직계존속을 동거봉양하기 위해 세대를 합침으로써 1세대가 2주택을 보유하게 되어 합친 날부터 10년 이내에 먼저 양도하는 주택의 경우[1]

④ 1세대 1주택자가 1세대 1주택자와 혼인함으로써 1세대가 2주택을 보유하게 되어 혼인한 날부터 10년 이내에 먼저 양도하는 주택의 경우[1]

⑤ 문화재주택과 일반주택을 국내에 각각 1개씩 소유한 1세대가 일반주택을 양도하는 경우

⑥ 농어촌주택(상속주택·이농주택·귀농주택)과 일반주택을 국내에 각각 1개씩 소유한 1세대가 일반주택을 양도하는 경우

⑦ 취학, 근무상의 형편, 질병의 요양, 그 밖에 부득이한 사유로 취득한 수도권 밖에 소재하는 주택과 일반주택을 국내에 각각 1개씩 소유하고 있는 1세대가 부득이한 사유가 해소된 날부터 3년 이내에 일반주택을 양도하는 경우

⑧ 법정 요건을 갖춘 장기임대주택 또는 어린이집과 일반주택을 국내에 소유하고 있는 1세대가 법정 요건을 충족한 거주주택을 양도하는 경우

⑨ 조세특례제한법상 소유 주택으로 보지 않는 특례주택을 보유한 경우

[1] 동거봉양합가 및 혼인합가 비과세 적용 시 1주택자와 1주택자의 합가 판단 기준일은 합가 당시이기 때문에 합가 당시 1주택자와 1주택자가 합가를 하는 경우에만 비과세가 적용됨 (서면-2023-법규재산-0887, 2024. 6. 25.)

1세대 1주택
양도소득세 비과세는 어렵다(2)

1세대 1주택 양도소득세 비과세는 1세대 요건, 2년 보유요건, 조정대상지역의 경우 2년 거주요건, 양도 당시 1주택 요건이 모두 충족되면 적용된다. 그런데 이 요건 판단이 점점 더 복잡해져서 양도소득세를 포기하는, 속칭 '양포세무사'가 등장하기 시작했다. 기본적으로 유의할 사항에 대해 살펴보자.

1세대 요건 판단 시 유의사항

부모가 성인 자녀와 생계를 같이하면서 부모 명의로 주택 1채, 자녀 명의로 주택 1채가 있는 경우에는 1세대 2주택자가 된다. 이때 1주택을 양도하면 1세대 1주택 양도소득세 비과세를 적용받을 수 없는데, 양도일 이전에 일정 규모의 소득이 있거나 30세 이상인 성인 자녀가 1세대로 세대 분리하면 절세를 할 수 있다. 부모와 자녀가 각각 1세대 1주택자가 되기 때문이다.

그러나 세대 분리는 형식적인 주소 이전으로 되는 것이 아니다. 양도소득세 비과세의 별도 세대를 판정할 때는 부모와 자녀가 실제로 생계를 같이하는지 여부를 파악할 뿐, 부모와 자녀의 주소가 다르다고 해서 둘을 별도 세대로 보지 않는다. 과세관청은 이러한 생활 관계를 파악하기 위해 가족의 신용카드 및 교통카드 사용지, 공과금 청구지까지 확인한다. 따라서 실제로 세대 분리를 하지 않고 형식적으로만 주소 이전을 했다가는 큰 낭패를 보게 된다. 왜냐하면, 그 경우 1세대 1주택자의 주택양도가 아니라 1세대 2주택자의 주택양도로 보기 때문이다.

한편, 실질적으로 세대가 분리된 30세 미만의 자녀로서 근로소득, 사업소득, 기타소득 중 인적용역의 대가 등 계속적·반복적 성격의 소득이 기준 중위소득을 12개월로 환산한 금액의 40% 이상(2025년 현재 1인 가구 기준의 중위소득은 2,392,013원이며 12개월로 환산한 금액인 28,704,156원의 40%인 11,481,662원 이상)이고, 소유하고 있는 주택을 관리, 유지하면서 독립된 생계를 유지할 수 있는 경우에는 별도 세대로 본다. 다만, 미성년자인 경우는 제외한다.

2년 보유요건 판단 시 유의사항

주택 취득 당시 거주자인 1주택자가 이민이나 장기 출국 전에 2년 이상 보유한 주택을 양도했다면, 일반적인 1세대 1주택 비과세가 적용된다. 그러나 2년 이상 보유하지 못했어도 출국일부터 2년 이내에만 양도하면 1세대 1주택 비과세를 적용해준다. 그런데 만약 출국일부터 2년 이내에 양도하지 못하면 어떻게 될까? 비거주자이기 때문에 1세대 1주택 비과세가 적용되지 않는다. 하지만 국내에 다시 들어와서 거주자가 되고(세대원 전원이 입국해 거소를 둔 기간이 1과세기간에 183일 이상이거나 2026년 1월 1일 이후부터는 거소를 둔 기간이 2과세기간에 걸쳐 계속하여 183일 이상이더라도 거주자로 판단한다) 비거주자 및 거주자로 보유한 기간이 총 3년 이상이면 비과세를 적용받을 수 있다.

또한 2년 보유요건을 채우지 못했어도 이민이나 장기 출국이 아닌 경우에는 1년 이상 거주한 주택을 전제로 세대원 전원이 취학, 근무상의 형편, 질병 요양 등 부득이한 사유로 다른 시·군으로 이사하면서 양도하면 1세대 1주택 비과세를 적용해준다. 예를 들어, 군인이 부대 재배치로 세대원 전원이 이사를 가면서 1년 이상 거주한 주택을 양도한 경우에는 2년 보유요건을 채우지 못해도 1세대 1주택 양도소득세 비과세를 적용한다. 그러나 1년 이상 거주한 사실이 없다면 아무리 부득이한 사유가 있어도 비과세를 적용받을 수 없다.

2년 거주요건 판단 시 유의사항

2017년 8월 3일 이후 조정대상지역 내 취득하는 주택의 경우에는 기존의 1세대 1주택 비과세 요건에 2년 이상 거주요건이 추가되었다. 다만, 거주자가 조정대상지역의 공고가 있은 날 이전에 매매계약을 체결하고 계약금을 지급한 사실이 증빙서류에 의해 확인되는 경우로서, 해당 거주자가 속한 1세대가 계약금 지급일 현재 주택을 보유하지 않은 경우에는 거주기간 요건의 제한을 받지 않는다. 그런데 만약 계약금 지급일 현재 주택을 보유하고 있는 경우라면, 거주기간 요건의 제약을 받는다는 점에 유의하여야 한다.

한편, 조정대상지역에서 취득한 주택의 2년 이상 거주요건은 주택을 취득하는 시점에서 부여된다. 따라서 취득할 때는 조정대상지역이 아니고 양도할 때 조정대상지역으로 지정되었다면 2년 이상 거주요건은 갖추지 않아도 된다. 단, 취득 당시 조정대상지역 내의 주택이었던 경우 조정대상지역이 해제되더라도 2년 이상 거주요건을 갖추어야 함을 유의하여야 한다.

양도 당시 1주택 요건 판단 시 유의사항

1세대 1주택 비과세 규정을 적용함에 있어서 가장 난해한 부분이 주택 수에 포함되는지 여부를 판단하는 것이다. 양도소득세에서는 "주택이란 허가 여부나 공부(公簿)상의 용도구분과 관계없이 세대의 구성원이 독립된 주거생활을 할 수 있는 구조로서 별도의 출입문, 취사 시설, 화장실이 있는 사실상 주거용으로 사용하는 건물"을 말한다. 이 경우 그 용도가 분명하지 아니하면 공부상의 용도에 따른다.

주거용으로 사용되고 있는 오피스텔은 주택 수에 포함되는지 여부, 무허가주택이나 단독주택으로 지어서 펜션으로 사용되는 경우 주택 수에 포함되는지 여부, 수년간 사용되지 않는 폐가가 주택에 해당되는지 여부, 다가구주택 요건을 위반한 다가구주택을 단독주택으로 볼 것인지 여부, 별장을 구입하여 상시 주거용으로 사용하지 않고 휴양용으로 사용 시에 주택 수에 포함되는지 여부 등 사실상 주거용이라는 부분을 판단하기 어려운 경우가 많다. 이와 같이 비과세 규정과 다주택자 중과세 규정은 전문가가 아닌 일반인들이 판단하기에는 위험하므로 사전에 전문가에게 상담받기를 권한다.

조합원입주권과 분양권의 주택 수 포함

한편, 1세대 1주택 양도소득세 비과세 요건 판단과 다주택자의 중과세 판단 시 조합원입주권도 주택 수에 포함되며, 분양권도 2021년 이후 취득한 것은 주택 수에 포함되니 유의하여야 한다.

매매 특약에 따라 주택을 주택 외 용도로 용도변경한 경우 비과세 판단

비과세의 요건을 갖춘 일반주택을 매매할 때 주택에 대한 매매계약서를 작성한 후 매매계약서의 특약에 잔금일 전 매수인의 책임으로 주택에서 주택 외 용도로 용도변경을 하여 양도하는 경우가 상당하다. 그 이유는 주택의 상태로 취득하게 되면 다주택자나 법인의 경우 취득세도 많이 발생되고, 대출이 잘 이루어지지 않기 때문이다. 이 경우 비과세 판단을 할 때에는 2022년 10월 20일 이전 계약분은 "매매계약일 현재"로 판단하여 비과세를 적용하였지만, 2022년 10월 21일 이후 계약분부터는 "양도일"을 기준으로 판단하는 것으로 해석을 변경하였다. 즉, 양도일을 기준으로 판단하면 주택 외의 용도이기 때문에 비과세가 적용되지 않았다.

하지만 2025년 2월 28일 소득세법 시행령이 개정되어 시행일인 2025년 2월 28일 이후 매매계약분부터 매매 특약에 따라 주택을 주택 외 용도로 변경한 경우 1세대 1주택 비과세 및 장기보유특별공제 적용 시 "매매계약일"을 기준으로 판단한다. 즉, 매매 특약으로 주택을 주택 외 용도로 용도변경한 경우 매매계약일을 기준으로 판단하기 때문에 매매계약일 현재 주택이었으므로 1세대 1주택 비과세도 가능하며 장기보유특별공제도 최대 80%까지 적용받을 수 있다.

다만, 매매특약에 따라 주택건물을 멸실하는 경우에는 이야기가 다르다. 주택의 상태에서 매매계약 이후 특약에 의해 주택 건물을 멸실한 경우 2022년 12월 19일 이전 계약분은 "계약일" 현재로 판단하여 비과세가 가능했으나, 2022년 12월 20일 이후 계약분부터는 해석이 변경되어 "양도일"을 기준으로 판단한다. 주택 외 용도로 용도변경하는 경우 비과세 판단을 "매매계약일"로 하도록 법을 개정하였지만, 멸실조건부 계약인 경우에는 별도의 법 개정이 이루어지지 않아 비과세 판단일을 "양도일"로 판단하므로 주의를 요한다.

Q 18

일시적 2주택의 양도소득세 비과세

양도 당시 1주택 요건을 판단함에 있어 가장 문의가 많은 사례 중 하나가 일시적 2주택인 경우이다. 일시적 2주택의 양도소득세 비과세는 일시적 2주택 기간의 판정이 중요하다.

일시적 2주택의 기간 판정

신규주택을 취득하고 3년 이내에 비과세 요건을 충족한 종전주택을 양도하면 1세대 1주택 비과세가 적용된다. 2018년 9월 13일 부동산 대책과 2019년 12월 16일 부동산 대책으로 종전주택과 신규주택이 조정대상지역 내에 소재하는 경우 양도기한이 2년이나 1년으로 개정된 적이 있으나 2023년 1월 12일 이후 양도분부터는 취득일이나 조정대상지역에 상관없이 3년 이내에 양도하는 것으로 개정되었다.

지 역	2018.9.13. 이전 매매계약	2018.9.14.~ 2019.12.16. 매매계약	2019.12.17. 이후 매매계약	2023.1.12. 이후 양도분부터
조정대상지역 내 종전·신규 주택의 경우	3년	2년	1년 이내에 양도 및 전입	3년
위 외의 경우	3년	3년	3년	

그런데 종전주택과 신규주택의 취득시기가 1년 이상 차이가 나지 않으면 이 규정을 적용하지 않는다. 예를 들어, 2024년 3월에 종전주택을 취득하고 2025년 4월에 신규주택을 취득한 뒤 2026년 3월에 종전주택을 양도하면 2년 보유요건(거주요건이 있는 경우 2년 거주요건 충족)과 일시적 2주택 요건을 모두 충족하므로 비과세된다.

하지만 신규주택을 2024년 2월에 취득한 경우라면 종전주택과 신규주택의 취득시기가 1년 이상 차이가 나지 않기 때문에 일시적 2주택으로 보지 않는다. 다만 다음에 해당하는 경우에는 취득시기 1년 이상 차이 요건을 적용하지 않는다. 이는 일시적 2주택뿐만 아니라 일시적 1주택+1조합원입주권 또는 일시적 1주택+1분양권의 경우에도 같다.

① 민간건설임대주택, 공공건설임대주택 또는 공공매입임대주택을 분양전환으로 취득해 양도하는 경우로서 해당 건설임대주택등의 임차일부터 해당 주택의 양도일까지의 기간 중 세대전원이 거주(기획재정부령으로 정하는 취학, 근무상의 형편, 질병의 요양, 그 밖에 부득이한 사유로 세대의 구성원 중 일부가 거주하지 못하는 경우를 포함한다)한 기간이 5년 이상인 경우

② 주택 및 그 부수토지(사업인정 고시일 전에 취득한 주택 및 그 부수토지에 한한다)의 전부 또는 일부가 「공익사업을 위한 토지 등의 취득 및 보상에 관한 법률」에 의한 협의매수 · 수용 및 그 밖의 법률에 의하여 수용되는 경우
③ 1년 이상 거주한 주택을 기획재정부령으로 정하는 취학, 근무상의 형편, 질병의 요양, 그 밖에 부득이한 사유로 양도하는 경우

한편, 3년 이내에 양도하지 못하는 경우라도 다음의 사유에 의하여 매각하는 경우에는 양도소득세를 비과세한다.

① 한국자산관리공사에 매각을 의뢰한 경우
② 법원에 경매를 신청한 경우
③ 공매가 진행 중인 경우
④ 재개발 · 재건축 사업의 시행으로 현금으로 청산을 받아야 하는 토지 등 소유자가 사업시행자를 상대로 제기한 현금청산금 지급을 구하는 소송절차가 진행 중인 경우 또는 소송절차는 종료되었으나 해당 청산금을 지급받지 못한 경우
⑤ 재개발 · 재건축 사업의 시행으로 사업시행자가 토지 등 소유자를 상대로 신청 · 제기한 수용재결 또는 매도청구소송 절차가 진행 중인 경우 또는 재결이나 소송절차는 종료되었으나 토지 등 소유자가 해당 매도대금을 지급받지 못한 경우

일시적 2주택과 그 밖의 특례의 혼합

또한 일시적 2주택과 그 밖의 다주택 특례가 혼합된 경우에 대해서도 비과세를 적용한다. 종전주택과 상속주택,

신규주택이 있는 경우에 신규주택 취득일부터 3년 이내에 양도하는 종전주택은 비과세가 된다. 왜냐하면 상속주택은 소유 주택으로 보지 않기 때문이다.

그리고 혼인 합가나 동거봉양 합가의 경우에도 합가 이후 2주택 상태에서 신규주택을 취득하여 3주택이 된 경우로 신규주택 취득일로부터 3년 이내에 종전주택을 양도하는 경우 10년 이내에 먼저 양도하는 합가주택도 비과세를 적용받을 수 있다.

그런데 일시적 2주택, 상속주택 등을 포함해 1세대 3주택자 이상이 된 경우 양도소득세가 비과세되는 것은 매매가액 12억 원까지의 양도차익이고, 매매가액 12억 원을 초과하는 양도차익에 대해서만 양도소득세가 과세되는데, 이때 1세대 3주택 이상은 중과 제외 주택에 해당하지 않아 해당 양도차익에 대해서는 중과세도 되고 장기보유특별공제도 적용되지 않는 불합리한 점이 있었다. 그러나 세법 개정으로 2021년 2월 17일 이후 양도하는 분부터는 일반과세 및 장기보유특별공제가 적용된다.

Q 19

주택을 상속받은 경우
양도소득세는 어떻게 될까?

1세대 1주택 양도소득세 비과세 가운데 가장 어려운 부분 중 하나가 상속주택 특례 규정이며 이에 관한 문의가 많다. 부득이 얻게 된 상속주택이 자신의 1세대 1주택 양도소득세 비과세에 미치는 영향을 알고 싶어 하는 것이다.

상속주택 특례

상속받은 주택과 상속개시 당시 일반주택을 국내에 각각 1채씩 소유한 1세대가 일반주택을 양도하는 경우에는 1세대 1주택으로 보아 양도소득세를 비과세한다. 이러한 상속주택 특례 규정의 취지는 상속 이전부터 별도로 세대 분리된 1주택자가 상속이라는 불가피한 상황에서 물려받은 상속주택 때문에 2주택자가 되어 일반주택을 양도할 때 1세대 1주택 비과세 혜택을 적용받지 못하는 것을 해소해주기 위한 것이다.

이 경우, 당초 일반주택을 보유한 1주택자가 상속받은 주택을 먼저 양도하면 상속주택 특례 규정에 따른 비과세 혜택을 받을 수 없다. 즉, 일반주택을 먼저 양도해야 1세대 1주택 비과세를 적용한다. 그리고 상속받을 당시에는 일반주택이 없었는데 주택을 상속받고 난 뒤 일반주택을 취득한 경우에는 일반주택 양도 시 상속주택 특례 규정에 따른 비과세 혜택을 받을 수 없다.

또한 주택을 상속받을 당시 피상속인과 같은 세대를 이루고 있었고, 세대원인 본인도 1주택을 소유하고 있어서 상속 이전부터 1세대 2주택자였다면 상속주택 특례 규정에 따른 비과세 혜택을 받을 수 없다. 1세대가 1주택을 소유한 상태에서 상속으로 2주택이 된 경우에 있어서 2주택 비과세 특례를 적용하기 위한 것이므로, 1세대가 2주택을 보유하다 상속이 개시된 경우에는 적용 대상이 아니기 때문이다.

그러나 동일 세대원 간의 상속의 경우라도 각각 1주택을 소유한 상태에서 세대를 달리하여 거주하다가 동거봉양 합가한 후 상속이 이루어진 경우에는 상속주택 특례를 적용받을 수 있다. 1주택을 소유한 부모와 1주택을 소유한 자녀가 따로따로 살다가 부모님이 연로하여 동거봉양 목적으로 합가한 후 아버지가 사망한 경우, 동일 세대라서 특례혜택을 배제하면 부모님을 모시려는 자녀가 오히려 불이익을 보기 때문이다.

이때 동거봉양이란 직계존속과 배우자의 직계존속을 포함하여 세대를 합친 날 현재 직계존속 중 어느 한 사람 또는 모두가 60세 이상으로서 1주택을 보유하고 있는 경우에만 해당된다.

상속개시 당시 피상속인이 2채 이상의 주택을 보유하고 있는 경우

그런데 상속할 주택이 2채 이상일 때는 어떻게 해야 할까? 동일한 피상속인으로부터 2채를 동일한 상속인이 모두 상속받아 1세대 3주택 이상인 상태에서 일반주택을 양도할 때 비과세 적용이 되지 않는다.

왜냐하면 상속주택 특례규정을 적용받을 수 있는 상속주택은 1채뿐이기 때문이다. 이를 "선순위 상속주택"이라고 하며, 나머지를 "후순위 상속주택"이라고 부른다. 후순위 상속주택은 명칭만 상속주택이지 일반주택의 취득과 다를 바 없다. 상속할 주택이 2채 이상일 때 선순위 상속주택과 후순위 상속주택의 판단은 다음의 순서에 따른다.

(1순위) 피상속인이 소유한 기간이 가장 긴 1주택
(2순위) 피상속인이 거주한 기간이 가장 긴 1주택
(3순위) 피상속인이 상속개시 당시 거주한 1주택
(4순위) 기준시가가 높은 주택
(5순위) 상속인이 선택하는 주택

한 명의 상속인이 2채를 상속받는 경우의 절세 방법

별도세대원인 상속인이 1주택을 보유하고 있는 상태에서 피상속인으로부터 2채 이상의 주택을 상속받은 경우 위의 순서에 따라 판정한 선순위 상속주택 외의 후순위 상속주택을 먼저 양도한 후 일반주택과 선순위 상속주택만을 보유하게 된다면 일반주택은 기간에 상관없이 비과세를 적용받을 수 있다. 물론 상속주택 비과세 특례는 상속주택보다 일반주택을 먼저 양도해야 적용받을 수 있음에 주의하자.

상속인이 선순위 상속주택을 상속받는 경우 vs. 후순위 상속주택을 상속받는 경우

피상속인이 10년 보유한 A주택과 5년 보유한 B주택을 남기고 사망했는데, 공동상속인으로 그의 배우자와 1세대 1주택자인 아들이 있다. 1세대 1주택자인 아들이 A주택을 상속받았다면 아들은 상속주택 특례규정을 적용받을 수 있다. 왜냐하면 피상속인이 가장 오래 보유한 A주택을 상속받았기 때문이다. 하지만 B주택을 상속받았다면 상속주택 특례규정을 적용받을 수 없다.

따라서 연로한 부모님이 2주택 이상을 보유하고 있다면, 선순위 상속주택이 되도록 보유주택을 정리해 둘 필요가 있다. 부모님이 지방에 30년간 보유한 시가 1억 원 상당의 주택과 서울에 20년간 보유한 시가 25억 원 주택을 보유하고 있다면, 상속이 개시되면 지방 소유주택이 선순위 상속주택이 되므로 부모님이 살아 계실 때 지방에 있는 1주택을 매각하거나 다른 가족에게 사전증여를 해서 선순위 상속주택이 서울에 보유한 주택이 되도록 사전에 준비해 둘 필요가 있다.

설령 사전에 정리를 못해서 선순위 상속주택(30년 보유한 시가 1억 원 지방주택)과 후순위 상속주택(20년 보유한 시가 25억 원 서울주택) 2채를 상속받은 경우에는 선순위 상속주택을 먼저 양도한 후 일반주택과 후순위 상속주택이 일시적 2주택 요건을 충족한다면 일반주택은 상속개시일부터 3년 이내 양도하는 경우 비과세를 적용받을 수 있다.

다만, 일시적 2주택 비과세는 신규주택 취득일부터 3년 이내 처분해야 하는 양도기한의 제한이 있지만, 상속주택 특례는 일반주택 양도기한의 제한이 없기 때문에 상속주택 특례를 적용받는 것이 유리하므로 상속이 진행될 예정이라면 추후 양도까지 고려한 재산 분배와 사전에 증여 또는 양도를 통한 컨설팅의 필요성이 있다. 다만 상속주택 특례를 적용받지 못한다고 하더라도 비과세를 포기하지 말고 양도의 순서를 잘 조절하면 보이지 않았던 비과세의 길이 보이기도 한다는 점을 명심하자!

공동상속주택에 따른 절세와 중과세

만약 상속할 1주택을 1인에게 상속하지 않고 지분별로 쪼개서 여러 명에게 상속하면 어떻게 될까? 이를 공동상속주택이라 한다. 공동으로 상속받는 경우 상속지분이 가장 큰 상속인, 상속지분이 동일한 경우 해당 주택에 거주하는 자, 거주하는 자가 없을 때는 최연장자 순서로 공동상속주택을 소유한 것으로 보며, 이를 공동상속주택의 최대지분권자라고 부르며, 그 외를 소수지분권자라고 부른다.

공동상속주택의 최대지분권자는 당해 공동상속주택을 소유한 것으로 보므로 당초 보유한 일반주택에 한하여 1차례 상속주택 특례규정을 적용받을 수 있다.

공동상속주택의 소수지분권자는 당해 공동상속주택을 소유한 것으로 보지 않는다. 따라서 상속주택 특례규정을 따질 필요도 없이 자신이 보유한 1주택을 양도할 때 양도소득세 비과세 혜택을 받을 수 있고, 공동상속주택의 소수지분은 보유순서에 상관없이 일반주택 양도 시 매번 1세대 1주택 비과세를 판단하면 된다.

그리고 공동상속주택이 2채 이상인 경우에 공동상속주택의 소수지분권자의 특례는 상속주택의 특례와 마찬가지로 (1순위) 피상속인이 소유한 기간이 가장 긴 1주택 (2순위) 피상속인이 거주한 기간이 가장 긴 1주택 (3순위) 피상속인이 상속개시 당시 거주한 1주택 (4순위) 기준시가가 높은 주택 (5순위) 상속인이 선택하는 주택을 선순위 공동상속주택으로 보고 그 소수지분에 한해서 비과세 특례를 적용한다.

상속주택에 따른 비과세와 중과세

상속주택 특례 규정에서 주의할 것은 상속주택은 일반주택의 양도소득세 비과세 혜택 활용에는 좋지만, 1세대 다주택 양도소득세 중과세 여부를 판단할 때는 상속개시일부터 5년이 경과하지 아니한 선순위 상속주택에 한하여 중과세에서 제외하는바, 상속개시일부터 5년이 경과한 선순위 상속주택을 양도할 때 만약 다주택자이며 해당 선순위 상속주택이 조정대상지역에 있다면 중과세가 된다는 점에 유의하여야 한다. 따라서 후순위 상속주택의 경우에는 조정대상지역의 다주택자라면 상속개시일부터 5년과 관계없이 중과세 적용 대상이다. 다만, 2년 이상 보유한 주택을 2022년 5월 10일부터 2026년 5월 9일 기간 내에 양도하는 경우 한시적 중과배제 기간이기 때문에 상속개시일로부터 5년이 경과한 조정대상지역의 상속주택이더라도 이 기간 내에 양도하는 경우에는 한시적으로 중과가 배제되어 일반세율이 적용되고 장기보유특별공제도 적용된다.

끝으로 상속받은 집 한 채가 전부라면 당연히 1세대 1주택 비과세를 적용받을 수 있다. 그리고 보유기간 2년을 계산할 때는 동일 세대원인 피상속인에게서 상속받은 주택이면, 동일 세대원으로서 피상속인의 보유기간과 상속인의 보유기간을 통산한다. 따라서 동일 세대원이 아닌 상속인은 상속개시일부터 2년 이상 보유(조정대상지역의 경우 2년 보유 및 거주)해야 비과세를 받을 수 있다.

다주택자가 장기임대주택 등록하면
절세할 수 있을까?

다주택을 보유한 세대가 주택을 양도하게 되면, 일반적으로 양도소득세를 부담하게 된다. 1세대 1주택 비과세 특례를 적용받는 주택의 보유자가 아닐 때 주택 매각을 주저하는 이유가 바로 이 양도소득세 부담 때문이다. 하지만 요건을 만족한 장기임대주택을 보유한 경우 장기임대주택을 매도할 때 혜택을 받을 수 있으며 장기임대주택 외 거주주택을 양도할 때에도 비과세 혜택을 받을 수 있는 규정이 있다.

장기임대주택의 장기보유특별공제 특례

본인이 장기임대한 주택을 추후 양도할 때에는 양도소득세가 과세되지만, 임대기간을 늘린다면 6년째부터 해당 장기임대주택을 양도하는 경우 연도별 장기보유특별공제 혜택을 2%p 추가해서 10년 이상 임대한 경우 최대 10%p까지 추가로 공제받을 수 있다.

다만, 이 장기보유특별공제 10%p가 추가 공제되는 장기임대주택은 임대 개시일 현재 기준시가 6억 원(수도권 외 기준시가 3억 원) 이하여야 하며 2018년 3월 31일 이전에 임대등록을 하고 임대를 개시한 주택에 한한다.

게다가 장기일반민간임대주택 등으로 임대등록을 한 경우에는 8년 이상 계속 임대 후 양도하는 경우 "임대기간 중 양도차익"에 대해서 50%, 10년 이상 계속 임대 후 양도하는 경우에는 70%까지 장기보유특별공제 혜택을 준다. 당초에는 전체 양도차익에 대해서 장기보유특별공제율을 적용하다가, 2021년 2월 17일 양도분부터는 임대기간 중 양도차익에 대해서만 장기보유특별공제율을 적용해주는 것으로 개정되었다.

또한 장기일반민간임대주택 중 아파트의 경우 의무임대기간 8년이 지난 경우 임대사업자등록이 자동으로 말소되기 때문에 8년 동안 임대한 것으로 보아 50%의 장기보유특별공제율만 적용하게 된다. 또한 단기민간임대주택으로 등록했다가 장기일반민간임대주택으로 변경한 경우에도 적용이 된다.

장기보유특별공제 혜택을 받을 수 있는 임대주택은 2018년 9월 13일 이전 계약분은 국민주택 규모 이하(85㎡이며 수도권 밖 읍·면 지역은 100㎡), 2018년 9월 14일 이후 계약분부터는 국민주택 규모 이하이면서 임대개시일 현재 수도권 기준시가 6억 원, 수도권 외 기준시가 3억 원 이하인 주택이 되어야만 하며 이 규정은 매입임대주택은 2020년 말까지, 건설임대주택은 2027년 말까지 등록분에 한하여 시행된다. **해당 내용을 정리하면 아래 표와 같다.**

구분	장기일반민간임대주택 중 매입임대주택	장기일반민간임대주택 중 건설임대주택
사업자등록	2020. 12. 31.까지 세무서+지방자치단체 등록	2027. 12. 31.까지 세무서+지방자치단체 등록
면적요건	국민주택규모 이하일 것(85㎡, 수도권 밖 읍·면 100㎡)	
가액요건	• 2018. 9. 13. 이전 계약분: 가액요건 없음 • 2018. 9. 14. 이후 계약분: 임대개시일 당시 기준시가 6억 원 (수도권 외 3억 원) 이하일 것	
의무임대기간	• 장기임대주택(10년)으로 등록하여 계속하여 임대 • 2020. 8. 17. 이전 등록: 8년 또는 10년 계속하여 임대	
임대료 증액 제한	• 임대료, 임대보증금 5% 증액 제한 요건을 준수할 것 • 단기에서 장기로 변경한 경우 변경 당시 존속 중인 표준임대차계약을 기준으로 증액 제한 요건 준수	
적용 제외	• 2020. 7. 11.~2020. 8. 17. 단기민간임대주택을 장기일반민간임대주택으로 변경 신고한 경우 • 2020. 7. 11.~2020. 8. 17. 장기일반민간임대주택으로 등록 신청한 아파트	

"임대기간 중 양도차익"은 아래와 같은 산식으로 계산하게 된다.

• 임대기간 중 양도차익

$$= 전체\ 양도차익 \times \frac{임대의무기간종료\ 시\ 기준시가 - 등록\ 당시\ 기준시가}{양도\ 당시\ 기준시가 - 취득\ 당시\ 기준시가}$$

예를 들어 요건을 만족한 장기일반민간임대주택 중 아파트가 자동말소 된 후에 양도하는 것을 가정해보자. 전체 양도차익은 1억 원인 상황이고 위 산식대로 계산한 임대기간 중 양도차익이 6,000만 원이 나오는 상황이며 해당 주택을 15년 이상 보유했다고 가정한다면, 임대기간 중 양도차익 6,000만 원에 대해서는 50%의 장기보유특별공제인 3,000만 원이 장기보유특별공제로 적용되어 3,000만 원의 양도소득금액이 발생되며, 나머지 양도차익인 4,000만 원에 대해서는 일반 장기보유특별공제인 30%인 1,200만 원의 장기보유특별공제가 적용되어 2,800만 원의 양도소득금액이 계산된다. 그럼 양도소득금액이 3,000만 원과 2,800만 원이 되어 5,800만 원이 계산되게 되는 것이다.

위에서 본 두 가지의 규정인 장기보유특별공제 10%p 추가공제와 장기보유특별공제율 50% 또는 70%를 적용하는 규정을 중복하여 적용받을 수 없으니 주의해야 한다.

장기임대주택과 거주주택 비과세

2011년부터 임대소득의 양성화를 위해 다주택을 보유한 세대가 본인이 거주하는 주택을 제외한 나머지 주택(임대개시일 현재 수도권 기준시가 6억 원, 수도권 외 기준시가 3억 원 이하인 주택에 한한다)을 주택임대사업자로 등록하고 사전 또는 사후에 법정임대기간(5년, 8년, 10년)을 채우면 이 임대주택은 1세대 1주택 비과세 판단 시 보유주택 수 계산에서 제외한다. 즉, 주택이 아무리 많아도 거주주택 외에 다른 주택을 주택임대사업자로 등록하면 거주주택을 양도할 때 이를 1세대 1주택으로 보아 비과세를 적용하는 것이다.

거주주택 비과세 적용 시 거주주택과 장기임대주택의 요건

어쨌든 거주주택에 대해서 비과세 받고, 또 장기임대주택에 대해서 세금 혜택을 받으니 다주택자에게 장기임대주택 등록이란 절세를 위해 반드시 검토해야 할 사항인 셈이다. 이 특례를 적용받으려면 '거주주택'과 '장기임대주택'의 조건을 충족해야 한다.

거주주택은 2년 이상 보유하면서 2년 이상 실제 거주한 사실이 있어야 한다. 과거 2년 이상 거주한 사실이 있을 경우 양도 당시 거주할 필요는 없다. 또한 상생임대주택에 해당하는 경우에는 2년 이상 거주한 사실이 없어도 이 규정을 적용받을 수 있다. **또한** 주택 수에서 제외되는 장기임대주택(임대개시일 현재 수도권 기준시가 6억 원, 수도권 외 기준시가 3억 원 이하인 주택에 한한다)은 주택 임대로 관할 세무서에 사업자등록을 하고, 지방자치단체에 임대사업자로 등록해야 한다. **이때 임대기간은 과거 실제 임대하고 있었더라도 세무서 및 지방자치단체에 사업자등록을 한 뒤로부터 임대를 개시한 것으로 본다.**

한편 최근 민간임대주택에 관한 특별법이 개정됨에 따라 6년 단기민간임대주택의 등록이 가능하게 되었다. 이에 2025년 2월 28일 소득세법 시행령이 개정되면서 거주주택 비과세 특례의 적용 대상이 되는 장기임대주택에 6년 단기민간임대주택이 포함되었다. **장기임대주택으로 인정되는 단기민간임대주택의 요건은 다음과 같다.**

① 지방자치단체에 주택임대사업자 및 세무서에 사업자등록(아파트는 등록 불가)
② 임대의무기간: 6년 이상
③ 등록 당시 공시가격: 건설임대주택은 6억 원 이하, 매입임대주택은 수도권 4억 원(비수도권 2억 원) 이하
④ 주택 수: 건설임대주택은 2호 이상, 매입임대주택은 제한 없음
⑤ 면적 기준: 건설임대주택은 대지 298㎡ 이하, 주택 연면적 149㎡ 이하
⑥ 임대료 증액 제한: 5% 이하
⑦ 지역 제한: 매입임대주택은 조정대상지역 소재 주택 제외

그런데 2018년에 정부가 발표한 이른바 9·13 대책에 따라 유주택자가 2018년 9월 14일 이후 취득한 장기임대주택에 대해서 주택임대등록 시 거주주택 비과세가 되느냐에 대한 논란이 있었다. 왜냐하면 9·13 대책의 핵심은 유주택자가 2018년 9월 14일 이후 신규로 취득하는 장기임대주택에 대해서는 양도소득세를 중과하고 종합부동산세 합산과세를 하겠다는 취지였기 때문이다.

이에 2020년 말 소득세법을 개정하여 유주택자가 2018년 9월 14일 이후 신규로 취득하는 장기임대주택에 대해서도 법정 요건을 갖춘 경우 거주주택 비과세 판정 시에는 주택으로 보지 않도록 규정하였다.

장기임대주택이 의무임대기간을 충족하기 전에 거주주택을 양도하는 경우 거주주택은 비과세를 해주며 차후 의무임대기간이 충족되는 경우 추징하지 않는다. 다만 의무임대기간을 채우지 못하는 경우에는 거주주택 양도 시 받은 비과세 혜택이 추징된다.

또한 단기일반민간임대주택 또는 장기일반민간임대주택 중 아파트의 경우 자동말소가 되거나 의무임대기간의 1/2 이상 임대한 후 자진말소하는 경우에는 임대기간 요건을 충족한 것으로 본다. 즉, 의무임대기간이 충족되기 전에 거주주택을 양도한 상태에서 자동말소가 되거나 의무임대기간의 1/2 이상 임대한 후 자진말소하는 경우에 의무임대기간을 충족한 것으로 보아 거주주택 비과세 혜택을 추징하지 않는다.

또한 단기일반민간임대주택 또는 장기일반민간임대주택 중 아파트의 경우 자동말소 또는 의무임대기간의 1/2 이상 임대한 후 자진말소한 후에 5년 이내에 거주주택을 양도하는 경우에도 거주주택 비과세 혜택을 받을 수 있다.

거주주택 비과세와 일시적 2주택 특례

이러한 특례 규정은 일시적 2주택 비과세와도 연동될 수 있다. 예를 들어, 이미 수년간 보유하고 있는 거주주택과 임대주택이 있다면 1세대 2주택자이므로 거주주택을 매각할 때 일반적으로 양도소득세를 부담해야 한다. 임대주택에 대해 주택임대사업자로 등록하고 지방자치단체에 임대사업자로 등록하면 거주주택을 양도할 때 1세대 1주택 비과세 혜택을 받을 수 있다.

게다가 거주주택과 장기임대주택을 보유하고 있으면서 신규주택을 매입한 경우에도 임대주택을 주택임대사업자로 등록하면 임대주택은 특례주택으로 바뀌어 보유주택 계산에서 제외되기 때문에 신규주택을 구입하고 3년 안에 거주주택을 매각할 때 일시적 2주택에 따른 비과세 혜택을 적용받을 수 있다.

거주주택 비과세의 사후관리

다만, 거주주택 비과세의 남용을 막고자 2019년 2월 12일 이후 취득하는 주택에 대해서는 평생 1회만 거주주택 비과세를 받을 수 있도록 제한 규정이 마련되었다. 그런데 2025년 2월 28일 소득세법 시행령의 개정으로 거주주택 비과세 특례의 평생 1회 규정이 삭제되었다. 따라서 2019년 2월 12일 이후 취득한 주택에 대하여도 거주주택 비과세 특례를 적용받을 수 있게 되었다.

임대주택을 여러 채 보유하고 있는 경우 거주주택을 최초로 비과세 받은 후 중간에 임대주택을 거주주택으로 전환한다면 해당 임대주택도 거주주택 비과세 특례를 적용받을 수 있다. 물론 이를 "직전거주주택보유주택"이라고 하여, 직전의 거주주택 양도 이후 양도차익 부분에 대해서만 비과세 적용이 가능하다. 종전에는 중간 단계의 임대주택을 거주주택으로 전환하더라도 모두 과세가 되는 반면, 이번 시행령의 개정으로 중간 단계의 임대주택을 거주주택으로 전환하면 일부라도 비과세를 받을 수 있으니 납세자 친화적으로 개정된 사례로 판단된다.

아무튼 거주주택 비과세와 관련한 장기임대주택은 2020년 7월 10일까지 등록한 경우에는 단기·장기 모두 임대개시 후 5년 이상 계속 임대하여야 한다. 그러나 이른바 2020년 7·10 대책 이후인 2020년 7월 11일부터 민간임대주택에 관한 특별법이 개정된 2020년 8월 18일 직전까지 등록분은 8년 이상 계속 임대하여야 하며, 2020년 8월 18일 이후 등록한 경우에는 10년 이상 계속 임대하여야 한다.

임대주택의 요건 중 가장 중요한 것이 임대료 등 5% 증액 제한 규정이다. 직전의 임대차계약보다 5%를 초과하여 새로운 임대차계약을 하는 경우 임대료 등 증액 제한 규정을 위반하는 것이므로 각종 세법상의 혜택을 받을 수 없을뿐더러 관할 지방자치단체로부터 과태료를 부과받을 수 있다.

거주주택 비과세 특례에서 임대료 등 5% 증액 제한 규정은 2019년 2월 12일 이후 신규로 계약을 체결하거나 갱신하는 분부터 적용되며, 2020년 2월 11일 이후부터는 증액 후 1년 이내 재증액은 금지되므로 매우 조심해야 할 부분이다. 이를 위반할 경우 사전에 비과세된 거주주택에 관한 양도소득세를 추징 사유 발생일부터 2개월 이내에 신고·납부하여야 한다.

■ 소득세법 시행규칙 [별지 제83호의2서식] <개정 2021. 3. 16.>

주택임대사업자의 거주주택 1세대 1주택 특례적용신고서

※ 뒤쪽의 작성방법을 읽고 작성하시기 바랍니다. (앞쪽)

접수번호		접수일	

신청인 (양도자)	① 성명		② 주민등록번호	
	③ 주소		(전화번호 :)	

거주 주택 (양도 주택)	④ 소재지			
	⑤ 주택 면적(㎡)	⑥ 토지 면적(㎡)	⑦ 취득일	⑧ 양도일
	⑨ 거주기간(년 월 일 ~ 년 월 일)		⑩ 양도가액	

[ ] 거주주택 양도 당시 장기임대주택 등이 임대기간요건 등을 충족한 경우 내역(⑪)

[ ] 거주주택 양도 당시 장기임대주택 등이 임대기간요건 등을 미충족한 경우 내역(⑫)

구 분	장기임대주택 등 내역						세법상 사업자등록		시군구청 임대등록	
	소재지 (⑬)	취득일 (⑭)	주택면적 (⑮)	토지면적 (⑯)	임대 개시일 (⑰)	임대개시 시기 시가 (⑱)	등록일 (⑲)	등록호수 (⑳)	등록일 (㉑)	등록호수 (㉒)
장기임대 주택(㉓)										
장기가정 어린이집 (㉔)										

임대내역(㉕)

구 분	임차인		임대료			임대기간		
	성명	생년월일	보증금	월세		개시일	종료일	기간
최초 임대								
2회 임대								

직전거주 주택보유명세 (㉖)	소재지	양도일

「소득세법 시행령」 제155조제24항에 따라 주택임대사업자의 거주주택에 대한 1세대 1주택 특례적용신청서를 제출합니다.

년 월 일

신청인 (서명 또는 인)
세무대리인 (서명 또는 인)
(관리번호)

세무서장 귀하

첨부서류	뒤쪽 참조	수수료 없 음

210mm×297mm[백상지80g/㎡ 또는 중질지80g/㎡]

그러나 이러한 주택임대사업자의 세제지원이 과도하여 주택 투기에 악용된다는 지적에 따라 2020년 8월 민간임대주택에 관한 특별법을 개정하여 4년 단기민간임대주택 제도를 폐지하고 장기임대만 유지하되, 아파트의 경우에는 장기일반민간임대주택은 등록할 수 없도록 하였다. 따라서 기존의 4년 단기민간임대주택사업자와 8년 장기일반민간임대주택에 등록한 아파트는 의무임대기간 만료 시 임대등록을 말소시키고, 말소되는 유형에 해당하면 언제라도 납세자 스스로 과태료 없이 자진말소할 수 있도록 허용하였다.

한편, 기존 주택임대사업자가 등록말소시점까지 안정적으로 임대사업을 유지할 수 있도록 임대주택 세제지원(주택임대소득세, 종합부동산세, 양도소득세) 보완 조치를 마련하였다. 양도소득세와 관련해서는 의무임대기간을 충족하여 자동말소가 된 단기민간임대주택이나 장기일반민간임대주택 중 아파트의 경우 언제 양도하더라도 중과세를 배제한다. 다만, 자진말소의 경우에는 의무임대기간의 1/2 이상 임대한 경우로서 임대주택 등록말소 후 1년 내 양도하는 경우에 한한다. 여기서 유의해야 할 것은 단기민간임대주택이나 장기일반민간임대주택 중 아파트가 아닌 장기일반민간임대주택으로 등록한 다세대주택이나 오피스텔 등은 자동말소 및 자진말소 대상이 아니기 때문에 자진말소 후 1년 이내에 양도하더라도 중과대상에 해당된다는 것이다.

다만, 장기임대주택의 중과배제의 등록요건과 거주주택 비과세의 등록요건이 서로 상이하므로 이에 유의하여야 한다. 중과세에서 제외되는 장기임대주택은 2018년 3월 31일까지 임대주택으로 등록한 경우라면 5년 이상 임대한 주택, 2018년 4월 1일 이후 임대주택으로 등록하는 경우라면 장기일반민간임대주택 등으로 등록하여 8년 이상 임대한 주택, 2020년 8월 18일부터 등록한 경우에는 장기일반민간임대주택 등으로 등록하여 10년 이상 계속 임대하여야 한다. 이러한 등록요건이 충족되었다는 전제하에서 민간임대주택에 관한 특별법의 개정에 따른 사후관리조건을 검토해야 한다.

🏠 **임대등록시기와 유형별 거주주택 비과세 및 임대주택 중과배제 요약**

임대등록시기	임대유형	거주주택 비과세	임대주택 중과세 배제
2018년 3월 31일 이전	단기임대(4년)	○	○
	장기임대(8년)	○	○
2018년 4월 1일~ 2020년 7월 10일	단기임대(4년)	○	×
	장기임대(8년)	○	○
2020년 7월 11일~ 2020년 8월 17일	장기임대(8년)	○	○
2020년 8월 18일~ 2025년 6월 3일	장기임대(10년)	○	○
2025년 6월 4일 이후	단기임대(6년)	○	○
	장기임대(10년)	○	○

※ 유주택자(1가구 1주택 이상)가 2018. 9. 14. 이후 조정대상지역에서 취득한 주택은 장기임대주택으로 등록해도 중과세 적용
※ 2020년 8월 18일 이후 아파트는 임대주택 등록 불가
※ 6년 단기민간임대주택 「민간임대주택에 관한 특별법」 2025. 6. 4. 이후 시행

Tax
Q 21

농어촌주택이 있어도 1세대 1주택
비과세 혜택을 받을까?

수년 전 뜻밖의 양도소득세 문제로 전전긍긍하던 한 노인이 지인의 소개로 필자를 찾아왔다. 그분은 30년 넘게 서울에 집 한 채를 가지고 살았는데, 아내가 노후에 살자면서 10여 년 전 강화도에 있는 농가주택을 한 채 구입했다고 한다. 그런데 최근에 자신이 보유하던 서울 집을 매각했는데, 세무서로부터 주택 매각에 따른 양도소득세를 신고·납부하라는 안내문을 받았다고 한다.

그분은 배우자 소유의 강화도 농가주택은 당연히 1세대 1주택 계산 시 제외되는 농어촌주택인 줄 알고, 본인은 1세대 1주택자가 아니냐며 세무서니 구청이니 알아보니 강화도 소재 농가주택은 1세대 1주택에서 제외되는 농어촌주택이 아니란다. 이게 맞는 말이냐고 묻고 묻다가 필자에게까지 온 것이다.

주택을 매각하고 양도소득세 신고를 의뢰하러 온 분들 가운데는 농어촌주택을 보유해서 2주택자가 된 경우가 꽤 있다. 게다가 재산 가치가 거의 없는 농어촌주택은 아예 주택으로 생각지 않다 보니 일반주택을 양도할 때 1세대 1주택 비과세 혜택을 당연히 받을 수 있는 것으로 생각하기도 한다.

농어촌주택이 1세대 1주택 비과세 판단 시 보유주택에서 제외되려면 특례상속주택, 일반상속주택, 이농주택, 귀농주택, 농어촌주택 특례 가운데 하나에 해당해야 한다.

농어촌 상속주택

위에서 살펴보았던 상속주택 특례는 일반주택이 있는 상속인이 별도세대원으로부터 선순위 상속주택을 상속받은 경우 비과세가 적용된다. 반면 농어촌 상속주택 비과세 특례는 별도세대원인 피상속인이 수도권 외 읍·면 지역에 취득한 농어촌주택으로서 5년 이상 거주한 주택을 상속받는 경우 적용한다. 상속인은 상속주택 개시일 현재 반드시 일반주택을 보유하고 있지 않아도 되며, 비과세 적용 횟수도 1회에 한정되지 않고 반복해서 적용이 가능하다.

다만, 조세심판례에서는 농어촌주택 특례 적용 시 2주택 이상 상속받는 경우 상속주택 특례의 선순위 판단을 준용(조심-2012-서-2689, 2012. 9. 13.)하는 것으로 결정하고 있어 명확함을 위해 명문규정을 두는 것이 바람직한 것으로 보인다.

이농주택

　　　　　　　　　이농주택은 농업이나 어업에 종사하던 사람이 전업(專業)해 전출함으로써 남겨진 농어촌주택을 말한다. 취득하고 5년 이상 거주한 사실이 있는 이농주택은 1세대 1주택 판단 시 주택 수에서 제외한다. 이러한 이농주택은 일반주택보다 먼저 취득한 경우로서 일반주택 양도 시 횟수에 제한 없이 비과세가 적용된다. 이는 농어촌주택에 거주하다가 이농하는 경우에 당해 이농주택을 양도하지 못하는 경우를 고려한 것으로 생각된다.

귀농주택

　　　　　　　　　귀농주택이란 농업이나 어업에 종사하려고 1,000㎡ 이상의 농지(농업의 경우)를 소유하는 것을 전제로 취득한 대지면적 660㎡ 이내, 고가주택이 아닌 주택을 말한다. 이러한 귀농주택은 세대원 전원이 귀농주택으로 이사하면서 귀농 후 최초로 양도하는 일반주택에 한해 1세대 1주택 비과세 혜택을 적용한다. 다만, 2016년 이후 귀농하려고 주택을 취득했다면 5년 이내에 일반주택을 양도해야 비과세 혜택을 받을 수 있으니 유의하여야 한다.

　　또한 귀농한다고 해서 일반주택에 대해 1세대 1주택 비과세 혜택을 주었는데, 귀농일부터 3년 이내에 농업이나 어업에 종사하지 않거나 그 귀농주택에 거주하지 않을 경우에는 당초 비과세했던 양도소득세를 사유발생일의 말일로부터 2개월 이내에 신고 · 납부해야 한다.

농어촌주택 특례

농어촌주택 특례는 기회발전특구 또는 수도권 외 지역이면서 도시지역 외(인구감소지역은 도시지역 포함)의 읍·면 지역에 소재하는 취득 당시 기준시가 3억 원(한옥 4억 원) 이하인 농어촌주택 한 채를 2003년 8월 1일부터 2025년 12월 31일까지의 기간에 취득해서 3년 이상 보유하면 그 농어촌주택 취득 전에 보유한 일반주택을 양도할 때 이를 비과세하는 것이다.

수도권 외 읍·면지역에 소재하는 농어촌주택을 취득했다면 비록 상속주택, 이농주택, 귀농주택이 아니더라도 도심에 있는 일반주택을 양도할 때 1세대 1주택 양도소득세 비과세의 걸림돌이 되지 않는다. 2022년 필자를 찾아온 의뢰인은 은퇴 후 시골에 내려가 전원생활을 해볼 생각에서 강화도에 농어촌주택으로 취득했고 당시 서울의 집을 양도하고 신고하려고 오셨다. 그러나 당시 강화도는 수도권 외 지역이 아니어서 1세대 1주택 계산 시 제외되는 농어촌주택에 해당하지 않았다. 다만, 법 개정으로 인해 2023년 2월 28일 이후 양도분부터는 강화도도 농어촌주택에 해당되는 지역에 포함되었다.

필자로서는 너무나 아쉬운 사례였다. 왜냐하면 10년간 한 번도 가격이 오르지 않은 강화도 농가주택을 서울 주택보다 먼저 양도하거나 증여했다면, 그 농가주택 가격의 3배에 달하는 양도소득세는 납부하지 않아도 되었기 때문이다.

10여 년 전 강화도 농가주택을 매입할 당시 세법에 관해 잘 몰랐던 상담인은 공인중개사도 구청 공무원도 "이것은 1세대 1주택을 판정할 때 주택으로 보지 않아요"라고 말했다며 억울하다고 호소했다. 그러나 이미 두 달 전에 등기도 끝난 서울 주택의 매매를 되돌릴 길도 없지 않은가?

서울 주택 매매 전에 필자를 찾아와 상담받았더라면 하는 아쉬움이 컸던 사례였다.

한편 농어촌주택 등은 도회지에 거주하는 사람이 농어촌에 소재한 주택을 취득했을 때 주택 수에서 제외하여 일반주택 양도 시 비과세를 받을 수 있도록 도입된 제도이므로, 농어촌에서 거주하면서 농어촌주택을 보유한 자가 도회지에 일반주택을 투자목적으로 취득한 경우에는 농어촌주택 특례 적용 대상이 아니다.

1세대 1주택자도
양도소득세를 낸다?

1세대 1주택 요건을 충족하는 주택의 양도로 인해 발생하는 양도소득에 대해서는 양도소득세를 비과세하지만, 양도 당시의 실지거래가액이 12억 원을 초과하는 고가주택의 경우에는 1세대 1주택자라도 양도소득세를 과세한다. 그러나 양도가액 12억 원까지는 비과세 효과를 누리도록 하고, 12억 원 초과분만 과세하도록 고가주택에 대한 양도차익 등의 계산 규정을 별도로 두고 있다.

고가주택의 과세 양도차익 계산

양도가액 12억 원을 사이에 두고 급격한 세금 부담 차이가 나는 것을 방지하기 위해, 고가주택의 양도소득세 계산 시 과세 양도차익은 다음과 같이 구한다.

$$과세\ 양도차익 = 실제\ 양도차익 \times \frac{양도가액 - 12억\ 원}{양도가액}$$

고가주택의 장기보유특별공제액 계산

1세대 1고가주택자는 2019년 말 이전 양도분까지는 거주기간과 상관없이 보유기간에 따라 최대 80%(연 8%씩 10년 이상 보유 시 80%) 장기보유특별공제를 적용하였으나, 2020년 이후 양도분부터는 2년 거주요건을 충족하는 경우로서 보유기간을 기준으로 최대 80%의 장기보유특별공제를 적용했다.

그러나 2021년 이후부터는 장기보유특별공제를 2년 거주를 전제로 거주기간 연 4%씩 최대 40%, 보유기간 연 4%씩 최대 40%로 구분하여 적용한다. 다만, 상생임대주택에 해당하는 경우 보유기간별 연 4%씩 공제율을 적용할 수 있으며, 거주기간별 공제율은 적용되지 않는다.

$$장기보유특별공제액 = 과세양도차익 \times 공제율(표\ 참조)$$

보유 기간		3~4년	4~5년	5~6년	6~7년	7~8년	8~9년	9~10년	10년 이상
21년 이후	합계	24%[*]	32%	40%	48%	56%	64%	72%	80%
	보유	12%	16%	20%	24%	28%	32%	36%	40%
	거주	12%	16%	20%	24%	28%	32%	36%	40%
20년까지		24%	32%	40%	48%	56%	64%	72%	80%
2년 미거주		6%	8%	10%	12%	14%	16%	18%	20%

[*] 2021년 이후 「표2」 적용 시 3년 이상 보유 및 2년 이상 거주하는 경우
  3년×4%+2년×4%=20%의 장기보유특별공제가 적용됨

만일 2년 거주요건 자체도 채우지 못했다면 일반적인 장기보유특별공제를 적용한다(매년 2%씩 공제해 15년 보유 시 최대 30%).

고가주택 양도소득세 계산 사례

예를 들어, 1세대 1주택자로서 양도가액 15억 원, 취득가액(기타 필요경비 포함) 7억 원인 아파트를 양도했을 때의 양도소득세를 계산해보자. 거주기간은 5년, 보유기간은 10년으로 가정한다.

구분	2021년 이후	2년 미거주
양도가액	1,500,000,000	1,500,000,000
−취득가액	700,000,000	700,000,000
=양도차익	800,000,000	800,000,000
=과세 양도차익	160,000,000[*1]	160,000,000
−장기보유특별공제	96,000,000[*2]	32,000,000[*3]
=양도소득금액	64,000,000	128,000,000
−양도소득 기본공제	2,500,000	2,500,000
=과세표준	61,500,000	125,500,000
×세율	24%	35%
=산출세액	9,000,000	28,485,000
+지방소득세	900,000	2,848,500
=계	9,900,000	31,333,500
세 부담 비율	1.24%	3.92%

*1 과세 양도차익 1.6억 원=8억 원×$\dfrac{\text{15억 원}-\text{12억 원}}{\text{15억 원}}$

*2 160,000,000×60%(=10년×4%+5년×4%)=96,000,000

*3 160,000,000×20%(=10년×2%)=32,000,000

　표를 보면 실제 양도차익이 8억 원인데도 양도소득세액은 실제 양도차익 기준으로 1.24%~3.92%에 불과하다. 이는 1세대 1주택자의 고가주택 양도차익 계산과 장기보유특별공제율을 우대해주기 때문이다.

　한편, 1세대 1조합원입주권 양도소득세 비과세(Q23, 24)에 해당하지만 실지거래가액 12억 원을 초과하여 고가입주권의 과세양도차익을 계산함에 있어서도 앞서 고가주택과 동일한 방식으로 양도소득금액을 계산한다. 다만, 입주권의 장기보유특별공제는 관리처분계획인가 전 양도차익에 한하는 점에 유의하여야 한다.

재개발 · 재건축주택 양도 시
양도소득세는 어떻게 될까?(1)

조합원입주권의 정의

양도소득세는 개인이 부동산이나 부동산에 관한 권리, 주식 등 자산을 유상으로 양도함으로써 발생하는 소득에 과세하는 세금이다. 부동산 관련해서는 토지 또는 건물 외에도 부동산에 관한 권리를 매각할 때 양도소득세가 과세된다. 부동산에 관한 권리란 지상권 · 전세권 · 등기된 부동산임차권 · 부동산을 취득할 수 있는 권리를 말한다. 부동산을 취득할 수 있는 권리로는 대표적으로 아파트 분양권과 조합원입주권을 들 수 있다.

조합원입주권이란 오래된 주택이 지역 내 재개발 또는 재건축을 원인으로 신축 주택으로 개발될 때, 기존 주택이 부동산을 취득할 수 있는 권리로 바뀐 상태를 의미한다.

즉, 조합원입주권이란 「도시 및 주거환경정비법」에 따른 재건축사업과 재개발사업의 관리처분인가 및 「빈집 및 소규모주택 정비에 관한 특례법」에 따른 자율주택정비사업, 가로주택정비사업, 소규모재건축사업또는 소규모재개발사업의 사업시행계획인가로 인하여 취득한 입주자로선정된 지위를 뜻한다. 당초 재건축사업, 재개발사업, 소규모재건축사업만 조합원입주권으로 정의했으나 2022년 1월 1일 이후부터는 자율주택정비사업, 가로주택정비사업, 소규모재개발사업도 조합원입주권의 범위에 추가되었다.

이를 적용할 때 주택에서 조합원입주권으로 권리가 변환되는 시기는재건축사업과 재개발사업의 경우 관리처분계획인가일이며 자율주택정비사업, 가로주택정비사업, 소규모재건축사업 또는 소규모재개발사업의 경우 사업시행계획인가일이다.

원조합원의 종전주택 또는 조합원입주권 양도 시 비과세

경우에 따라 자신이 보유한 노후 주택이재개발·재건축될 때 종전주택 상태로 매각하거나 조합원입주권으로 전환된 후 신축 아파트 완공 전에 프리미엄을 붙여 팔기도 한다. 이때 양도차익이 있으면 양도소득세 과세대상이 된다.

다만, 1세대 1주택자인 경우에는 양도소득세가 비과세되고, 1세대 1주택자가 조합원입주권으로 전환되어 원조합원(승계조합원 제외)으로서1세대 1조합원입주권 보유자가 되었다면 1세대 1주택 비과세 및 특례 규정을 준용해 조합원입주권 양도 시 양도소득세 비과세가 적용된다. 만일 양도가액이 12억 원이 넘는다면 앞서 살펴본 1세대 1고가주택 양도소득세 계산 방법을 참고하면 된다.

즉, 기본적으로 종전주택이 관리처분계획인가일 현재 1세대 1주택 보유기간 등 비과세 요건을 갖춘 경우로서 양도일 현재 다른 주택이 없다면 1조합원입주권 양도 시 양도소득세 비과세가 적용될 수 있다. 관리처분계획인가일 현재 비과세 요건이란 취득일부터 관리처분계획인가일까지 2년 이상 보유하고 거주요건이 있는 경우 2년 이상 거주요건을 갖춘 경우를 뜻한다.

다만, 취득일부터 관리처분계획인가일까지 2년 보유나 거주요건을 갖추지 못하는 경우도 있다. 이 경우에는 관리처분계획인가일 이후 실제로 주택으로 사용한 경우 보유기간과 거주기간을 합산하여 보유기간 및 거주기간을 계산하여 1세대 1조합원입주권 비과세를 적용하게 된다. 또한 상생임대주택에 해당하는 주택이 관리처분계획인가가 된 경우에도 관리처분계획인가일 현재 1세대 1주택 요건을 만족한 것으로 본다.

청산금의 취급

그러나 1세대 1조합원입주권 비과세 요건을 갖추지 못해서 양도소득세가 과세되는 경우에 해당한다면, 양도소득세의 계산은 세무전문가라도 그리 쉽지가 않다. 그리고 특히 '청산금'이라는 개념이 개입되면 일반인이 조합원입주권의 양도차익 및 장기보유특별공제액 계산을 이해하기란 거의 어렵다고 보아야 한다.

　재개발 · 재건축에 있어 종전주택 상태에서 매각하지 아니하고 관리처분계획인가가 떨어지면 그 인가일을 기준으로 주택은 조합원입주권이라는 권리로 바뀌게 된다. 이렇게 조합원입주권으로 바뀔 때 청산금이라는 개념이 개입된다. 청산금은 권리자가 당초 보유주택의 평가액을 기초로 한 권리가액보다 재건축 후 더 큰 주택을 받고자 할 때에 추가적으로 납부하는 금액을 말하기도 하고, 당초 보유주택 권리가액보다 더 작은 주택을 받고자 할 때 교부받는 금액을 말하기도 한다. 즉, 권리자들의 정산금을 의미하는 것이다.

　어떤 사람은 권리가액보다 큰 주택을 받고자 청산금을 납부하기도 하고, 어떤 사람은 권리가액보다 작은 주택을 받고자 청산금을 교부받기도 한다. 이 경우 청산금이 개입된 자산의 양도소득세를 계산할 때에는 청산금 납입분은 자산의 취득가액에 가산하고, 교부받은 분은 자산의(일부) 양도로 보면 된다. 그런데 만일 청산금을 받았는데 종전주택이 1세대 1주택 보유기간 등 비과세 요건을 충족했다면 이 청산금의 양도일 현재 다른 주택이 없는 경우라면 비과세된다.

> ▶ 소득세법 집행기준 100-166-4(재개발 · 재건축 관련 청산금을 수령한 경우)
> 주택재개발 정비사업조합에 참여한 조합원이 교부받은 청산금 상당액은 양도소득세 과세대상이며, 그 청산금에 상당하는 종전의 주택(그 딸린 토지 포함)이 1세대 1주택 비과세 요건을 충족한 경우에는 양도소득세가 과세되지 아니한다.

한편 종전주택이 1세대 1주택 양도소득세 비과세에 해당하지 않아 청산금이 과세되는 경우, 청산금의 양도소득세는 다음의 순서에 따라 계산한다.

구분	내용
① 전체 양도차익 계산	권리가액 – 종전부동산 취득가액 – 기타 필요경비
② 청산금에 대한 양도차익	전체 양도차익 $\times \dfrac{\text{청산금 수령액}}{\text{권리가액}}$
③ 장기보유특별공제액 종	종전 부동산 취득일로부터 청산금 양도일까지 보유기간에 따른 장기보유특별공제 적용
④ 양도소득세율	보유기간별 양도소득세율을 적용

청산금의 양도시기는 소유권이전 고시일의 다음날이다(기획재정부 재산세제과-35, 2020. 1. 14.). 따라서 소유권이전 고시일의 다음날이 속하는 달의 말일부터 2개월 이내에 양도소득세를 신고하여야 한다.

Tax
Q 24

재개발 · 재건축주택 양도 시
양도소득세는 어떻게 될까?(2)

종전주택을 관리처분계획인가 전에 양도한 경우라면 전술한 바에 따라 1세대 1주택 양도소득세 비과세이거나, 일반적인 과세이거나 또는 다주택자 중과세인 경우로 나누어 주택 양도소득세를 계산하면 된다.

조합원입주권 양도 시 과세 방법

만일 조합원입주권을 양도했다고 하자. 그렇다면 이 경우에는 1세대 1조합원입주권 등에 의한 비과세나 일반적인 과세밖에는 없다. 조합원입주권은 주택이 아니라서 중과세가 적용되지 않기 때문이다. 그렇다면 구체적으로 세액 계산은 어떻게 하게 될까?

조합원입주권에 대한 양도소득세가 과세되는 경우, 사고파는 금액으로 일반적인 양도차익을 계산하면 된다. 그러나 조합원입주권 양도소득세 계산 시 가장 복잡한 것은 장기보유특별공제의 적용인데, 결론부터 말하자면 원조합원의 관리처분계획인가 전 양도차익 부분에 대해서만 장기보유특별공제를 적용한다. 이는 원조합원이 관리처분계획인가 전 부동산으로 양도했다면 적용받을 수 있는 장기보유특별공제를 '조합원입주권'으로 바뀌었다고 적용 배제하는 것은 형평에 어긋나기 때문에 당연히 적용받는 것이지만, 일단 '조합원입주권' 상태로 바뀐 후의 양도차익(이른바 'P')에 대해서는 장기보유특별공제를 적용할 이유가 없으므로 관리처분계획인가 후 양도차익에 대해서는 장기보유특별공제가 적용되지 않는 원리이다.

> ▶ 소득세법 집행기준 95-166-1
> (장기보유특별공제 적용대상을 조합원입주권까지 확대)
>
> 장기보유특별공제는 토지·건물의 양도 시만 적용되고 부동산을 취득할 수 있는 권리에는 적용되지 않으나, 재개발·재건축 관리처분계획인가 승인시점에서 주택을 보유한 자가 추후 조합원입주권 양도 시 멸실 전 주택분 양도차익에 대해서는 주택이 조합원입주권으로 변환된 것으로 보아 장기보유특별공제를 적용함.

원조합원의 신축건물의 양도 시 과세 방법

한편, 원조합원이 조합원입주권을 매각하지 아니하고 재개발·재건축이 완료되어 신축건물의 사용승인이 나오면 이때 다시 조합원입주권이 주택으로 바뀐다. 주택으로 바뀌었으니 다시 1세대 1주택 양도소득세 비과세이거나, 일반적인 과세이거나 또는 다주택자 중과세인 경우로 나누어 주택 양도소득세를 계산하면 된다.

재건축·재개발된 주택이 완공된 후 양도했을 때 1세대 1주택 비과세의 요건은 조정대상지역 지정 전에 주택을 취득하여 재건축·재개발 등이 되어 조정대상지역 지정 이후에 준공된 경우 거주요건은 적용되지 않는다. 이는 환지 개념이 적용되므로 종전주택의 취득 당시 거주요건이 없다면 재건축 등으로 신축된 주택 역시 거주요건이 없게 되는 것이다.

다만, 주의해야 할 점은 종전주택의 토지 면적보다 신축된 주택의 토지가 증가한 경우이다. 예를 들어 종전주택의 토지 면적이 20㎡였으나 신축된 주택의 넓은 평수를 신청하여 신축된 주택의 토지 면적이 30㎡가 된 경우 증가된 10㎡만큼은 완공일(사용승인일)에 새로 취득한 것으로 본다. 이 경우 토지증가분에 대해서 비과세 거주요건을 새로 판단하므로 완공일(사용승인일)에 조정대상지역이었다면 토지가 증가한 면적의 양도차익 부분만큼은 2년 이상 거주해야 비과세가 가능하다.

그런데 일반적인 양도소득세가 과세되는 경우라도 양도소득세 계산방법이 만만치 않다. 일단 신축주택으로 바뀌어 추후 양도하게 될 때에 주택의 보유기간은 원조합원의 경우 종전주택의 취득일부터 신축주택의 양도일까지로 계산한다. 그러나 양도차익은 종전주택분 양도차익과 청산금 납부분 양도차익으로 구분하여 계산하고 각각의 양도차익에 대해 보유 및 거주기간을 고려하여 장기보유특별공제를 적용하니, 이 부분이 제일 복잡하다.

해당 사항이 있는 독자들은 저자가 쓴 「재개발 · 재건축 권리와 세금 뽀개기」라는 책을 참고하기 바란다.

승계조합원의 양도소득세

원조합원이 아닌 조합원입주권을 매입한 승계조합원은 신축주택의 취득시기를 신축주택의 사용승인일부터 기산하여 주택의 보유기간을 계산한다. 따라서 원조합원처럼 종전주택 부분과 청산금 부분으로 나누어 장기보유특별공제를 복잡하게 계산할 일이 없다.

그런데 많은 사람들이 착각하는 것은 조합원입주권을 매입한 승계조합원이 조합원입주권 상태로 팔지 않고 신축주택 사용승인을 얻으면 이때부터 주택으로 보유하게 되고 이 사용승인일부터 2년이 경과되어야 1세대 1주택 양도소득세 비과세를 적용받을 수 있음에도 불구하고, 조합원입주권 매입 시부터 2년을 보유하고 매각하면 1세대 1주택 양도소득세 비과세를 적용받는 줄 안다는 것이다. 안타까운 일이다.

그리고 만일 승계조합원으로서 조합원입주권만 사고판 경우라면 부동산을 취득할 수 있는 권리의 양도만 적용되므로 부동산에 적용하는 장기보유특별공제를 계산할 필요 없이 조합원입주권 양도차익에 대해 1년 미만 보유 시 70%, 2년 미만 보유 시 60%, 2년 이상 보유 시 6~45% 누진세율로 양도소득세를 계산하면 그뿐이다.

1세대 1주택자가 1승계조합원입주권을 취득하고 종전주택을 양도할 때 비과세 규정

　　　　　　　1세대가 1주택과 1조합원입주권을 보유하다가 1주택을 양도하는 경우에는 1세대 1주택 양도소득세 비과세가 적용되지 않는 것이 원칙이지만, 다음의 경우에는 양도소득세를 비과세한다.

　첫 번째, 국내에 1주택을 소유한 1세대가 그 종전주택을 양도하기 전에 승계조합원입주권을 취득함으로써 일시적으로 1주택과 1조합원입주권을 소유하게 된 경우 종전주택을 취득한 날부터 1년 이상이 지난 후에 조합원입주권을 취득하고 그 조합원입주권을 취득한 날부터 3년 이내에 종전주택을 양도하는 경우에는 이를 1세대 1주택으로 보아 양도소득세 비과세를 적용한다. 이는 일시적 2주택 특례와 유사한 개념이다.

　두 번째, 실수요목적으로 승계조합원입주권을 취득하는 경우이다. 국내에 1주택을 소유한 1세대가 그 종전주택을 양도하기 전에 조합원입주권을 취득함으로써 일시적으로 1주택과 1조합원입주권을 소유하게 된 경우 종전주택을 취득한 날부터 1년이 지난 후에 조합원입주권을 취득하고 그 조합원입주권을 취득한 날부터 3년이 지나 종전주택을 양도하는 경우로서 다음의 요건을 모두 갖춘 때(=①+②)에는 이를 1세대 1주택으로 보아 양도소득세 비과세를 적용한다.

① 재개발 · 재건축 사업의 신축주택이 완성된 후 3년 이내에 그 주택으로 세대전원이 이사(취학, 근무상의 형편, 질병의 요양, 그 밖의 부득이한 사유로 세대의 구성원 중 일부가 이사하지 못하는 경우를 포함)하여 1년 이상 계속하여 거주할 것
② 재개발 · 재건축 사업의 신축주택이 완성되기 전 또는 완성된 후 3년 이내에 종전주택을 양도할 것

위 내용에서 주의해야 할 점은 1주택자가 이미 관리처분계획인가가 된 승계조합원입주권을 취득하여야 하는 것이다. 만약 1주택자가 신규주택을 취득하여 이 신규주택이 관리처분계획인가가 된 경우에는 원조합원에 해당하기 때문에 위 규정을 적용받지 못하며 신규주택의 취득일로부터 3년 이내에 종전주택을 양도해야 비과세를 받을 수 있는 일반적인 일시적 2주택 비과세 규정이 적용된다.

1주택자가 그 주택이 재개발·재건축되어 대체주택을 취득하여 양도할 때의 양도소득세 비과세

국내에 1주택을 소유한 1세대가 그 주택에 대한 재개발·재건축 사업의 시행기간 동안 거주하기 위하여 대체주택을 취득한 경우로서, 다음의 요건을 모두 갖추어(=①+②+③) 대체주택을 양도하는 때에는 이를 1세대 1주택으로 보아 양도소득세 비과세를 적용한다. 이 경우 보유기간 및 거주기간의 제한을 받지 아니한다.

① 재개발·재건축 사업의 사업시행인가일 이후 대체주택을 취득하여 1년 이상 거주할 것(대체주택 취득일 현재 1주택자)
② 재개발·재건축 사업의 관리처분계획 등에 따라 취득하는 주택이 완성된 후 3년 이내에 그 주택으로 세대 전원이 이사(취학, 근무상의 형편, 질병의 요양, 그 밖에 부득이한 사유로 세대원 중 일부가 이사하지 못하는 경우를 포함)하여 1년 이상 계속하여 거주할 것*
③ 재개발·재건축 사업의 관리처분계획 등에 따라 취득하는 주택이 완성되기 전 또는 완성된 후 3년 이내에 대체주택을 양도할 것

* 주택이 완성된 후 3년 이내에 취학 또는 근무상의 형편으로 1년 이상 계속하여 국외에 거주할 필요가 있어 세대 전원이 출국하는 경우에는 출국사유가 해소(출국한 후 3년 이내에 해소되는 경우만 해당)되어 입국한 후 1년 이상 계속하여 거주하여야 한다.

대체주택 비과세 특례와 관련하여 주의할 사항이 몇 가지 있다.

첫째, 대체주택 비과세 특례는 종전주택이 관리처분계획인가에 따라 조합원입주권으로 전환이 되는 경우로서 반드시 종전주택의 사업시행인가일 이후 대체주택을 취득해야 한다. 다만, 종전주택이 주택 상태든 조합원입주권 상태든 종전주택의 사업시행인가일 이후 대체주택을 취득하면 된다.

둘째, 대체주택 취득일 현재 1주택자이어야 한다(기획재정부 재산세제과-1270, 2023. 10. 23.). 대체주택 취득일 현재 2주택 이상을 소유한 경우에는 해당 특례가 적용되지 않는다.

셋째, 종전주택이 조합원입주권으로 전환되는 경우 1+1 조합원입주권이 되면 대체주택 비과세 특례가 적용되지 않는다(서면-2022-부동산-5337, 2023. 8. 25.).

넷째, 대체주택은 취득 당시 조정대상지역이든 비조정대상지역이든 무조건 세대 전원이 1년 이상 거주해야 한다. 대체주택의 1년 이상 거주의 시기와 관련하여 최근 조세심판원 판례(2024-서-5336, 2024. 12. 23.)는 사업시행기간 동안 대체주택에서 1년 이상 거주해야 하는 것으로 해석했으며, 사업시행기간이란 종전주택의 재건축 등 완공일까지로 판시하고 있으므로 대체주택에서는 신규주택의 완공일 전에 1년 이상 거주하는 것이 바람직하다 생각된다. 따라서 사업시행기간이 종료(신규주택 완공)된 후 대체주택을 취득한 경우나 신규주택의 완공일 후 대체주택에 전입하여 1년 이상 거주를 채운 경우에는 해당 특례 적용이 불가능하다.

　다섯째, 대체주택의 거주요건을 면제하기 위하여 상생임대주택 비과세 특례를 이용하는 것은 허용되지 않고 무조건 1년 이상 거주해야 한다(서면-2022-부동산-2813, 2023. 1. 25.).

　여섯째, 대체주택 비과세 특례의 요건 중 신규주택 전입 후 1년 이상 거주요건을 적용함에 있어 신규주택 완공 후 3년 이내에 신규주택으로 전입하여 세대 전원이 1년 이상 계속하여 거주하면 되는 것이므로 완공일로부터 3년 이내 1년 이상 거주요건을 채워야 하는 것은 아니다.

　일곱째, 대체주택 비과세 특례 요건을 만족한 대체주택을 양도할 때 대체주택이 고가주택인 경우 고가주택 양도차익 특례는 적용받을 수 있으나, 세율을 적용함에 있어 대체주택의 보유기간이 1년 이상 2년 미만인 경우 단기양도세율 60%가 적용됨에 주의하여야 한다.

주택분양권이 양도소득세 계산에
미치는 영향

2020년 말 양도소득세 관련 개정세법에서 가장 주의해야 할 사항을 뽑으라면 주택 양도에 따른 비과세와 중과세 판단 시 주택 수에 분양권이 포함되었다는 것이다. 물론 기존의 분양권 소유자에게 부당한 피해를 주면 안되기 때문에 이 건 주택 수에 포함되는 분양권은 2021년 1월 1일 이후 취득한 분양권부터 적용한다.

한편 2021년 말에는 1조합원입주권 양도에 따른 비과세 판단 시 주택 수에도 분양권이 포함되었다. 물론 기존의 분양권 소유자에게 부당한 피해가 없도록 이 건 주택 수에 포함되는 분양권은 2021년 1월 1일 이후 취득한 분양권부터 적용한다.

분양권에 따른 주택의 비과세와 중과세

분양권이 주택 수에 포함되면 어떤 문제가 있을까? 분양권이 주택 수에 포함되면 1세대 1주택 양도소득세 비과세 판단 시에 1주택자가 아닌 것으로 판정되어 주택의 양도 시 양도소득세가 비과세되지 않을 수 있다. 또한 분양권이 주택 수에 포함되면 다주택자로 판정되어 주택 양도 시 양도소득세를 중과세 받을 수도 있다.

종전에는 주택 수에 포함되는 것은 주택과 사실상 주택으로 사용되는 건축물과 부속토지, 그리고 조합원입주권까지였으나 2021년 1월 1일 이후 취득하는 분양권도 이제는 주택 수에 가산된다.

분양권 양도 시 적용세율

물론 주택 자체는 아니니 분양권으로 매각할 때는 주택과는 별도의 취급을 받게 되어 다음과 같이 과세된다. 2021년 6월 1일 전후로 세율이 많이 바뀌기 때문에 유의하여야 한다. 조합원입주권 양도 시에는 종전주택이 비과세 요건을 충족하는 경우에는 조합원입주권도 비과세되는 경우가 있지만, 분양권의 양도 시에는(종전주택이라는 개념이 없으므로) 비과세되는 경우가 없다.

지 역	보유기간	세율
지역불문	1년 미만	70%
	1년 이상	60%

주택 수에 가산되는 분양권

그렇다면 주택 수에 포함되는 분양권이란 어떤 것인가? 소득세법에서는 주택 수에 포함되는 분양권이란 주택법 등 대통령령으로 정하는 법률에 따른 주택에 대한 공급계약을 통하여 주택을 공급받는 자로 선정된 지위라고 규정하였다.

그리고 시행령이 정하는 법률*은 현재 「부동산 거래신고 등에 관한 법률」에 따라 부동산 거래의 신고대상이 되는 부동산에 대한 공급계약과 일치한다. 즉, 부동산 거래의 신고대상이 되면 주택 수에 가산되는 분양권이고, 아니면 주택 수에 가산되지 않는다고 새기면 될 것이다.

* 1. 「건축물의 분양에 관한 법률」, 2. 「공공주택 특별법」, 3. 「도시개발법」, 4. 「도시 및 주거 환경정비법」, 5. 「빈집 및 소규모주택 정비에 관한 특례법」, 6. 「산업입지 및 개발에 관한 법률」, 7. 「주택법」, 8. 「택지개발촉진법」

1세대 1주택 판단 시 특례

그렇다면 2021년 1월 1일 이후 취득한 분양권이 주택 수에 가산되어 1세대 1주택 양도소득세 비과세가 안되는 것인가에 대해 많은 분들이 궁금해 한다.

만일 1주택 보유자가 종전주택을 취득한 날부터 1년 이상이 지난 후에 분양권을 취득하고, 그 분양권을 취득한 날부터 3년 이내에 종전주택을 양도하는 경우에는 이를 1세대 1주택으로 보아 양도소득세 비과세를 적용한다. 그리고 1주택 보유자가 실수요 목적으로 1분양권을 취득함으로써 일시적으로 1주택과 1분양권을 소유하게 된 경우 종전주택 취득일부터 1년이 지난 후에 분양권을 취득하고 그 분양권 취득일부터 3년이 지나 종전주택을 양도하는 경우로서 분양권에 의한 신축주택이 완성되기 전 또는 완성된 후 3년 이내에 종전주택을 양도하고 완공된 신축주택에서 1년 이상 세대 전원이 거주하면 양도소득세가 비과세될 것이다.

한편 재개발·재건축의 경우에는 원조합원의 종전주택 멸실을 감안하여 그 사업시행기간 내에 대체주택을 취득하고 양도하는 경우에 비과세하는 경우가 있는데, 분양권은 대체주택 비과세의 개념이 없다. 왜냐하면 분양권은 종전주택이라는 개념이 없기 때문에 분양권 소유기간에 다른 주택을 사고판 경우라면 2주택자로 보아 과세되거나, 중과세될 뿐이다.

Tax
Q 26

다주택자의 양도소득세 중과세(1)

조합원입주권과 분양권(2021년 이후 취득분)을 포함한 2주택 이상의 다주택자가 조정대상지역 내 주택을 양도하는 경우에 원칙적인 양도소득세율은 다음과 같다. 즉, 조정대상지역 내 2주택자는 일반세율에 20%p 가산, 3주택자 이상은 일반세율에 30%p 가산되며 장기보유특별공제도 적용하지 않는다.

과세표준	일반세율	1세대 2주택	1세대 3주택	누진공제액(원)
1,400만 원 이하	6%	26%	36%	–
5,000만 원 이하	15%	35%	45%	1,260,000원
8,800만 원 이하	24%	44%	54%	5,760,000원
1.5억 원 이하	35%	55%	65%	15,440,000원
3억 원 이하	38%	58%	68%	19,940,000원
5억 원 이하	40%	60%	70%	25,940,000원
10억 원 이하	42%	62%	72%	35,940,000원
10억 원 초과	45%	65%	75%	65,940,000원

그리고 부동산 및 부동산에 관한 권리의 양도소득세율은 2021년 6월을 기준으로 다음과 같다. 즉, 주택과 조합원입주권의 경우 단기 보유 시 양도소득세율이 급격히 증가하고, 분양권의 경우에는 지역에 불문하고 중과세율을 적용한다.

자산	구분		세율
부동산, 부동산 권리	보유기간	1년 미만	50%(주택, 조합원입주권은 70%)
		2년 미만	40%(주택, 조합원입주권은 60%)
		2년 이상	기본세율
	분양권		1년 미만 70%
			1년 이상 60%
	1세대 2주택 이상(조합원입주권과 분양권 포함)인 경우의 주택		별도 참조
	1세대 3주택 이상(조합원입주권과 분양권 포함)인 경우의 주택		별도 참조
	비사업용 토지		별도 참조
	미등기 양도자산		70%
	기타자산		보유기간에 관계없이 기본세율

그런데 주택을 2년 미만 보유하고 양도하는 경우에는 위의 중과세율이 적용되는 것이 원칙이지만, 조정대상지역에 소재하는 다주택자가 양도하는 주택의 경우에는 기본세율에 2주택자는 20%p, 3주택자는 30%p를 가산하는 세율이 적용된다면 이 세금이 더 무거울 수도 있다. 그래서 다주택자가 단기 양도 시에는 다음과 같이 양도소득세 중과세 비교과세가 적용된다.

구분			보유기간	세율	비고
주택 수 판단 시 (조합원 입주권, 분양권 포함)	2주택	조정대상 지역	1년 미만	70%	(경합 없음)
			2년 미만	60%	中 세액 큰 것
				기본세율+20%p	
			2년 이상	기본세율+20%p	(경합 없음)
		일반지역	1년 미만	70%	(경합 없음)
			2년 미만	60%	
			2년 이상	기본세율	
	3주택	조정대상 지역	1년 미만	70%	中 세액 큰 것
				기본세율+30%p	
			2년 미만	60%	中 세액 큰 것
				기본세율+30%p	
			2년 이상	기본세율+30%p	(경합 없음)
		일반지역	1년 미만	70%	(경합 없음)
			2년 미만	60%	
			2년 이상	기본세율	

다주택자 중과세 한시적 중과배제 기간

다주택자가 조정대상지역 내에 소재하는 주택을 양도하더라도 한시적으로 중과배제를 하는 중과배제 기간을 두었다. 2022년 5월 10일부터 2026년 5월 9일까지 2년 이상 보유한 조정대상지역의 주택을 양도하는 경우에는 양도소득세 중과세를 적용하지 않는다. 따라서 설령 조정대상지역의 다주택자라도 한시적 중과배제 기

간 중에 양도하는 경우 일반세율로 양도소득세를 과세하며, 3년 이상
보유한 경우 1년에 2%씩 최대 30%까지 장기보유특별공제「표1」적용이
가능하다.

다주택자의 양도소득세 중과세(2)

조합원입주권과 2021년 이후 취득한 분양권을 포함한 2주택 이상의 다주택자가 조정대상지역 내 주택을 양도하는 경우에 2주택자는 기본세율에 20% 가산율 적용, 3주택자 이상은 기본세율에 30% 가산율을 적용하여 양도소득세를 중과세하고, 보유 및 거주기간에 관계없이 장기보유특별공제를 배제한다.

다주택자 중과세 제외

이러한 조정대상지역 내 다주택자의 양도소득세 중과세 규정은 2018년 4월 1일부터 적용되고 있다. 그러나 양도하는 주택이 조정대상지역 내 주택이 아니거나, 2018년 4월 1일 이전에 매각하는 주택이면 양도소득세가 중과되거나 장기보유특별공제가 배제되는 일이 없다. 또한 조정대상지역 내 주택이라 하더라도 세제지원 대상이 되는 특례주택 등 다음의 주택은 중과세 주택에 해당하지 아니한다.

1세대 3주택 중과세에서 제외되는 주택

① 수도권·광역시·세종시(광역시·세종시 소속 군 및 읍·면 지역 제외) 외의 지역의 양도 당시 기준시가 3억 원 이하인 주택
② 일정 요건을 갖춘 장기임대주택
③ 조세특례제한법에 따라 양도소득세가 감면되는 임대주택으로서 5년 이상 임대한 감면대상 장기임대주택
④ 종업원에게 10년 이상 무상제공한 장기사원용 주택
⑤ 조세특례제한법에 따라 양도소득세가 감면되는 주택
⑥ 국가유산주택
⑦ 상속받은 주택(상속개시일부터 5년 미경과에 한정)
⑧ 저당권 실행 또는 채권변제를 대신하여 취득한 주택(3년 미경과에 한정)
⑨ 사업자등록을 한 후 5년 이상 어린이집으로 사용하고, 어린이집으로 사용하지 아니하게 된 날부터 6월이 경과하지 아니한 주택
⑩ 상기 ①~⑨의 주택을 제외하고 1개의 주택만을 소유하는 경우의 해당 주택
⑪ 조정대상지역의 공고가 있은 날 이전에 해당 지역의 주택을 양도하기 위하여 매매계약을 체결하고 계약금을 지급받은 사실이 증빙서류에 의하여 확인되는 주택
⑫ 2024년 1월 10일부터 2027년 12월 31일까지 취득한 주택으로 일정 요건을 갖춘 신축주택(아파트 제외)과 2024년 1월 10일부터 2025년 12월 31일까지 취득한 주택으로 일정 요건을 갖춘 준공 후 미분양 주택
⑬ 보유기간이 2년 이상인 주택을 2026년 5월 9일까지 양도하는 경우 그 해당 주택
⑭ 1세대 1주택의 특례 또는 조세특례제한법에 따라 1세대가 국내에 1개의 주택을 소유하고 있는 것으로 보거나 1세대 1주택으로 보아 양도소득세 비과세가 적용되는 주택으로서 같은 항의 요건을 모두 충족하는 주택

1세대 3주택 중과세에서 제외되는 주택에서 유의할 것은 먼저 수도권 등 외 주택으로써 양도 당시 기준시가 3억 원 이하의 주택은 중과세에도 제외되지만, 보유주택 수에서도 빠지기 때문에 주의를 요한다.

그리고 중과세에서 제외되는 일정 요건을 갖춘 장기임대주택 중 통상적으로 활용되는 것은 2018년 3월 31일까지 임대주택으로 등록한 경우라면 5년 이상 임대한 주택, 2018년 4월 1일 이후 임대주택으로 등록한 경우라면 장기일반민간임대주택 등으로 등록하여 8년 이상 임대한 주택, 2020년 8월 18일부터 등록한 경우에는 장기일반민간임대주택 등으로 등록하여 10년 이상 계속 임대한 주택에 해당해야 한다. 다만, 세 가지의 조건이 있는데, 아래 조건 중 하나라도 위배 되는 경우 중과세 대상이 된다.

① 해당 주택의 임대개시일 당시 6억 원(수도권 외 3억 원)을 초과하지 않을 것, 6년 단기민간임대주택의 경우 수도권 4억 원(수도권 외 2억 원) 이하임
② 임대보증금 또는 임대료의 증가율이 5%를 초과하지 않을 것
③ 1세대가 국내에 1주택 이상을 보유한 상태에서 새로이 취득한 조정대상지역에 있는 장기일반민간임대주택이 아닐 것(2018년 9월 14일 이후 취득한 주택에 한함). 다만, 조정대상지역 공고 이전에 매매계약을 체결하고 계약금을 지급한 경우는 중과배제

한편 2025년 「민간임대주택에 관한 특별법」의 개정에 따라 6년 단기민간임대주택의 등록이 가능하게 되어 중과배제 되는 임대주택에 추가되었

다. 중과배제 대상이 되는 6년 단기민간임대주택의 요건은 10년 장기일반민간임대주택 등과는 조금 다른 점이 있으니 유의해야 한다.

또한 1세대 3주택 중과세에서 제외되는 주택 가운데 유의할 것은 상속받은 주택인데, 상속받은 선순위 상속주택은 상속개시일 이후 5년 이내 양도분에 한하여 중과세에서 제외되는 것이니 상속개시일 이후 5년이 경과한 경우에는 중과세된다는 것에 주의하여야 한다.

그리고 2020년 말 개정세법에서 그간 여러 가지로 불합리했던 부분을 정리해 주었는데, 먼저 1세대 1주택의 특례 또는 조세특례제한법에 따라 1세대가 국내에 1개의 주택을 소유하고 있는 것으로 보거나 1세대 1주택으로 보아 양도소득세 비과세가 적용되는 주택으로서 해당 비과세 요건을 모두 충족하는 주택에는 중과세하지 아니한다.

예를 들어, 상속개시일부터 5년 이상 경과한 선순위 상속주택이 있고, 거주주택 비과세를 적용받을 수 있는 장기임대주택이 있고, 일반주택(거주주택)이 있는 경우에 해당 일반주택을 양도할 때 1세대 1주택 특례 규정이 적용되어 양도가액 12억 원까지는 비과세되는 것이나, 12억 원 초과분이 과세될 때 종전에는 해당 일반주택은 중과세 대상 주택에 편입되어 장기보유특별공제가 배제되고 중과세율이 적용되었다. 그러나, 이제는 비과세 특례에 따라 비과세 요건을 모두 충족한 일반주택의 양도 시에는 중과세가 배제되게 되었다.

또한 조세특례제한법에 따라 공익사업용 토지 등에 대한 양도소득세의 감면 규정이 적용되는 주택의 양도에 대해서는 중과세가 배제되어 종전에 재개발·재건축 사업과 관련되어 조합원이 지급받게 되는 양도대금에 대해서 중과세 대상으로 주의를 요하였는데, 2021년 이후부터는 이러한 문제점이 해소되었다.

1세대 2주택 중과세에서 제외되는 주택

① 수도권·광역시·세종시(광역시·세종시 소속 군 및 읍·면지역 제외) 외의 지역의 양도 당시 기준시가 3억 원 이하인 주택

② 1세대 3주택 중과세에서 제외되는 주택

③ 취학, 근무상 형편, 질병요양 등의 사유로 취득한 다른 시·군 소재 주택(취득 당시 기준시가가 3억 원 이내이고 취득 후 1년 이상 거주하고 사유해소일부터 3년 이내 양도한 경우에 한한다) 또는 수도권 밖 주택

④ 소송진행 중이거나 소송결과에 따라 취득한 주택으로 확정판결일로부터 3년 이내 양도하는 주택

⑤ 양도 당시 기준시가가 1억 원 이하 주택(정비구역이나 사업시행구역 내 소재 제외)

⑥ 상기 ①~④의 주택 외에 1개의 주택만을 소유하는 경우 해당 주택

⑦ 조정대상지역의 공고가 있는 날 이전에 해당 지역의 주택을 양도하기 위하여 매매계약을 체결하고 계약금을 지급받은 사실이 증빙서류에 의하여 확인되는 주택

⑧ 2024년 1월 10일부터 2027년 12월 31일까지 취득한 주택으로 일정 요건을 갖춘 신축주택(아파트 제외)과 2024년 1월 10일부터 2025년 12월 31일까지 취득한 주택으로 일정 요건을 갖춘 준공 후 미분양 주택

⑨ 보유기간이 2년 이상인 주택을 2026년 5월 9일까지 양도하는 경우 그 해당 주택

1세대 2주택 중과세에서 제외되는 주택에서 유의할 것은, 양도 당시 기준시가 1억 원 이하의 주택(소형주택)은 지역에 불문하고 중과세에서 제외된다는 것이다. 그러나 소형주택과 그 외에 1개 주택이 있는 경우에는 그 외의 1개 주택을 양도할 경우에는 중과세 대상이다. 왜냐하면 위 조항에서 보는 바와 같이 ①~④의 주택 외에 1개의 주택만을 소유하는 경우 해당 주택은 중과세 배제 대상이지만, ⑤ 소형주택은 제외되기 때문이다.

또한 소형주택은 1세대 2주택 중과세에서만 제외되는 주택이기 때문에 1세대 3주택자가 소형주택을 양도하는 경우에는 중과세 대상에 해당한다.

Tax
Q 28

비사업용 토지의 양도소득세는
어떻게 계산할까?

부동산 투자자들은 땅에 투자하라는 이야기를 많이 한다. 아마도 당장은 쓸모없어 보여 염가로 매매되는 토지가 개발사업 등 호재를 만나 가격이 급등하면 수익이 엄청나기 때문일 것이다. 그런데 사업과 관계없이 농지, 임야, 나대지 등을 소유해 사업에 활용하지 않고 지가 급등만을 노리는 투자 행태는 국가 경제에 큰 도움이 되지 않는다. 그렇기 때문에 이른바 '비사업용 토지'의 매매에 대해서는 양도소득세 중과세로 규제하고 있다.

비사업용 토지의 범위

농지의 경우 '재촌자경(在村自耕)'하지 않는 경우에는 비사업용 토지로 보고, 임야는 해당 토지 소재지에 주소가 없으면 비사업용 토지로 본다. 그리고 나대지는 사업에 거의 활용하지 않는 경우에 비사업용 토지로 보고, 주택 부속토지 초과분과 별장의 부속토지도 비사업용 토지로 본다. 다만, 토지를 취득한 뒤 법령 규정으로 인해 사용할 수 없다든가 하는 부득이한 사유가 있을 때는 비사업용 토지로 보지 않을 수도 있다.

비사업용 토지의 양도소득세

개인이 비사업용 토지를 2016년 이후 양도할 경우, 다음과 같이 일반적인 양도소득세율에 10%p를 가산한 세율을 적용한다.

과세표준	일반적인 세율	비사업용 토지 세율	누진공제(원)
1,400만 원 이하	6%	16%	−
5,000만 원 이하	15%	25%	1,260,000원
8,800만 원 이하	24%	34%	5,760,000원
1.5억 원 이하	35%	45%	15,440,000원
3억 원 이하	38%	48%	19,940,000원
5억 원 이하	40%	50%	25,940,000원
10억 원 이하	42%	52%	35,940,000원
10억 원 초과	45%	55%	65,940,000원

여기에 추가로 양도소득세의 10%에 해당하는 지방소득세까지 내는 점을 감안하면, 최고 세율은 무려 57.5%(52%+5.2%)에 달하게 된다. 다만, 장기보유특별공제는 다른 부동산과 동일하게 3년 이상 보유한 경우 1년에 2%씩 최대 30%까지 적용한다. 이 같은 고율의 양도소득세 납세의무를 면하고자, 사업 목적으로 토지를 매매하는 개인사업자 또는 법인사업자가 되어 비사업용 토지를 매각할 수 있다. 그러나 이 경우 개인사업자는 일반적인 종합소득세와 양도소득세를 비교해 큰 금액으로 과세하고, 법인사업자는 일반적인 법인세(9~24%) 외에 추가로 토지 등 양도차익의 10%(주택 양도 시 20%)를 과세하니 주의하여야 한다.

한편 2021년 초 정부가 내놓은 부동산 대책에 따라 비사업용 토지에 대한 세금이 강화될 예정이었으나, 해당 내용은 2021년 하반기에 전면 취소된 바 있다.

국가 · 지방자치단체 · 재건축조합 등에 토지를 팔면 세금 혜택은?

사업용 · 비사업용 토지를 불문하고 양도소득세는 소유자가 토지를 양도하는 시점에 납세의무가 발생한다. 그리고 소유자의 양도 시점은 대부분 본인의 투자 의사 결정에 따라 이루어진다. 그런데 다음과 같이 국가 · 지방자치단체 등에 공익사업을 위해 협의매수 또는 수용되거나, 재건축 · 재개발조합 등 정비사업 시행자에게 정비사업을 위해 매도된다면 그 토지의 양도자는 관계 법령에 따라 어쩔 수 없이 부동산을 매각하는 경우에 해당한다.

① 공익사업에 필요한 토지 등을 그 공익사업의 시행자에게 양도하는 경우
② 정비구역 안의 토지 등을 사업 시행자에게 양도하는 경우
③ 토지 등의 수용으로 인한 경우

공익사업으로 인한 수용과 비사업용 토지

이런 경우에 세법은 두 가지 특혜를 준다. 첫째, 법률에 따라 협의매수 또는 수용되는 토지는 비사업용 토지로 보지 않는다. 하지만 공익사업을 미리 알고 토지를 매수한 자에게 특혜를 주지 않기 위해 토지의 취득시기는 사업인정 고시일 이전 2년 또는 5년이 넘어야 한다. 2021년 5월 3일 이전 사업인정고시분은 사업인정고시일로부터 2년 이전에 취득해야 하고, 2021년 5월 4일 이후 사업인정고시분은 사업인정고시일로부터 5년 이전에 취득해야 사업용 토지로 인정된다.

공익사업으로 인한 수용과 세액감면

둘째, 이처럼 토지를 양도함으로써 발생하는 소득에 대해서는 양도소득세의 15%를 감면한다. 2024년 12월 31일 이전 양도분은 현금보상의 경우 10%를 감면했으나, 2025년 1월 1일 양도분부터 현금보상의 경우 15%를 감면한다. 양도대금을 보상채권으로 받는 경우 20~45%(2024년 12월 31일 이전 양도분은 15~40%) 감면하지만, 이는 흔치 않은 경우이다. 수용감면을 받기 위해서는 토지를 사업인정 고시일 이전 2년 이전에 취득하면 된다. 비사업용 토지 판단의 경우 2021년 5월 4일 이후 사업인정 고시분부터 5년이 넘어야 하지만 수용세액감면은 사업인정고시일로부터 2년 이전에만 취득하면 적용되므로 양자가 차이가 있음에 주의하자!

양도소득세 감면 시 유의할 점

이 규정에 따라 양도소득세를 감면받을 때는 세 가지를 주의해야 한다. 첫째, 공익사업용 토지 등에 대한 양도소득세의 감면은 다른 감면을 포함해 연간 2억 원(2024년 12월 31일 이전 양도분은 1억 원)까지만 가능하다. 또한 연도별로 구분해 매각하는 경우 다른 감면을 포함해 5년간 3억 원(2024년 12월 31일 이전 양도분은 2억 원)까지만 감면된다.

둘째, 양도소득세 감면세액의 20%에 해당하는 농어촌특별세를 별도로 부담해야 한다. 다만 자경농지로 8년 이상 자경 기준을 충족하지 않아도 공익사업용 토지가 된 경우에는 공익사업용 토지 등에 대한 양도소득세 감면에 따른 농어촌특별세(감면세액의 20%)를 비과세한다.

셋째, 2020년 말까지는 조세특례제한법에 따라 공익사업용 토지 등에 대한 양도소득세가 감면되는 경우에도 다주택자에 대해서는 중과세를 배제하는 규정을 두지 않아서 재개발·재건축 사업과 관련되어 조합원이 지급받게 되는 양도대금에 대해서 중과세 대상으로 주의를 요하였는데, 2020년 말 다주택자에 대한 중과세 배제 규정에 공익사업용 토지 등에 대한 양도소득세가 감면되는 경우를 규정하여 다주택자가 재개발·재건축조합으로부터 받는 청산금에 대해서 중과세되는 문제점이 해소되었다. 다만, 이는 공익사업용 토지 등에 대한 양도소득세가 감면되는 경우에 한하기 때문에 감면요건에 유의하여야 한다.

농사짓던 땅을 팔면
양도소득세가 없을까?

자경농지 감면

필자는 서울에서 사무실을 운영하지만, 서울과 가까운 김포나 파주가 신도시로 개발되면서 그곳에서 장기간 재촌자경한 농민이 농지를 팔고 양도소득세 신고 대리를 의뢰해 업무를 볼 때가 있다.

재촌자경한 농지이므로 해당 농지는 사업용 토지에 해당한다. 그리고 예부터 농업을 보호한 정책적 고려 때문인지 토지 양도대금의 사용처를 불문하고 8년 이상 재촌자경한 농지의 양도에 따른 양도소득세는 전액 감면해준다. 그리고 감면세액의 20%에 해당하는 농어촌특별세도 비과세이다. 다만, 감면 요건의 판정은 대체로 까다로운 편이다.

자경농지 감면의 요건

우선 농지 소재지가 속하는 시·군·구 및 연접 지역에 거주하거나 농지 소재지로부터 30km 이내의 지역에 거주하면서 8년* 이상 직접 경작한 자가 양도하는 농지이어야 한다. 여기서 '직접 경작한다'는 것은 거주자가 소유 농지에서 상시 경작에 종사하거나 농작업의 50% 이상을 자기 노동력으로 경작하는 것을 뜻한다. 그리고 이러한 자경 사실의 입증은 농업경영체 등록 확인서, 농지원부, 농산물 거래내역, 농약 및 퇴비 거래내역 등의 서류를 과세관청에 제출하는 것으로 갈음한다.

*경영이양보조금 지급대상 농지를 한국농어촌공사나 농업회사법인에 양도하는 경우에는 3년

또한 양도일 현재 농지이어야 하는데, 매매계약 조건에 따른 형질 변경이나 농지 외로 환지(換地)할 것이 예정되면 매매계약일 현재 또는 토지조성공사 착수일 현재 농지이면 된다. 하지만 농지라 해도 군·읍·면을 제외한 시 지역에 속한 농지로서 주거지역 등에 편입한 지 3년이 지난 농지와 농지 외로 환지 예정을 받은 지 3년이 지난 농지는 감면 대상에서 제외된다.

상속 농지의 경우 경작기간 계산

아울러 소유자 본인은 농민이 아니지만 농민인 부모에게서 농지를 상속받았다면, 1년 이상 계속 농사를 짓거나 상속개시일부터 3년 이내에 양도해야 피상속인의 경작기간을 합쳐 8년 이상일 경우 자경농지 감면을 받을 수 있다. **다만,** 자경농민 또는 그의 상속인이 경작기간 중 사업소득금액(농업소득과 부동산임대소득 제외)과 근로소득 총급여액의 합계액이 3,700만 원 이상인 과세기간과 복식부기 의무자 수입금액 기준 이상의 수입금액이 있는 경우 해당 과세기간은 경작기간에서 제외된다.

농지대토에 대한 양도소득세 감면

그런데 8년 자경 요건을 채우지 못한 상태에서 양도한 농지에 대해 양도소득세를 절세할 방법은 없을까? 4년 이상 자경을 전제로 8년 자경 요건을 충족하지 못한 채 양도했을 때는 법정 요건에 따라 농지 양도대금으로 다른 농지를 구입해(농지대토) 총 자경기간 8년을 채우면 농지대토로 인한 양도소득세를 전액 감면받을 수 있다. 그리고 감면세액의 20%에 해당하는 농어촌특별세도 비과세한다. 다만, 이 같은 농지에 대한 양도소득세 감면은 다른 감면을 포함해 연간 1억 원까지만 가능하다. 또한 연도별로 구분해 매각할 경우 5년간 2억 원까지만 감면된다.

Q 31

주식을 사고팔 때 세금이 있을까?

시장금리가 낮은 탓인지 주식시장의 열기가 점차로 뜨거워지고 있다. 속칭 '개미'라고 하는 개인의 주식 거래도 활발히 일어나고 있다. 대다수 개인 주식투자자는 코스피 주식, 코스닥 주식을 거래하지만, 간혹 코넥스 주식이나 비상장주식을 거래하는 개인투자자도 있다.

주식 거래와 증권거래세

그런데 주식을 사고팔 때도 세금이 있을까? 결론부터 말하면, 주식을 살 때는 세금이 없지만 주식을 팔 때는 세금이 있다. 일단, 주식 매각금액에 다음의 세율을 적용해 증권거래세와 농어촌특별세를 과세한다.

구분	상장주식			비상장주식
	코스피 주식	코스닥 주식	코넥스 주식	
증권거래세	0%	0.15%	0.1%	0.35%
농어촌특별세	0.15%	0%	0%	0%

거래소에 상장된 주식인 코스피, 코스닥, 코넥스 주식을 장내에서 거래할 때는 증권회사가 증권거래세와 농어촌특별세를 원천징수신고·납부해준다. 따라서 대다수의 개인투자자들은 주식과 관련된 세금에 별로 신경을 쓰지 않는 것 같다.

주식 거래와 양도소득세

그렇다면 개인이 상장주식을 거래할 때 얻는 주식 양도차익에 대해서는 양도소득세 납세의무가 있을까? 그것은 대주주 여부와 거래 장소에 따라 다음과 같이 달리 적용된다.

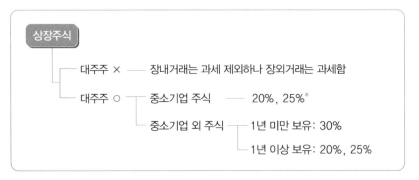

*대주주 세율은 과세표준 3억 원까지는 20%, 3억 원 초과분은 25%로 2단계 초과누진세율로 과세됨

즉, 상장주식의 대주주가 아닐 경우에는 장내에서 거래하면 양도소득세 납세의무가 없다. 사실상 개미들은 장외거래로 상장주식을 거래할 특별한 이유가 없기 때문에 대부분 양도소득세 납세의무가 없는 것이다.

그러나 비상장주식을 거래할 때는 대주주 여부와 관계없이 주식 양도자가 반기(6개월) 단위로 주식 매각대금의 0.35%에 상당하는 증권거래세와 더불어, 주식 양도차익에 대해 다음의 세율을 적용한 양도소득세를 반기 종료일부터 2개월 이내(상반기는 8월 말, 하반기는 2월 말)에 신고·납부 해야 한다.

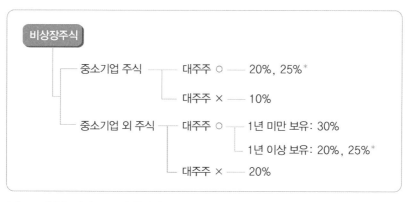

*대주주 세율은 과세표준 3억 원까지는 20%, 3억 원 초과분은 25%로 2단계 초과누진세율로 과세됨

이렇듯 비상장주식은 대주주 여부와 중소기업 여부에 따라 양도소득세율의 차이가 있을 뿐, 주식 양도자는 반드시 양도소득세를 신고·납부해야 한다.

주식 양도소득세의 대주주

그러면 상장주식과 비상장주식의 대주주란 누구를 말하는 것일까? 현재 상장주식의 대주주란, 코스피 주식의 경우 종목별 지분율 1% 또는 시가총액 50억 원, 코스닥 주식은 지분율 2% 또는 시가총액 50억 원, 코넥스 주식과 비상장 주식은 지분율 4% 또는 시가총액 50억 원 이상 보유자를 말한다. 이때 시가총액이란 양도일 직전 연도 말 주식의 시가평가액을 말한다.

※ 2010. 1. 1. 이후 양도분부터는 양도소득세 예정신고를 하지 않으면 가산세가 부과됩니다.

(2025년 귀속) 양도소득(국외전출자)과세표준 신고 및 납부계산서

관리번호		☑ 예정신고 ☐ 확정신고 ☐ 수정신고 ☐ 기한 후 신고

① 신고인 (양도인)	성 명	안준혁	주민등록번호		내·외국인	☑ 내국인, ☐ 외국인
	전자우편 주소		전화번호		거주구분	☑ 거주자, ☐ 비거주자
	주 소				거주지국 한국 거주지국코드 KR
					국적 한국 국적코드 KR

② 양수인	성 명	주민등록번호	양도자산 소재지	지분	양도자와의 관계
			[주민]		

③ 세율구분	코 드	양도소득세 합계	국내분 소계	대주주 (1-63)			국외분 소계
④ 양도소득금액		98,250,000	98,250,000	98,250,000			
⑤ 기신고·결정·경정된 양도소득금액 합계							
⑥ 소득감면대상 소득금액							
⑦ 양도소득 기본공제		2,500,000	2,500,000	2,500,000			
⑧ 과 세 표 준 (④+⑤-⑥-⑦)		95,750,000	95,750,000	95,750,000			
⑨ 세 율			20%	%	%		
⑩ 산 출 세 액		19,150,000	19,150,000	19,150,000			
⑪ 감 면 세 액							
⑫ 외국납부세액공제							
⑬ 원천징수세액공제							
⑭ 전자신고세액공제							
⑮ 가산세	무(과소)신고						
	납부지연						
	기장불성실 등						
	계						
⑯ 기신고·결정·경정세액, 조정공제							
⑰ 납부할 세액 (⑩-⑪-⑫-⑬-⑭-⑮-⑯)		19,150,000	19,150,000	19,150,000			
⑱ 분납(물납)할 세액							
⑲ 납 부 세 액		19,150,000	19,150,000				
⑳ 환 급 세 액							

농어촌특별세 납부계산서

㉑ 소득세감면세액	
㉒ 세 율	20%
㉓ 산 출 세 액	
㉔ 수정신고가산세 등	0
㉕ 기신고·결정·경정세액	
㉖ 납 부 할 세 액	
㉗ 분 납 할 세 액	
㉘ 납 부 세 액	
㉙ 환 급 세 액	

환급금 계좌신고

㉚ 금융기관명	
㉛ 계좌번호	

신고인은 「소득세법」 제105조(예정신고)·제110조(확정신고), 「국세기본법」 제45조(수정신고)·제45조의3(기한후 신고), 「농어촌특별세법」 제7조에 따라 신고하며, 위 내용을 충분히 검토하였고 신고인이 알고 있는 사실 그대로를 정확하게 적었음을 확인합니다.

2025 년 09 월 01 일

신고인 : 안준혁 (서명 또는 인)

세무대리인은 조세전문자격자로서 위 신고서를 성실하고 공정하게 작성하였음을 확인합니다.

세무대리인 : (서명 또는 인)

세무서장 귀하

붙임서류	1. 양도소득금액계산명세서(부표 1, 부표 2, 부표 2의2, 부표 2의3 중 해당하는 것) 1부 2. 매매계약서(또는 증여계약서) 1부 3. 필요경비에 관한 증빙서류 1부 4. 감면신청서 및 수용확인서 등 1부 5. 그 밖에 양도소득세 계산에 필요한 서류 1부	접수일 인
담당공무원 확인사항	1. 토지 및 건물등기사항증명서 2. 토지 및 건축물대장 등본	
세무대리인	성명(상호)		사업자등록번호	
	생년월일		전화번호	

1 / 1

관리번호		주식등 양도소득금액 계산명세서		
※ 관리번호는 기입하지 마십시오.			(양도인 : 안준현)	

양 도 주 식 취 득 유 형 별 내 용				
① 주식 등 종목명	합　계	(주)절세		
② 주식등 종목코드 또는 사업자등록번호 (해외주식은 ISIN코드와 국가명)				
③ 국내 / 국외 구분		국내		
④ 주식등 종류 코드		비상장(대주주) (34)		
⑤ 양 도 유 형		매매(1)		
⑥ 취 득 유 형		매매(1)		
⑦ 취득 유형별 양도 주식등 수		10,000		
양 도 소 득 금 액 계 산 내 용				
⑧ 양 도 일 자		2025-03-01		
⑨ 주당 양도가액		50,000		
⑩ 양 도 가 액 (⑦ x ⑨)	500,000,000	500,000,000		
⑪ 취 득 일 자		2020-01-01		
⑫ 주당 취득가액		40,000		
⑬ 취 득 가 액 (⑦ x ⑫)	400,000,000	400,000,000		
⑭ 필 요 경 비	1,750,000	1,750,000		
양 도 소 득 금 액 (⑩-⑬-⑭)	전　체 양 도 소 득 금 액	98,250,000	98,250,000		
	비 과 세 양 도 소 득 금 액				
	⑮ 과 세 대 상 양 도 소 득 금 액	98,250,000	98,250,000		
⑯ 감 면 소 득 금 액				
⑰ 감 면 종 류	감면율			
⑱ 과세이연 신청		1. 여 ②부	1. 여 2.부	1. 여 2.부

※ 주식을 거래한 경우 양도소득세 신고와 별도로 증권거래세를 신고납부하여야 합니다.(원천징수된 경우는 제외)

1 / 1

취득·양도·상속·증여 절세의 기초와 노하우

증권거래세 과세표준 [✓] 정기 [ ] 수정 신고서 [ ] 기한 후

관리번호	접수일		처리기간 즉시

□ 과세기간   년   월   양도분 (「증권거래세법」 제3조제1호 및 제2호의 납세의무자)
□ 과세기간 2025 년 1 반기 양도분 (「증권거래세법」 제3조제3호의 납세의무자)

❶ 납세의무자 (신고자)	법인명		주민등록번호 (사업자등록번호)	
	성명(대표자)	안준현	전화번호	
	주소(소재지)			

❷ 증권거래세 과세표준 및 세액계산서						❸ 농어촌특별세 과세표준 및 세액계산서
① 과세표준	500,000,000	500,000,000	0	0	0	0
② 세율	합계	35/10,000	15/10,000	10/10,000	0/10,000	15/10,000
③ 산출세액	1,750,000	1,750,000	0	0	0	0
④ 감면세액	0	0	0	0	0	0
⑤ 조정환급액	0	0	0	0	0	0
⑥ 자감세액 (③-④-⑤)	1,750,000	1,750,000	0	0	0	0
가산세 무(과소)신고	0					
가산세 납부지연	0					0
가산세 ⑦가산세 계	0					0
⑧ 납부할세액 (⑥+⑦)	1,750,000					0
⑨ 일괄납부 금액	1,750,000					

❹ 비과세 양도내역	종목 수	양도가액 합계
국가/지방자치단체 양도분	0	0
주권매출분	0	0
주권소비대차거래분	0	0

「증권거래세법」 제10조제1항 및 「농어촌특별세법」 제7조제4항, 「국세기본법」 제45조 또는 제45조의3에 따라 위와 같이 신고합니다.

2025 년 09 월 01 일

신고인 : 안준현   (서명 또는 인)   세무대리인 :   (서명 또는 인)

❺세무대리인	성명		사업자등록번호	
	생년월일		전화번호	

세무서장 귀하

구비서류	1. 조정환급명세서 1부(「증권거래세법」 제3조제1호의 납세의무자) 2. 사업장별 증권거래세 과세표준 및 산출세액 신고명세서 1부(「증권거래세법」 제3조제2호의 납세의무자) 3. 주권 또는 지분의 양도거래명세서 1부(「증권거래세법」 제3조제3호의 납세의무자) 4. 주권 또는 지분의 매매계약서 사본 1부(「증권거래세법」 제3조제3호의 납세의무자) 5. 비과세양도명세서 1부(「증권거래세법」 제3조제1호의 납세의무자) 6. 증권거래세 세액면제신청서(「조세특례제한법 시행규칙」 별지 제70호서식) 1부

취득·양도·상속·증여 절세의 기초와 노하우

Tax
Q 32

배우자 주식 증여로
주식 양도소득세 줄이기

배우자 등 이월과세

배우자 등 이월과세란 증여자가 배우자 또는 직계존비속에게 부동산, 부동산에 관한 권리, 회원권, 주식을 증여하고, 그 수증자가 부동산, 부동산에 관한 권리, 회원권을 10년(2022년 12월 31일 이전 수증분 5년) 이내에, 주식의 경우 2025년 1월 1일 수증분부터 1년 이내에 이를 양도하는 경우에 그 배우자 또는 직계존비속의 부동산, 부동산에 관한 권리, 회원권, 주식의 양도소득세 계산 시 당초 증여자의 취득가액과 취득시기를 적용하는 규정이다. **다만, 이월과세를 적용하지 않았을 때의 세액이 이월과세를 적용했을 때의 세액보다 많은 경우에는 이월과세를 적용하지 않는다. 즉, 조세 회피가 발생하지 않는 경우에는 적용하지 아니한다.**

그러나 부동산, 부동산에 관한 권리, 회원권을 증여받고 10년(2022년 12월 31일 이전 수증분 5년) 이후에 양도한다면 배우자 또는 직계존비속의 취득가액(증여 당시 평가액)과 취득시기를 적용하기 때문에 10년(2022년 12월 31일 이전 수증분 5년)을 기다릴 수 있다면 배우자 등에게 증여를 통해 양도소득세를 절세할 수 있다.

증여 후 양도를 통한 주식 양도소득세 절세 사례

배우자에게 증여하고 당장 양도해서 절세되는 사례도 있다. 예를 들어, 2억 원에 취득한 해외주식이 2021년 이후 5억 원이 되었다고 가정하자.

해외주식의 양도는 무조건 과세대상이므로, 해외주식을 양도하는 경우 주식 양도차익에 대한 양도소득세를 내야 한다. 이때 양도소득세율은 20%이다. 이 경우 주식을 양도하면 양도차익 3억 원에 대해 6천만 원의 주식 양도소득세 부담이 있을 것이다. 이때 종전에는 배우자에게 주식을 시가(5억 원)로 증여하고, 이후 증여받은 배우자가 5억 원에 매각하면 주식은 배우자 등 이월과세 대상이 아니어서 배우자의 주식 양도차익은 0원으로 계산되어 주식 양도소득세를 과세할 수 없었다.

그러나 2025년 1월 1일 이후부터는 주식에 대해서도 양도소득세 취득가액 이월과세가 적용된다. 2024년 12월 31일까지 주식을 증여한 경우는 취득가액 이월과세가 적용되지 않아 수증자가 언제 양도해도 증여가액을 취득가액으로 인정받지만 2025년 1월 1일 이후에 주식을 증여한 경우에는 증여 후 1년 이상이 지난 후에 수증자가 양도해야 증여한 가액을 취득가액으로 인정받아 주식 양도소득세를 줄일 수 있다.

현행 상속세 및 증여세법상 배우자에게 증여하는 경우 6억 원까지는 증여세가 없다. 따라서 당초 증여자의 취득가액이 낮은 경우로서 양도 시 양도차익이 크다고 판단될 경우, 배우자에게 시가 6억 원까지 증여하고 그 증여 당시 시가로 세무서에 증여세 신고를 한다면 증여세도 없고 부동산 등의 경우 배우자가 10년(2022년 12월 31일 이전 수증분 5년), 주식의 경우 1년 뒤 이후 양도할 때 양도차익을 낮춰 양도소득세를 절세할 수 있다.

우회양도 부당행위계산부인

여기서 만일 5억 원을 얻게 된 배우자로부터 현금 5억 원을 회수했다고 가정해보자. 그러면 우회양도 부당행위계산 부인 규정이 적용된다. 우회양도 부당행위계산 부인이란 증여자가 특수관계인에게 양도소득세 과세대상 자산을 증여하고, 그 특수관계인이 10년 내 이를 양도하는 경우에는 당초 증여자가 직접 양도한 것으로 보아 양도소득세를 계산한다는 규정이다. 다만, 이 규정에는 양도소득이 해당 수증자에게 실질적으로 귀속된 경우에는 적용하지 아니한다는 단서 조항이 있다.

즉, 주식을 형식상 양도한 배우자가 납세의무자가 아니라, 실제 양도소득을 얻은 당초 증여자가 양도소득세 납세의무자이며 이 경우 주식취득가액은 2억 원이어서 양도차익 3억 원에 대해 주식 양도소득세 6천만 원을 추징할 수 있다. 따라서 배우자 증여를 통해 세금을 줄이고자 한다면, 배우자에게 주식을 증여한 증여자는 증여받은 배우자가 주식을 팔아 얻은 돈에 일절 손을 대서는 안 된다.

두 제도의 차이점

이렇듯 배우자 등 이월과세와 우회양도 부당행위계산부인은 비슷하면서 다른데 첫째, 배우자 등 이월과세는 그 적용 대상 자산에 주식이나 파생상품이 없는 반면, 우회양도 부당행위계산부인은 모든 양도소득세 과세대상 자산에 적용한다. 둘째, 배우자 등 이월과세란 부동산 등을 증여받은 배우자를 납세의무자로 보아 양도소득세를 과세하는 것이나, 우회양도 부당행위계산부인이란 당초 증여자를 납세의무자로 보아 양도소득세를 과세하는 것이다. 셋째, 우회양도 부당행위계산부인은 양도소득의 실질적 귀속 여부에 따라 적용될 수도 있고 적용되지 않을 수도 있다.

그렇다면, 양도소득세 절세 차원에서 어떻게 하는 것이 좋은가? 먼저 배우자 등 이월과세든 우회양도 부당행위계산부인이든 배우자가 증여받고 10년 뒤에 팔면 양도소득세를 절세할 수 있다. 이는 진리이다.

Tax
Q 33

국내주식과 해외주식 손실 통산하여
양도소득세 줄이기

해외주식 처분손실 통산하기

2019년까지는 해외주식 처분손익과 국내주식 처분손익에 대한 양도소득세를 각각 별도로 과세하였으나, 2020년 소득 분부터는 합쳐서 과세하게 되었다. 해외주식과 국내주식 간의 손실 통산도 가능해진 것이다. 합쳐서 과세하는 것이 나쁜 것 아니냐는 오해를 할 수 있으나, 주식에 대한 양도소득세는 대주주 외에는 단일세율 구조이기 때문에 합쳐서 과세하나 별도로 과세하나 큰 차이가 없다. 단, 양도소득 기본공제 250만 원 적용에 있어서 기존에는 국내주식과 해외주식 각각 적용했다면 이제는 묶어서 한 번만 적용하게 되므로 통산에 따른 불리한 점도 있다.

만일 해외주식의 처분손실이 5천만 원이 발생했고 국내 과세대상 주식의 처분이익이 5천만 원이 발생했다면, 2019년 기준으로는 국내주식 처분이익인 5천만 원에 대해서만 1,045만 원의 양도소득세(지방소득세 포함)를 내야 했다면, 2020년부터는 각 처분손익을 통산하므로 처분이익은 0원이 되어 세금을 내지 않는다.

장외거래로 국내주식 처분손실 통산하기

그렇다면 해외주식에서 5천만 원의 처분이익이 발생하고, 국내주식에서 5천만 원의 처분손실이 발생하는 반대의 경우에도 통산이 가능할까? 결론을 말하자면 통산이 될 가능성이 크지 않다. 해외주식의 처분손익은 무조건 과세대상이나, 국내주식의 처분손익이 과세대상인 경우가 많지 않기 때문이다. 국내주식은 일정한 대주주의 거래, 장외거래, 비상장주식의 거래만이 과세대상이다. 일례로 코스피 주식의 경우 대주주가 되려면 단일종목에 대해 본인과 배우자 등 특수관계인을 포함하여 직전 연도 연말 현재 기준 시가총액의 1% 또는 50억 원 상당의 주식을 가지고 있어야 하므로 큰 손이 아니라면 대주주가 되기는 쉽지 않다. 만일 해외주식으로 처분이익이 났는데 국내주식으로 발생한 처분손실을 통산하고자 한다면, 국내주식으로 발생한 처분손실분이 양도소득세 과세대상이 되어야 가능하다.

그렇다면 비상장주식이 아니거나 한 종목만 50억 원 이상 굴리는 큰 손이 아니라면 손실 통산이 불가능할까? 그렇지 않다. 장외거래로 국내

주식을 매각하게 된다면, 국내주식의 처분손실도 과세대상 주식 거래로 만들어 해외주식 처분이익과 통산할 수 있다. 장외거래란 코스피 시장 등 정규시장 외에서 거래하는 것을 의미한다. 매수인과 매매계약서를 작성하고, 증권사를 통하여 매수인 계좌에 주식을 출고하며 매매대금을 정산하면 그것이 장외거래가 되는 것이다. 평가손실인 주식을 장외거래로 매도한다면 손실 통산이 가능한 것이다.

당해 연도 해외주식 처분이익이 5천만 원인 사람이 3천만 원 평가손실 중인 국내상장주식을 장내매도하는 경우와 장외매도하는 경우 양도소득세를 비교해보면 다음과 같다. 단, 직전 연도 국내주식에 대해서는 대주주가 아니다. 이처럼 해외주식 매매로 이익이 난 경우, 평가손실이 발생한 국내 상장주식의 장외매도로 양도소득세를 절세할 수 있다.

구분	장내매도하는 경우	장외매도하는 경우
해외주식 처분이익	50,000,000	50,000,000
과세대상 국내주식 처분손실	–	△30,000,000
양도차익	50,000,000	20,000,000
양도소득세(지방세 포함)	10,450,000	3,850,000

부동산 양도 직전에 증여하여 절세하는 방법은?(1)

배우자 등 이월과세

증여자가 배우자 또는 직계존비속에게 부동산, 부동산에 관한 권리, 회원권을 증여하고 그 증여받은 자가 10년(2022년 12월 31일 이전 수증분은 5년) 이내에 양도하는 경우 당초 증여자의 취득가액과 취득시기를 적용하여 양도소득세를 산출하게 되는 이른바 '배우자 등 이월과세'가 적용된다고 하였다. 이 경우 증여 시 증여재산 평가액을 취득가액으로 할 수 없어 양도소득세는 낮아지지 않는다.

그렇다면 배우자 등 이월과세가 적용되는 경우 항상 불리할까? 전부 증여하는 경우 증여세 및 취득세가 발생하지만, 양도소득세는 그대로이므로 당연히 불리하다. 그러나 부분증여의 경우에는 이월과세가 적용되더라도 세금이 절감되는 경우가 있다.

부분증여 후 양도 절세 사례

A씨는 20년 전 취득부대비용을 포함하여 2억 원에 취득한 상가건물 하나를 가지고 있다. A씨는 해당 상가건물을 8억 원에 매수하고자 하는 매수희망자가 있어 매각하고자 한다. 해당 상가건물의 총 공시가격은 4억 원이다. A씨가 단독 양도하는 경우와, 배우자에게 절반을 증여하고 바로 양도하는 경우 발생하는 총 세금의 차이를 비교해 보도록 한다.

🗒 **단독 양도하는 경우 총 세금**

구분	본인분
양도가액	800,000,000
−취득가액	200,000,000
−장기보유특별공제	180,000,000
−양도소득기본공제	2,500,000
=과세표준	417,500,000
×세율	40%
=양도소득세	141,060,000
+지방소득세	14,106,000
=총계	155,166,000

증여세	−
취득세	−
세금 총액	155,166,000

🗒 **배우자 절반 증여 후 양도하는 경우 총 세금**

구분	본인분	배우자분
양도가액	400,000,000	400,000,000
−취득가액	100,000,000	100,000,000[*1]
−장기보유특별공제	90,000,000	90,000,000[*1]
−양도소득기본공제	2,500,000	2,500,000
=과세표준	207,500,000	207,500,000
×세율	38%	38%
=양도소득세	58,910,000	58,910,000
+지방소득세	5,891,000	5,891,000
=총계	64,801,000	64,801,000

증여세	−	−[*2]
취득세	−	16,000,000[*3]
세금 총액	145,602,000	

[*1] 배우자 등 이월과세 적용으로 취득가액 및 장기보유특별공제 본인분(증여자) 금액과 동일
[*2] 배우자 증여재산공제(6억 원)로 증여세 0원
[*3] 시가인정액 8억 원×지분율 50%×증여취득세율 4%

배우자 등 이월과세 규정으로 인하여 증여로 인한 취득가액의 증가로 인한 양도소득세 절세 효과는 없지만, 배우자에게 증여해주는 경우 증여재산공제로 인한 증여세를 상당히 감소시킬 수 있는 장점과 무소득자인 배우자에게 자금출처를 만들어 줄 수 있는 장점도 존재한다.

단독으로 양도하는 경우에는 증여세 및 취득세가 없이 양도소득세만 155,166,000원이다. 반면, 배우자에게 절반 증여 후 양도하는 경우에는 양도소득세가 본인분과 배우자분 각각 64,801,000원이 발생한다. 한편, 증여세는 증여재산이 증여재산공제인 6억 원 이내이므로 발생하지 않으며, 취득세만 1,600만 원 발생하여 총 145,602,000원의 세금이 발생된다. 단독 양도하는 경우보다 약 1천만 원이 덜 나오는 것이다.

배우자 및 직계존비속으로부터 증여받고 10년(2022년 12월 31일 이전 수증분은 5년) 이내에 양도하면 이월과세 규정에 따라 증여자의 취득가액 및 취득시기가 적용되어 증여세, 취득세만 지불하게 되어 불리하다고 하는 것이 일반적인데, 위 사례는 어떻게 더 유리하게 된 것일까? 바로 전부증여가 아닌 부분증여이기 때문이다. 부분증여 후 양도를 하는 경우 배우자 등 이월과세가 적용되더라도, 양도차익 자체를 나누는 효과가 있다.

양도소득세는 과세표준이 커짐에 따라 적용세율이 높아지는, 이른바 초과누진세율구조를 취하고 있다. 즉, 양도차익이 커질수록 더 높은 세율이 적용된다. 비록 배우자의 양도소득세 계산 시 증여자인 본인의 취득가액과 취득시기가 적용되더라도 과세표준 자체를 나누므로 누진세 완화 효과가 있는 것이다. 부분증여한 후 양도하여 이월과세 적용되는 상황에서도 누진세 완화 효과가 증여로 인해 발생되는 증여세 및 취득세보다 더 높은 경우에는 세금 절감효과가 발생한다. 그리고 절세 효과가 그다지 크지는 않지만, 250만 원의 양도소득기본공제도 인별로 두 번 적용 가능하다.

단, 이 경우 두 가지를 주의하여야 한다. 첫째, 배우자에게 10년간 6억 원까지 증여할 경우 증여재산공제로 인하여 증여세가 없는데 이와 같이 양도소득세를 절세하는 대가로 4억 원의 증여재산공제를 사용했다는 것이고 둘째, 배우자 등에게 귀속된 매매대금을 배우자로부터 회수해 오는 경우에는 배우자 등 이월과세가 아니라 우회양도 부당행위계산부인이 적용되어 아무런 절세 효과가 없으므로 유의하여야 한다.

부동산 양도 직전에 증여하여
절세하는 방법은?(2)

양도소득세 이월과세는 배우자 직계존비속에게 증여한 부동산, 부동산에 관한 권리, 회원권, 주식에만 적용된다. 그렇다면 부동산 등 양도 직전에 며느리, 사위, 형제자매 등 배우자 및 직계존비속이 아닌 자에게 증여하고 양도하는 경우는 어떻게 될까? 다음 사례를 통해 알아보자.

배우자·직계존비속이 아닌 경우 증여 후 양도 절세 사례

A씨는 15년 전 아버지으로부터 상속받은 토지가 있다. A씨는 해당 토지의 매수희망자가 있어 매각하기로 결정하였다. A씨는 해당 토지를 아버지의 뜻에 따라 단독 상속받았으나, 해당 토지를 매각 후 A씨의 동생과 절반을 나누려고 한다. 양도 직전 동생에게 토지를 증여한 뒤 양도하는 것이 좋을까? 아니면 토지를 양도하고 매각대금을 증여하는 것이 좋을까?

상속세 신고 시 평가액은 2억 원이었으며, 현재 양도가액은 6억 원이다. 매각일 현재 공시가격은 2억 원이다. 증여 후 양도하는 경우 증여일과 양도일 간의 기간 간격은 3개월 이내라고 가정하며, 비사업용 토지 여부는 고려하지 않는다.

🏠 **토지 단독 양도 후 매각대금을 동생에게 증여하는 경우 세금총액**

	구분	본인분	비고
양도 소득세	양도가액	600,000,000	
	-취득가액	200,000,000	
	-장기보유특별공제	120,000,000	
	-양도소득기본공제	2,500,000	
	=과세표준	277,500,000	
	×세율	38%	
	=양도소득세	85,510,000	
	+지방소득세	8,551,000	
	=총계	94,061,000	
	구분	동생분	비고
증여세	증여재산가액	252,969,500	=(600,000,000-94,061,000)÷2
	증여세액	37,436,080	증여공제 1천만 원, 신고세액공제 3%
취득세		-	현금증여로 취득세 없음
세금 총액		131,497,080	증여세, 양도소득세

동생에게 토지를 절반 증여 후 양도하는 경우 세금총액

	구분	동생분		비고
증여세	증여재산가액	300,000,000		증여일 후 3개월 내
	증여세	46,560,000		세율 20%, 공제반영
취득세		12,000,000		증여분 시가인정액 (3억 원)×4%
	구분	본인분	동생분	
양도 소득세	양도가액	300,000,000	300,000,000	
	−취득가액	100,000,000	300,000,000	동생은 증여재산가액과 동일
	−장기보유특별공제	60,000,000	−	
	−양도소득기본공제	2,500,000	−	
	=과세표준	137,500,000	−	
	×세율	35%	50%	동생은 단기양도세율 50%
	=양도소득세	32,685,000	−	
	+지방소득세	3,268,500	−	
	=총계	35,953,500	−	
세금 총액		94,513,500		증여세, 취득세, 양도소득세

토지를 단독 양도한 후 매각대금을 나누면 지방세를 포함하여 양도소득세 94,061,000원과 증여세 37,436,080원, 총 세금 131,497,080원을 부담하게 된다.

그러나 동생에게 부동산 절반을 증여하면 지방소득세를 포함한 양도소득세는 본인분 35,953,500원, 동생분 증여세는 46,560,000원, 취득세

12,000,000원으로 총 94,513,500원만 부담하면 된다.

절세가 된 경우를 자세히 보면 동생에게 토지 절반을 증여한 뒤 3개월 이내에 팔면 증여재산가액 평가액은 3억 원이 된다. 부동산의 경우 증여일 전 6개월 또는 증여 후 3개월 이내에 실지거래가격이 있는 경우에는 해당 거래가격을 증여재산의 평가액으로 본다.

이 사례의 경우 증여 후 3개월 이내에 양도하였기 때문에 증여재산가액은 3억 원이고, 증여세는 46,560,000원이다.

이렇게 증여받은 재산의 양도소득세 계산 시 해당 토지의 취득가액은 증여재산가액인 3억 원이 되고, 동생의 양도차익은 3억 원에 취득한 토지를 3억 원에 양도하게 되는 것이므로 양도차익이 0원이 되어 양도소득세가 없다. 배우자나 직계존비속이 아니므로 배우자 등 이월과세 규정이 적용되지 않기 때문에 이러한 양도소득세의 절세가 가능해진다.

한편, A씨 본인은 양도차익의 반을 덜게 되어 양도소득세 및 지방세는 35,953,500원으로 절세된다. 동생은 부동산의 절반을 취득하는 것이므로 12,000,000원(3억 원×4%)의 취득세를 추가로 부담하여야 한다.

추가 고려사항

현실적으로 배우자나 직계존비속 외의 자와 증여를 하는 경우는 많지 않다. 그러나 위 사례와 같이 형제자매간 등 증여를 할 경우, 부동산을 팔기 직전에 증여하고 증여재산 평가기간 이내(증여일 후 3개월 이내)에 양도한다면 증여한 부분에 대한 양도소득세는 내지 않아도 된다. 만일 증여 후 3개월이 지나 양도하는 경우에는 해당 거래가격을 증여재산평가액 및 양도소득세 계산상 취득가액으로 활용할 수 없다. 그러므로 반드시 매수희망자와 계약 후 잔금 · 등기일 직전 3개월 이내에 증여를 진행하여야 한다.

만일 형제자매 등에게 돌아가야 할 양도가액을 본인이 회수해 온다면 이는 우회양도 부당행위계산부인이 적용되어 아무런 절세효과가 없으므로 유의하여야 한다.

상속과 증여를 통해
양도세를 절세하는 방법

양도소득세는 부동산 또는 주식의 양도차익에 과세하는 세금이다. 그렇기 때문에 양도차익이 적으면 그만큼 세금도 적은 것은 자명한 이치이다. 양도차익은 양도가액에서 취득가액과 기타 필요경비를 차감해 계산한다. 양도가액이 적거나 취득가액 또는 기타 필요경비가 크면 양도소득세가 줄어든다.

상속받은 재산의 취득가액 계산

양도소득세의 고수는 취득가액을 높이는 방식으로 양도소득세를 절세한다. 물론 당초 본인이 부동산을 취득할 때 지불한 금액을 수정할 길은 없다. 다만, 상속이 발생되거나 증여를 하는 경우 감정평가 등을 통하여 취득가액을 올릴 수는 있다.

예를 들어, 수십 년 전 1천만 원 주고 산 땅이 지금은 5억 원 가까이 된다고 가정해보자. 일단 양도차익은 4.9억 원으로 산출된다. 이 토지가 비사업용이든 사업용이든 15년 이상 보유 시 장기보유특별공제가 30%까지 적용된다. 그러면 과세되는 양도차익은 4.9억 원의 70%인 3.4억 원이 된다. 이때 비사업용 토지라면 기본세율(6~45%)에 추가 10%p 가산한 세율을 적용하게 되고, 과세표준이 3억 원 초과 5억 원 이하일 때 양도소득세율이 40%이므로 총 50%의 세율이 적용된다. 비사업용 토지인 경우 3.4억 원의 절반이 세금으로 빠져나가는 셈이다.

그러나 이를 바로 파는 것이 아니라 상속한 뒤 양도한다고 가정한다. 우리나라는 상속으로 인해 얻은 자산의 취득가액은 상속개시일 현재의 평가액이기 때문에 피상속인의 취득가액이 비록 1천만 원일지라도 그가 죽고 아들이 그 토지를 상속받으면 그 아들의 토지 취득가액은 상속개시일 현재의 평가액이고, 이를 5억 원으로 감정평가해서 신고하면 그 아들의 토지 취득가액은 5억 원이 된다. 따라서 상속 후 매각하면 양도차익은 0이 되어 양도소득세가 없다.

다만, 애석한 것은 우리나라 국민의 97%가 상속세 신고를 하지 않는다는 사실이다. 앞 사례는 실제 사례로, 실제 상속인이 상속이 발생하였을 때 상속받은 토지의 취득가액에 대해 시가 5억 원으로 세무서에 신고하지 않았다. 그래서 상속받은 그 토지의 취득가액은 상속개시일 현재 기준시가(지방의 경우 시가의 절반 이하가 대부분이다)로 결정되어 아들이 5억 원에 매각할 때 또 양도소득세가 나오게 되는 것이다. 이때 시가 5억 원으로 토지를 신고하면 상속세가 있지 않냐고 묻는 분들이 종종 있다. 그러나 우리나라는 피상속인(사망자)이 남긴 순재산의 가액이 최소 5억 원 이상, 배우자가 살아있다면 최소 10억 원 이상의 상속재산이 아니면 상속세가 없다.

증여받은 재산의 취득가액 계산

이외에도 양도소득세를 아끼는 방법이 하나 더 있는데, (앞서 여러 차례 설명한) 배우자에게 증여한 후 매각하는 것이다. 우리나라는 배우자에게 6억 원까지 증여하는 경우에는 증여세가 없다. 따라서 양도차익이 큰 재산으로서 시가가 6억 원 전후라면 배우자에게 증여한 후 양도해 양도소득세를 절세할 수 있다.

그러나 배우자에게 증여해 양도하는 경우에는 배우자 등 이월과세를 유의해야 한다. 배우자 등 이월과세란 증여자가 배우자 또는 직계존비속에게 부동산, 부동산에 관한 권리, 회원권, 주식을 증여하고, 그 수증자가 부동산, 부동산에 관한 권리, 회원권은 10년(2022년 12월 31일 이전 증여분은 5년) 이내에, 주식의 경우 2025년 1월 1일 이후 증여분부터 1년 이내에 이를 양도하는 경우에 그 배우자 또는 직계존비속의 부동산, 부동산에 관한 권리, 회원권, 주식의 양도소득세 계산 시 당초 증여자의 취득가액과 취득시기를 적용하는 규정이다. 다만, 조세 회피가 발생하지 않는 경우(이월과세 적용 시 산출세액이 이월과세 미적용 시 산출세액보다 작은 경우)에는 적용하지 아니한다.

따라서 증여받고 10년(5년, 1년) 이후에 양도한다면 배우자 또는 직계
존비속의 취득가액(증여당시 평가액)과 취득시기를 적용하기 때문에 10
년(5년, 1년)을 기다릴 수 있다면 배우자 등에게 증여함으로써 양도소득
세를 절세할 수 있다.

Q 37

이혼할 때도 세금을 낼까?

이혼으로 발생할 세금 문제로 세무 상담을 요청받는 경우가 종종 있다. 이혼할 때 받는 재산에 대해 증여세를 내야 하는지, 이혼할 때 주는 재산에 대해 양도소득세를 내야 하는지 등이 주된 상담 내용이다. 이런 상담을 받을 때면, 필자는 먼저 이렇게 묻는다. "재산분할인가요, 위자료인가요?"

이혼 시 재산분할에 대한 과세 문제

이혼하면서 재산을 취하는 방식에는 재산분할과 위자료가 있다. 재산분할은 부부 공동의 노력으로 이룩한 공동재산에 대해 이혼자 일방이 당초부터 자기 지분인 재산을 환원받는다는 논리가 적용된다.

이런 경우, 환원받는 재산에 대해 양도 또는 증여로 보지 않는다. 환원받은 재산은 원래 자기 것으로 보기 때문에 재산의 이전등기(등기 원인을 재산분할청구에 따른 소유권 이전으로 함)를 할 때도 취득세율을 낮게 적용한다. **또한** 재산분할로 취득한 재산은 재산분할청구로 인한 소유권이전 등기 접수일에 새로 취득한 것으로 보지 않고, 이혼한 상대방이 부동산을 취득한 시기에 취득한 것으로 간주한다. 그래서 1세대 1주택 비과세 등 보유기간(2년 보유, 조정대상지역의 경우 2년 보유 및 거주)을 따지는 규정에서 유리하게 작용한다.

이혼 시 위자료에 대한 과세 문제

반면, 이혼 위자료는 유책 배우자가 정신적 손해를 배상하는 금전이라는 논리가 적용된다. 따라서 위자료를 받는 사람의 입장에서는 증여도 아니고 과세대상 소득에도 해당되지 않는다. 왜냐하면, 무상으로 받는 금전이 아닐뿐더러, 세법상 기타소득으로 과세되는 손해배상금은 계약의 위약이나 해약으로 인해 받는 경우에만 과세되기 때문이다.

다만, 이혼 위자료를 금전으로 지급하지 않고 현물로 지급하는 경우에는 유책 배우자에게 양도소득세 납세의무가 발생한다. 예를 들어, 1억 원을 주고 취득한 아파트의 현재 시가가 3억 원이라고 할 때, 위자료가 3억 원이어서 이 아파트로 배상한다면 이 아파트를 팔아서 돈으로 주는 것과 다를 바가 없다. 따라서 양도차익 2억 원(=3억 원−1억 원)에 대한 양도소득세가 발생한다. 이때 이혼 위자료로 취득한 재산의 취득시기는 소유권이전 등기 접수일로 한다. 따라서 1세대 1주택 비과세 등 보유기간(2년 보유)을 따지는 규정에서 불리하게 작용한다.

사실혼 배우자의 과세 문제

이 같은 재산분할과 위자료는 법률상 혼인뿐만 아니라 사실혼에도 적용된다. 그런데 배우자가 사망해서 상속이 발생하면 이야기가 달라진다. 왜냐하면 법률상 배우자와는 달리 사실혼 배우자에게는 상속권이 없기 때문이다.

사전(死前)에 재산을 나눈 적이 없다면 피상속인이 남긴 상속재산에 대해 사실혼 배우자는 아무런 법적 권리를 주장할 수 없다. 그러다 보면 상속인이 피상속인의 사실혼 배우자에게 보상하는 재산에 대해 증여세가 부과되는 일이 생길 수도 있다.

상속이 나을까, 증여가 나을까?

상속세와 증여세의 정의

상속은 개인이 사망하면(사망자를 피상속인이라 한다) 그의 상속인 또는 수유자(상속인은 민법으로 정하며, 수유자는 유언에 의하여 재산을 받을 자를 말한다)가 피상속인의 모든 재산상의 권리와 의무를 포괄적으로 승계하는 것을 말한다. 그리고 상속세는 상속으로 인해 상속인 등이 받은 상속재산에 대해 부담하는 세금이다.

반면, 증여는 명칭 · 형식 · 목적 등에 관계없이 경제적 가치를 계산할 수 있는 재산을 타인에게 무상으로 이전(현저한 저가 포함)하는 것 또는 기여에 의해 타인의 재산 가치를 증가시키는 것을 말한다. 그리고 증여세는 타인의 증여로 인해 증여받은 자가 증여받은 재산에 대해 부담하는 세금이다.

따라서 상속세는 개인이 사망(실종선고 포함)해야 비로소 납세의무가 발생하는 세금이고, 증여세는 살아서 증여해야만 납세의무가 발생한다. 사망 전에 유언장을 썼다고 해도 사망하기 전에는 상속세 납세의무가 발생하는 것이 아니고, 유언장을 쓰면서 "내가 죽으면 내 재산을 ○○○에게 증여한다."고 해도 살아있을 때 재산을 주는 것이 아니기 때문에 증여세 과세대상이 아니라 사망 후 상속세 과세대상이 된다.

상속세와 증여세의 비교

많은 사람들이 부모님의 재산을 상속 또는 증여받고자 할 때 '절세를 하려면 상속이 나은지, 증여가 나은지' 묻는다. 연로한 부모님을 둔 경우에는 특히 더 그렇다.

상속세는 상속재산에서 기본적으로 5억 원을 공제한 후 계산한다. 이를 '일괄공제'라고 한다. 그리고 상속인 가운데 배우자가 있으면 최소 5억 원을 추가로 공제한다. 이를 '배우자 상속공제'라고 한다. 따라서 상속인 가운데 배우자가 없으면 상속재산 5억 원 이하, 배우자가 있으면 상속재산 10억 원 이하는 아예 상속세 자체를 내지 않는다.

최근 국세청 통계자료(2022년 기준)에 따르면 2022년의 총 사망자 수는 약 35만 명 정도이고 상속세 과세 미달자를 제외한 상속세 신고 대상자는 약 1만 9천여 명 정도였다. 이는 통계청의 3개년(2019년~2021년) 연평균 사망자 수를 기준으로 약 6.4%에 해당한다. 2019년경에 연평균 사망자 대비 상속세 신고 대상자의 비율이 3.3% 정도였던 것이 거의 2배

가까이 상승하였는데, 이는 대부분 부동산 가격의 상승과 맞물리는 결과라고 생각한다.

반면, 증여세는 성인 자녀가 재산을 증여받는 경우 자녀 별로 10년마다 각 5천만 원씩 공제하고 계산한다. 따라서 물려줄 재산이 5억 원인데 자녀가 다섯 명이고 생전에 각각 1억 원씩 증여한다면, 자녀 다섯 명이 각각 증여세를 500만 원[=(1억 원−5천만 원)×10%]씩 총 2,500만 원을 물어야 한다.

그런데 만약 이 5억 원을 상속으로 받는다면 어떨까? 상속세 계산 시 일괄공제 5억 원을 받아 상속세를 한 푼도 안 내도 될 것이다.

상속과 증여의 실익 비교

이렇게 비교해보면 절세를 위해 상속이 나은가, 증여가 나은가? 연로한 부모님을 둔 경우에는 아주 특별한 경우를 제외하고는 당연히 상속이 낫다.

그러나 남길 재산이 많은 경우 젊을 때부터 미리 증여하게 되면 상속세 절세에 큰 도움이 된다. 왜냐하면 상속재산을 계산할 때 사망 전 10년 내 상속인에게 증여한 재산과 사망 전 5년 내 상속인 외의 자에게 증여한 재산을 가산하는 제도를 두고 있는데, 반대로 말하면 사망 전에 10년 내 지 5년 전 상속인 등에게 미리 증여해두면 증여세만 낼 뿐 상속세를 절세할 수 있기 때문이다.

어떤 어르신이 찾아와 이런 얘기를 한 적이 있다.

"내가 현재 87세인데 재산이 100억 원이야. 그런데 자네 강의를 듣고 보니 내가 죽으면 상속세가 50%라 세금이 50억 원 정도 된다면서? 어떻게 세금을 줄이지?"

"어르신, 좀 더 일찍 저를 찾아오셨다면 좋았을 텐데요. 만일 어르신께 자녀와 배우자, 그리고 손자녀와 배우자가 있다면, 심지어 증손 자녀까지 있다면….

그래서 가족이 20명이라고 가정해볼게요. 그리고 그 자녀들에게 10년 내지 5년 전에 각각 5억 원씩 증여했다고 생각해보세요. 그러면 세액 계산에 다소 차이는 있지만 1인당 약 9천만 원 정도의 증여세를 내게 됩니다. 가족이 20명이니 약 18억 원의 증여세를 내겠죠."

"증여세 계산이 그렇다면 그렇겠지. 그런데?"

"그리고 10년 내지 5년이 지난 후에 어르신이 돌아가시면 100억 원의 재산에 대해 18억 원의 증여세를 내고 끝낼 것을, 여태 아무에게도 증여하지 않고 몇 년 뒤 돌아가셔서 100억 원의 유산을 남기면 50억 원이 상속세잖아요."

"그럼 미리미리 증여했어야 한다는 얘기네. 그럼, 지금이라도 증여하면 안 될까?"

"그런데 상속재산을 계산할 때는 사망 전 10년 내 상속인에게 증여한 재산과 사망 전 5년 내 상속인 외의 자에게 증여한 재산을 가산하는 제도를 두고 있어요. 그래서 어르신이 이제야 증여를 하고서 최소 5년을 못 사시면 증여한 100억 원이 상속재산에 가산되어, 상속세가 50억 원 나오고 기납부한 증여세 18억 원을 뺀 32억 원이 추징됩니다."

"어 그래? 나 10년 이상 살 수 있어. 그러니 지금이라도 증여를 해야겠구만…."

"ㅠㅠ…."

사람의 수명은 알 길이 없지만, 연로한 부모님의 재산을 놓고 상속세와 증여세를 시뮬레이션해서 세무 상담을 하면 대부분은 증여를 잘 하지 않는다. 왜냐하면 증여를 해도 상속세 절세를 누릴 수 없다고 판단하기 때문이다. 곧 돌아가실 때쯤 이런 세무 상담을 하게 되는 것이 원망스러울 뿐이다.

그러나 사망이 가까울 때가 아니라 젊었을 때 이런 시뮬레이션을 하면 증여가 유용하다. 왜냐하면 증여세는 10년이 지나면 동일인으로부터 증여받은 재산이 합산과세되지 않고 증여재산공제는 10년마다 한 번씩 받을 수 있으므로, 물려줄 재산을 10년 주기로 증여하면 증여세를 절세하는 한편, 추후 상속재산을 감소시켜 상속세도 절세할 수 있기 때문이다.

Tax
Q 39

상속세를 검토하는 방법은?

요즘은 부동산 가격의 폭등에 따라 주택 한두 채 정도만 보유하고 있어도 상속세 신고·납부의 대상이 되어 세무사들도 자주는 아니지만 가끔 의뢰가 들어오기도 한다. 상속세 신고 의뢰가 오면 필자는 다음 순서에 따라 업무를 진행한다. 이 내용은 상속세를 이해하는데 참고가 될 것이다.

상속세를 이해하기 전 상속세 신고 의뢰자들이 흔히들 혼동하는 용어가 피상속인과 상속인이라는 단어이다. 이를 다시 한번 정리하기로 하자. 피상속인은 돌아가신 분을 말하며, 상속인은 돌아가신 분의 배우자나 자녀 등으로서 상속을 받는 사람을 의미한다.

상속개시일을 파악한다

상속개시일은 피상속인이 돌아가신 날이다. 상속이 발생하면 상속개시일이 속하는 달의 말일부터 6개월(상속인

중 1명이라도 외국에 주소를 둔 경우 9개월) 이내에 상속인은 피상속인의 주소지 관할 세무서에 상속세를 신고·납부해야 한다. 예를 들어, 2024년 10월 10일에 사망했다면 상속세 신고·납부기한은 2025년 4월 30일까지이다. 참고로 신고납부기한일이 공휴일·토요일 또는 근로자의 날에 해당하면 공휴일·토요일 또는 근로자의 날 다음날을 기한으로 하는 기한의 특례가 적용된다.

상속인 현황을 알아본다

1순위 상속권자인 직계비속과 배우자의 현황을 알아야 상속공제 가운데 인적공제를 파악해 절세를 할 수 있다. 상속인 현황을 파악한 뒤 일차적으로 기초공제(2억 원)와 기타 인적공제를 검토한다. 그리고 일괄공제와 비교하는데, 일괄공제란 기초공제와 기타 인적공제가 5억 원에 미달하면 5억 원을 공제하는 제도이다. 상속인이 매우 많거나 장애인이 있는 경우를 제외하면 일반적으로 일괄공제(5억 원)를 선택한다. 다만, 배우자 단독 상속의 경우에는 일괄공제를 적용할 수 없다.

여기서 배우자 단독 상속이란 피상속인의 상속인이 그 배우자 단독인 경우를 말한다.

상속인 현황에서 배우자가 있는지가 상속세 절세에서 매우 중요하다. 배우자 상속공제는 상속재산가액 중 배우자 법정상속분 상당액까지 공제(30억 원 한도)할 수 있기 때문에 배우자가 얼마를 상속받아야 절세가

되는지 법무사가 상속등기 전에 상속인을 세무사에게 보내 알아보는 일이 흔하다.

다만, 배우자가 법정상속분보다 상속을 많이 받아도 법정상속분만큼 공제하고, 배우자가 상속을 받지 않거나 상속받은 금액이 5억 원 미만일 때는 5억 원을 공제한다. 그래서 상속인 중에 배우자가 없으면 상속재산 5억 원 이하, 배우자가 있으면 상속재산 10억 원 이하는 상속세 자체가 없다고 하는 것이다.

상속재산 내역을 파악한다

상속세 계산과 인적공제 외의 상속공제를 계산하기 위해서 상속재산 내역을 파악한다. 이론적으로 상속세가 과세되는 상속재산은 피상속인이 남긴 재산적 가치가 있는 모든 물건과 권리를 말한다. 하지만 통상적으로 상속세 신고를 할 때는 금융재산, 부동산, 차량 등 일반적으로 돈이 된다고 말하는 재산을 파악하면 된다.

금융재산은 상속인 금융거래 통합조회 시스템(금융감독원 제공)를 이용해 파악하고, 부동산은 주소만 알려주면 세무사가 등기부등본, 기준시가 및 시가 등을 파악할 수 있다. 그리고 차량 등 기타 재산 현황을 알려주면 된다. 이 부분이 불분명하면 행정안전부에서 제공하는 「안심상속 원스톱서비스」를 이용하여 상속인이 개별 기관을 일일이 방문하지 않고 한 번의 통합신청으로 피상속인의 재산을 확인할 수 있다.

금융재산은 금융재산 상속공제 대상이 되고, 부동산 가운데 피상속인이 직계비속(배우자 포함)과 10년간 동거한 1세대 1주택이 있으면 동거주택 상속공제를 검토한다. 그리고 상속재산이 사업, 농업, 어업 등 가업용 재산이면 가업상속공제 등을 검토하게 된다.

🗐 안심상속 원스톱서비스 주요내용 정리

구분	내용
신청 장소	• 방문 신청: 상속인의 가까운 시청이나 구청, 읍·면·동의 가족관계등록 담당 공무원에게 신청 • 온라인 신청: 정부24(www.gov.kr)에서 신청 가능
신청 시기	사망신고 시 또는 상속개시일의 말일로부터 1년 이내 사후 신청 가능함
신청 자격	• 제1순위: 상속인(자녀, 배우자) • 제2순위: 1순위 없는 경우, 상속인(부모, 배우자) • 제3순위: 1·2순위 없는 경우, 형제자매 대습상속의 경우 대습상속인, 실종 선고자의 상속인도 신청가능
신청 시 필요서류	• 재산조회 통합처리 신청서 • 신청인의 신분증(대리하는 경우 대리인 신분증, 상속인의 위임장 및 본인의 서명사실 확인서) • 가족관계증명서(사망신고 이후 별도 통합처리 신청하는 경우만 제출)
결과통보 시기	① 자동차 정보는 접수 시 ② 토지·지방세 정보는 7일 이내 ③ 금융·국세·(국민·공무원·사학)연금 정보는 20일 이내
결과수령 방법	① 토지·지방세 정보는 문자·우편·방문 중에서 선택 가능 ② 자동차는 문서(다만, 신청인이 원할 경우 구술로도 가능) ③ 공무원연금·사학연금은 문자, 금융거래 (금융감독원, www.fss.or.kr) ④ 국민연금(국민연금공단, www.nps.or.kr) 정보는 각 기관의 홈페이지 ⑤ 국세(국세청)는 홈택스(www.hometax.go.kr)에서 확인가능

사전증여재산 내역을 파악한다.

상속세 과세가액을 계산할 때 피상속인이 상속인에게 증여한 재산이 있다면 상속개시일 전 10년 이내의 증여분을, 상속인이 아닌 사람에게 증여한 재산이 있다면 상속개시일 전 5년 이내의 증여분을 가산한다. 예를 들어, 돌아가신 아버지가 7년 전 아들과 며느리에게 각각 2억 원을 증여했다면, 아들은 상속인이므로 상속세를 계산할 때 7년 전 증여분을 가산하지만, 며느리는 상속인 외의 자이므로 증여받은 지 5년이 넘어 상속세를 계산할 때 반영할 필요가 없다.

최근 2년 내 처분·인출한 재산을 파악한다

피상속인 사망 전에 상속세를 줄여보기 위해 부동산을 매각하거나 금융재산을 인출하는 등 재산을 현금화해서 상속재산에서 누락시키는 경우가 있는지 알아본다. 세법은 이를 규제하기 위해 피상속인이 재산 종류별로 상속개시일 전 1년 이내에 2억 원 이상, 2년 이내에 5억 원 이상 처분·인출한 재산이 있으면 이를 상속재산으로 추정한다.

채무와 장례비 내역을 파악한다

상속세를 계산할 때 상속받은 부채와 장례비용 일부를 공제해준다. 따라서 피상속인이 사망하기 전에 병원비와

간병비 등을 상속인이 직접 부담하지 않고 피상속인의 채무로 남겨두거나 상속받을 재산에서 인출해 지급하는 것이 좋다.

상속세 신고에 필요한 준비서류를 요청한다

상속세 세무 상담이 끝나면 각종 상속세 신고서류를 작성하기 위해 통상적으로 필요한 피상속인의 사망진단서, 제적등본, 상속인의 주민등록등본, 피상속인 기준의 가족관계증명서를 요청한다. 이후 상속세를 계산하는데, 이는 전문가의 영역(절세하이테크 참조)이다. 왜냐하면, 상속세 계산이 어렵기도 하거니와 상속세가 있는 경우에는 반드시 피상속인 주소지 관할 세무서에서 상속세 결정을 위해 세무조사를 하기 때문이다.

상속세의 과세표준 및 세액의 계산 구조

총상속재산가액	• 상속재산가액(본래의 상속재산＋간주상속재산)＋추정상속재산
	※ 거주자인 경우 국내·외 모든 재산 포함

_－_

비과세 및 과세가액 불산입액	• 비과세 : 금양임야 등
	• 과세가액 불산입재산 : 공익법인 등에 출연한 재산 등

_－_

공과금·장례비용· 채무	• 장례비 최소 500만 원 최대 1,500만 원 공제

_＋_

사전증여재산	• 합산대상 사전증여재산(상속인 10년, 상속인 외의 자 5년, 창업자금, 가업승계 주식 등은 기한 제한 없이 합산)

⇩

상속세 과세가액	

상속공제	• (기초공제＋그 밖의 인적공제)와 일괄공제(5억 원) 중 큰 금액
	• 가업·영농상속공제·배우자상속공제·재해손실공제·금융재산 상속공제·동거 주택 상속공제
	※ 단, 상속공제 합계 중 공제 적용 종합한도 내 금액만 공제 가능

_－_

감정평가수수료	• 감정평가법인 등의 수수료는 500만 원 한도 등

⇩

상속세과세표준	

_×_

세율	과세표준	1억 원 이하	5억 원 이하	10억 원 이하	30억 원 이하	30억 원 초과
	세율	10%	20%	30%	40%	50%
	누진공제	－	1천만 원	6천만 원	1억 6천만 원	4억 6천만 원

⇩

산출세액	• (상속세 과세표준×세율)－누진공제액

_＋_

세대생략할증세액	• 상속인 또는 수유자가 피상속인의 자녀가 아닌 직계비속(손자녀)이면 할증 (30% 또는 40%) 단, 직계비속의 사망으로 손자녀에게 대습상속하는 경우 제외

세액공제 등	• 신고세액공제(3%), 증여세액공제, 단기재상속세액공제, 외국납부세액공제, 문 화재 등 징수유예액

분납·연부연납 등	• 분납, 연부연납, 가업상속납부유예, 물납, 문화유산 등의 물납, 지정문화유산 등에 대한 징수유예

⇩

자진납부할세액	

상속세과세표준신고 및 자진납부계산서

관리번호	－

[ ]기한 내 신고, [ ]수정신고, [ ]기한 후 신고

※ 뒤쪽의 작성방법을 읽고 작성하시기 바랍니다. (앞쪽)

신 고 인	① 성 명		② 주민등록번호		③ 전자우편 주소		
	④ 주 소				⑤ 피상속인과의 관 계		피상속인의 ( )
	⑥ 전화번호 (자 택)		(휴대전화)		사후관리위반신고		
피상속인	⑦ 성 명		⑧ 주민등록번호		⑨ 거 주 구 분	[ ] 거주자 [ ] 비거주자	
	⑩ 주 소						
	⑪ 상속원인	[ ] 사망 [ ] 실종 [ ] 인정사망 [ ] 기타			⑫ 상속개시일		
세 무 대 리 인	⑬ 성 명		⑭ 사업자등록번호		⑮ 관 리 번 호		
	⑯ 전화번호 (사무실)		(휴대전화)				

구 분	금 액	구 분	금 액
⑰ 상속세과세가액		유증 등 재산가액	
⑱ 상속공제액		영리법인 면제 ㉟ 면제세액 (「상속세 및 증여세법」 제3조의2)	
⑲ 감정평가수수료		㉟ 면제분 납부세액 (합계액)	
⑳ 과세표준 (⑰ - ⑱ - ⑲)		㊱ 공제·면제 후 납부할 세액 (㉔ + ㉕ - ㉖ - ㉗ + ㉟)	
㉑ 세율		㊲ 가업상속 납부유예 세액	
㉒ 산출세액		㊳ 신고불성실가산세	
㉓ 세대생략가산액 (「상속세 및 증여세법」 제27조)		㊴ 납부지연가산세	
㉔ 산출세액 (㉒ + ㉓)		㊵ 납부할 세액(합계액) (㊱ - ㊲ + ㊳ + ㊴)	
㉕ 이자상당액		납부방법 납부·신청 일자	
㉖ 문화재 등 징수유예세액		㊶ 연부연납	
㉗ 계 (㉘ + ㉛ + ㉜ + ㉝ + ㉞)		㊷ 물납	
세 액 공 제	증여 세액 공제	㉘ 소계 (㉙ + ㉚)		현금	㊸ 분납	
		㉙ 「상속세 및 증여세법」 제28조			㊹ 신고납부	
		㉚ 「조세특례제한법」 제30조의5 및 제30조의6				
	㉛ 외국납부세액공제 (「상속세 및 증여세법」 제29조)					
	㉜ 단기세액 공제 (「상속세 및 증여세법」 제30조)					
	㉝ 신고세액공제 (「상속세 및 증여세법」 제69조)					
	㉞ 그 밖의 공제					

「상속세 및 증여세법」 제67조 및 같은 법 시행령 제64조제1항에 따라 상속세의 과세가액 및 과세표준을 신고하며, 위 내용을 충분히 검토하였고 신고인이 알고 있는 사실을 그대로 적었음을 확인합니다.

신고인   년   월   일
(서명 또는 인)

세무대리인은 조세전문자격자로서 위 신고서를 성실하고 공정하게 작성하였음을 확인합니다.

세무대리인   (서명 또는 인)

세무서장 귀하

신고인 제출서류	1. 상속세과세가액계산명세서(부표 1) 1부 2. 상속인별 상속재산 및 평가명세서(부표 2) 1부 3. 채무·공과금·장례비용 및 상속공제명세서(부표 3) 1부 4. 상속개시 전 1(2)년 이내 재산처분·채무부담 내역 및 사용처소명명세서(부표 4) 1부 5. 영리법인 상속세 면제 및 납부 명세서(부표 5) 1부	수수료 없음
담당공무원 확인사항	1. 주민등록표등본 2. 피상속인 및 상속인의 관계를 알 수 있는 가족관계등록부	

행정정보 공동이용 동의서

본인은 이 건 업무처리와 관련하여 담당 공무원이 「전자정부법」 제36조제1항에 따른 행정정보의 공동이용을 통하여 위의 담당 공무원 확인 사항을 확인하는 것에 동의합니다.   * 동의하지 않는 경우에는 신고인이 직접 관련 서류를 제출해야 합니다.

신고인   (서명 또는 인)

210mm×297mm[백상지 80g/㎡]

■ 상속세 및 증여세법 시행규칙 [별지 제9호서식 부표 1] <개정 2024. 3. 22.>

| 관리번호 | - |

상속세과세가액계산명세서

※ 뒤쪽의 작성방법을 읽고 작성하시기 바랍니다.

(앞쪽)

가. 상속받은 총재산명세

① 재산 구분 코드	② 재산 종류 코드	③ 소 재 지 · 법인명 등		④ 사업자 등록번호 (계좌번호, 지분)	⑤ 수 량 (면적)	⑥ 단 가	⑦ 평가 가액	⑧ 평가 기준 코드
		국외자산 여부	국외 재산 국가명					
		[ ]여 [ ]부						
		[ ]여 [ ]부						
		[ ]여 [ ]부						
		[ ]여 [ ]부						
		[ ]여 [ ]부						
⑨ 계								

나. 상속세 과세가액 계산

총상속재산 가 액	⑩ 상속재산가액	
	⑪ 상속개시 전 처분재산등 산입액(「상속세 및 증여세법」 제15조)	
	⑫ 합계	
	⑬ 계	
비과세 재산가액 (「상속세 및 증여세법」 제12조)	⑭ 금양(禁養)임야등 가액(「민법」 제1008조의3)	
	⑮ 공공단체 유증 재산가액	
	⑯ 기타	
	⑰ 계	
과세가액 불산입액	⑱ 공익법인 출연재산가액(「상속세 및 증여세법」 제16조)	
	⑲ 공익신탁 재산가액(「상속세 및 증여세법」 제17조)	
	⑳ 기타	
	㉑ 계	
공제금액 (「상속세 및 증여세법」 제14조)	㉒ 공과금	
	㉓ 장례비용	
	㉔ 채무	
	㉕ 계(㉖ +㉗ 또는 ㉖ +㉘)	
가산하는 증여재산가액	㉖ 「상속세 및 증여세법」 제13조	
	㉗ 「조 세 특 례 제 한 법」 제30조의5	
	㉘ 「조 세 특 례 제 한 법」 제30조의6	
㉙ 상 속 세 과 세 가 액 [⑫ - (⑬ + ⑰ + ㉑) + ㉕]		

210mm×297mm[백상지 80g/㎡]

관리번호	-

상속인별 상속재산 및 평가명세서

※ 뒤쪽의 작성방법을 읽고 작성하시기 바랍니다. (앞쪽)

가. 상속인별 상속현황

① 피상속인과의 관계	② 성명	③ 주민등록번호	④ 주소	⑤ 법정상속 지분율	⑥ 법정상속 재산가액	⑦ 실제상속 지분율	⑧ 실제상속 재산가액

나. 상속인별 상속재산명세

⑨ 재산구분코드	⑩ 재산종류코드	⑪ 소 재 지 · 법 인 명 등		⑫ 사업자 등록번호 (계좌번호, 지분)	⑬ 수량 (면적)	⑭ 단가	⑮ 평가가액	⑯ 평가기준코드
		국외자산여부	국외재산국가명					
		[ ]여 [ ]부						
		[ ]여 [ ]부						
		[ ]여 [ ]부						
		[ ]여 [ ]부						
		[ ]여 [ ]부						
		[ ]여 [ ]부						
		[ ]여 [ ]부						
		[ ]여 [ ]부						

계			
	⑰ 상속재산가액		
	⑱ 상속개시 전 처분재산등 산입액		
	비과세 재산가액	⑲ 금양임야 등 가액	
		⑳ 공공단체 유증 재산가액	
		㉑ 기타	
	과세가액 불산입액	㉒ 공익법인 출연재산가액	
		㉓ 공익신탁 재산가액	
		㉔ 기타	
	가산하는 증여재산 가액	㉕「상속세 및 증여세법」제13조	
		㉖「조세특례제한법」제30조의5	
		㉗「조세특례제한법」제30조의6	
	㉘ 합계		

210mm×297mm[백상지 80g/㎡]

취득·양도·상속·증여 절세의 기초와 노하우

관리번호	-	**채무 · 공과금 · 장례비용 및 상속공제명세서**

가. 채무

① 채무종류	② 차입기간		③ 성 명 (상 호)	④ 주민등록번호 (사업자등록번호)	⑤ 주소(소재지)	⑥ 금액
	발생 연월일	종료(예정) 연월일				
⑦ 계						

표의 채권자: ③ 성 명(상 호), ④ 주민등록번호(사업자등록번호), ⑤ 주소(소재지)

나. 공과금

⑧ 공과금종류코드	⑨ 연도별	⑩ 분기별	⑪ 금액
⑫ 계			

다. 장례비용

지급처		⑮ 지급내역	⑯ 금액
⑬ 주민등록번호 (사업자등록번호)	⑭ 성명(상호)		
⑰ 계			

라. 상속공제

기초공제 및 그 밖의 인적공제	⑱ 기 초 공 제	
	⑲ 자 녀 공 제	
	⑳ 미 성 년 자 공 제	
	㉑ 연 로 자 공 제	
	㉒ 장 애 인 공 제	
㉓ 일 괄 공 제		
추 가 상 속 공 제	㉔ 가 업 상 속 공 제	
	㉕ 영 농 상 속 공 제	
㉖ 배 우 자 상 속 공 제		
㉗ 금 융 재 산 상 속 공 제		
㉘ 재 해 손 실 공 제		
㉙ 동 거 주 택 상 속 공 제		
㉚ 공 제 적 용 한 도 액		
㉛ 상 속 공 제 금 액 합 계		

신청(신고)인 제출서류	1. 채무부담 및 공과금·장례비·감정평가수수료 지급 입증서류

작성방법

1. 채무와 공과금은 상속개시 당시의 현황에 따라 적습니다.
2. '① 채무종류'란 : 금융채무, 개인사채, 상가 임대보증금 등 채무의 종류를 적습니다.
3. '⑧ 공과금종류코드'란 : 아래의 공과금종류구분에 해당하는 코드를 적습니다.

공과금종류	국세	지방세	공공요금	과태료벌과금	회비	기타
코드	01	02	03	04	05	06

4. '㉖ 배우자상속공제'란 : 배우자상속공제명세서(별지 제9호서식 부표 3의2)의 '⑯ 배우자 상속공제 금액'란의 금액을 옮겨 적습니다.

210mm×297mm[백상지 80g/㎡]

취득·양도·상속·증여 절세의 기초와 노하우

관리번호	–	**배우자 상속공제 명세서**

가. 배우자가 실제 상속받은 금액

① 배우자가 상속받은 상속재산가액	
② 배우자가 승계하기로 한 채무·공과금	
③ 배우자가 상속받은 비과세 재산가액	
④ 배우자가 실제 상속받은 금액(①-②-③)	

나. 배우자 상속공제 한도액

상속재산의 가액 (「상속세및증여세 법 시행령」 제17 조)	⑤ 총 상속재산가액	
	⑥ 비과세되는 상속재산	
	⑦ 공과금 및 채무	
	⑧ 과세가액 불산입 재산	
	⑨ 상속재산의 가액(⑤-⑥-⑦-⑧)	
⑩ 상속재산 중 상속인이 아닌 수유자가 유증 등을 받은 재산의 가액		
⑪ 상속개시일 전 10년 이내에 피상속인이 상속인에게 증여한 재산가액		
⑫ 배우자의 법정상속분		
⑬ 상속 재산에 가산한 증여재산 중 배우자가 사전 증여받은 재산에 대한 과세표준(「상속세및증여세법」 제55조 제1항)		
⑭ 배우자상속공제 한도액[{(⑨-⑩+⑪)×⑫}-⑬] (다만, 30억원을 초과하는 경우는 30억원)		

다. 배우자 상속공제 금액

⑮ 배우자 상속공제 금액(④와 ⑭ 중 적은금액) (다만, 배우자가 실제 상속받은 금액이 없거나 실제 상속받은 금액이 5억원 미만인 경우는 5억원)	

신청(신고)인 제출서류	협의분할서, 기타 분할사실을 입증할 수 있는 서류

작성방법

1. "⑤ 총 상속재산가액"란은 상속세과세가액계산명세서(별지 제9호서식 부표 1)의 "⑫ 총상속재산가액 합계"란의 금액을 옮겨 적습니다.
2. "⑥ 비과세되는 상속재산"란은 상속세과세가액계산명세서(별지 제9호서식 부표 1)의 "⑬ 비과세재산가액 합계"란의 금액을 옮겨 적습니다.
3. "⑦ 공과금 및 채무"란은 상속세과세가액계산명세서(별지 제9호서식 부표 1)의 "㉑ 공제금액 합계"란의 금액을 옮겨 적습니다.
4. "⑧ 과세가액 불산입재산"란은 상속세과세가액계산명세서(별지 제9호서식 부표 1)의 "⑰ 과세가액 불산입액 합계"란의 금액을 옮겨 적습니다.
5. "⑫ 배우자의 법정상속분"란은 「민법」 제1009조에 따른 배우자의 법정상속분을 적습니다. (공동상속인 중 상속을 포기한 사람이 있는 경우에는 그 사람이 포기하지 아니한 경우의 배우자 법정상속분을 말함)

210mm×297mm[백상지 80g/㎡]

취득·양도·상속·증여 절세의 기초와 노하우

상속개시전 1(2)년 이내 처분재산ㆍ채무부담내역 및 사용처소명명세서 (갑)

가. 처분재산(인출금액) 명세

① 재산 구분	② 처분(인출)금액 합계	③ 금액 1년 이내 2억 이상 여부 (2년 이내 5억 이상)	④ 소명금액 합계	⑤ 미소명금액 합계	⑥ 차감가액 [(③)×20%, 2억 중 작은 금액]	⑦ 상속추정여부 (⑤ > ⑥)	⑧ 추정상속재산가액 (⑤ - ⑥)
01 현금ㆍ예금 및 유가증권		[ ]여 [ ]부				[ ]여 [ ]부	
02 부동산 및 부동산에 관한 권리		[ ]여 [ ]부				[ ]여 [ ]부	
03 기타재산 (위 재산 제외)		[ ]여 [ ]부				[ ]여 [ ]부	
④ 계							

나. 부담채무 명세

⑨ 재산 구분	⑩ 차입금액 합계	⑪ 금액 1년 이내 2억 이상 여부 (2년 이내 5억 이상)	⑫ 소명금액 합계	⑬ 미소명금액 합계	⑭ 차감가액 [(⑩)×20%, 2억 중 작은 금액]	⑮ 상속추정여부 (⑬ > ⑭)	⑯ 추정상속재산가액 (⑬ - ⑭)
부담채무 I (국가ㆍ지차체, 금융기관으로부터 차입)		[ ]여 [ ]부				[ ]여 [ ]부	
부담채무 II (국가ㆍ지차체, 금융기관이 아닌 자로부터 차입)		[ ]여 [ ]부				[ ]여 [ ]부	
⑰ 계							

다. 추정상속재산가액 합계액(⑧ + ⑯) :　　　　　　　　　원

작성방법

1. '② 처분(인출) 금액 합계', '④ 소명금액 합계', '⑤ 미소명금액 합계' 란은 상속개시전 1(2)년 이내 처분재산ㆍ채무부담내역 및 사용처소명명세서(을)[별지 제9호서식 부표 4(을)]의 '가. 처분재산 및 인출내역 사용명세내역' 합계금액을 각각 옮겨 적습니다.

2. '⑩ 차입 금액 합계', '⑫ 소명금액 합계', '⑬ 미소명금액 합계' 란은 상속개시전 1(2)년 이내 처분재산ㆍ채무부담내역 및 사용처소명명세서(을)[별지 제9호서식 부표 4(을)]의 '나. 부담채무 상세내역' 합계금액을 각각 옮겨 적습니다.

210mm×297mm[백상지 80g/㎡]

상속개시전 1(2)년 이내 처분재산ㆍ채무부담내역 및 사용처소명명세서 (을)

(앞쪽)

가. 처분재산 및 인출내역 사용명세내역

① 재산종류 코드	② 재산 소재지 (계좌번호, 사업자번호 등)	③ 처분일 (인출일)	④ 처분금액 (인출금액)	⑤ 사용용도	⑥ 사용일자	사용처					⑩ 미소명 금액 (④ - ⑦)
						⑦ 사용처 소명금액	⑧ 소명증빙	⑨ 거래상대방			
								주민등록번호 (사업자번호)	성명 (상호)	관계	

나. 부담채무 상세내역

⑪ 금액(2억) 차입 여부	채권자		⑭ 차입일	⑮ 상환 (예정)일	⑯ 약정 이자율	⑰ 차입금액	⑱ 사용용도	⑲ 사용일자	⑳ 사용처 소명금액	㉑ 소명증빙	㉒ 거래상대방			㉓ 미소명 금액 (⑰ - ⑳)
	⑫ 주민등록번호 (사업자번호)	⑬ 성명 (상호)									주민등록번호 (사업자번호)	성명 (상호)	관계	
[ ]여 [ ]부														
[ ]여 [ ]부														
[ ]여 [ ]부														
[ ]여 [ ]부														
[ ]여 [ ]부														
[ ]여 [ ]부														
[ ]여 [ ]부														
[ ]여 [ ]부														

신고인 제출서류	사용처를 확인할 수 있는 증명서류

210mm×297mm[백상지 80g/㎡]

Tax
Q 40

상속재산은 어떻게 나누어야 할까?

상속세 신고 대리를 하면서 가장 안타까운 일은 상속인 간에 상속재산 분할에 대한 이견이 생겨 다투거나, 심지어 가족의 인연을 끊는 것을 보게 되는 것이다.

세무사에게는 상속세 절세를 위해 어떻게 상속재산을 분할하는 것이 좋으냐고 묻지만, 사람의 속마음은 알 길이 없다.

아무튼 상속인 간에 상속재산을 어떻게 나누는지에 따라 상속세의 크기가 달라지므로, 상속재산 분할 방법을 자세히 알아둘 필요가 있다. 상속재산의 분할은 1순위가 유언에 의한 분할, 2순위가 협의에 의한 분할, 3순위가 법정상속에 의한 분할이다.

(1순위) 유언에 의한 분할

유언에 의한 분할이란, 피상속인이 유언으로 공동상속인의 상속분을 지정하는 방법을 말한다. 피상속인의 재산을 상속받는 것이므로, 피상속인의 의사가 반영된 유언에 의한 분할이 1순위가 되는 것이다. 다만, 피상속인이 상속인의 최소 상속분인 '유류분'을 침해해서 남긴 유언은 유류분반환청구(소송)에 의해 그 부분에 한하여 무효가 될 수 있다.

유류분은 피상속인의 재산 처분의 자유를 제한하는 규정으로서, 특정 상속인에 대한 최소한의 상속 권리를 보장하는 제도를 말한다. 예를 들어, 피상속인인 아버지가 아들과 딸 가운데 아들에게만 전액 상속할 것을 지정한다면 딸의 상속 권리를 심히 침해한 것이기 때문에 민법은 법정상속분의 50% 상당액을 유류분이라 해서 딸에게 보장한다. 다만, 이 경우 유류분 침해 소송은 상속개시가 있고 유류분 침해를 안 날로부터 1년 이내에 제기해야 유효하다. 상속개시 이후 10년이 넘으면 유류분 소송은 하지 못한다.

(2순위) 협의에 의한 분할

피상속인이 유언을 남기지 않았을 때는 공동상속인 전원(미성년자인 경우에는 법정대리인 선임)이 참가하고, 반드시 전원의 동의를 얻어 상속재산을 협의로 분할할 수 있다. 이러한 협의에 의한 분할, 즉 협의 분할로 상속세를 절세할 수 있다. 특히 가업상속공제(영농상속공제 포함), 배우자 상속공제, 동거주택 상속공제가 그 대상이므로 상속등기 전에 반드시 세무사에게 상속재산의 협의 분할을 문의하는 것이 좋다.

(3순위) 법정상속에 의한 분할

유언도 없고 공동상속인 간의 협의분할도 안되면 민법이 정하는 바에 따라 상속분을 부여한다. 일단 동순위의 상속인이 여러 명일 때는 균분으로 한다. 그리고 배우자는 직계비속 또는 직계존속의 상속분에 50%를 가산한다. 배우자는 피상속인의 직계비속 또는 직계존속이 있으면 그들과 같은 순위로 공동상속인이 되고, 없으면 단독상속인이 된다.

법정상속인 구분	상속인	상속분	비율
1순위 : 직계비속(자녀) 및 배우자가 있는 경우 (공동상속)	아들, 배우자	아들 1	2/5
		배우자 1.5	3/5
	아들, 딸, 배우자	아들 1	2/7
		딸 1	2/7
		배우자 1.5	3/7
2순위 : 직계존속(부모) 및 배우자만 있는 경우 (공동상속)	부, 모, 배우자	부 1	2/7
		모 1	2/7
		배우자 1.5	3/7
3순위 : 자식 및 부모가 없으면 배우자 단독상속			
4순위 : 배우자도 없으면 형제자매			
5순위 : 형제자매도 없으면 사촌 이내의 방계혈족			

그런데 대습상속이 발생하면 대습상속인의 상속분은 대습상속인 간 법정상속분에 따라 정한다. 대습상속이란 상속인이 될 사람이 상속개시 전 사망하거나 결격자가 된 경우(아버지보다 아들이 먼저 죽은 경우) 그 사망자의 직계비속과 배우자가 있을 때는 이들이 사망자의 순위에 갈음해 상속인이 되는 제도를 말한다. 이때 배우자는 재혼하지 않은 경우에 한한다.

예를 들어 아버지(A)보다 아들(a)이 먼저 사망했고, 아들에게는 배우자와 아이가 하나 있다고 가정하자. 이 경우 아버지(A)가 사망하면 아들(a)의 배우자와 아이가 그 아들(a)의 상속분을 대습상속받아 배우자가 60%, 아이가 40% 상속받게 된다.

한편 상속으로 재산을 취득해도 반드시 등기를 할 필요는 없다. 그러나 가업상속공제(영농 · 영어상속공제 포함), 배우자 상속공제, 동거주택 상속공제를 받으려면 상속공제 대상자인 상속인이 상속을 받아야 하므로 상속세 신고기한까지 이를 확인하고 등기할 필요가 있다.

상속세는 누가 내는 세금일까?

상속인과 상속세 납세의무자

상속세는 재산을 상속받은 사람(상속인)과 유언에 따라 재산을 받은 사람(수유자)이 내는 세금이다. 그런데 상속을 받는 사람, 곧 상속인인지 판단하는 것은 그리 단순하지 않다. 피상속인의 유언에 따라 상속인이 지정되기도 하지만, 유언이 없다면 법정상속인은 다음 순위에 따라 결정된다.

① 제1순위: 직계비속(태아 포함)과 피상속인의 배우자
② 제2순위: 직계존속과 피상속인의 배우자
③ 제3순위: 형제자매
④ 제4순위: 4촌 이내의 방계혈족
⑤ 특별연고자: 상속인 부존재 시
⑥ 국가

동일 순위의 상속인이 여러 명일 때는 최근친을 선순위로 하고, 동친 등의 상속인이 여러 명일 때는 공동상속인이 된다. 배우자는 직계비속과 같은 순위로 공동상속인이 되고, 직계비속이 없으면 직계존속과 같은 순위로 공동상속인이 되며, 이들도 없을 때는 단독상속인이 된다.

예를 들어, 어떤 사람이 유언 없이 배우자와 자녀 2명을 남기고 사망 했다면, 1순위 상속인은 배우자와 자녀 2명이다. 그런데 배우자와 자녀 2명이 상속을 포기했다면 어떻게 될까? 자녀 2명에게 자녀(피상속인의 손자녀)가 있으면 그 자녀가 상속인이 되는 것이다. 만약 이들도 상속을 포기하면 직계존속이 되고, 이들도 포기하면 형제자매, 이들도 포기하면 4촌 이내의 방계혈족이 된다.

상속 포기가 없는 경우에는 상속인을 판단하는 것이 비교적 간단하지 만, 상속 포기가 있으면 복잡해진다. 그러면 상속을 받는 단순승인이나 조건부로 상속을 받는 한정승인, 아예 상속을 받지 않은 상속 포기는 어 떤 제도일까?

단순승인

단순승인이란, 상속인이 피상속인의 권리 와 의무를 무제한적 · 무조건적으로 승계하는 것을 말한다. 상속인이 상 속재산을 처분했거나 상속개시를 안 날로부터 3월 내에 한정승인이나 상 속 포기를 하지 않은 경우에 적용된다. 상속인이 단순승인을 하면 제한 없이 피상속인의 권리와 의무를 승계하므로, 상속채무에 대해서도 무한 책임을 진다. 즉, 피상속인의 모든 채무를 상속재산으로 변제할 수 없을 경우 채권자가 상속인의 고유재산에 대해서도 집행을 할 수 있다.

한정승인

한정승인이란, 상속인이 상속으로 취득할 재산의 한도 내에서 피상속인의 채무와 유증을 변제하는 조건으로 상속하는 것을 말한다. 이는 피상속인의 밝혀지지 않은 채무로부터 상속인의 권리를 보호하기 위한 제도이다.

한정승인은 상속개시를 안 날로부터 3월 내에 상속재산 목록을 첨부해 피상속인 주소지 관할 가정법원에 한정승인신고를 하면 된다. 상속인이 한정승인을 할 경우 상속으로 취득한 재산 한도에서만 피상속인의 채무와 유증에 대한 변제를 하면 된다. 자신의 고유재산으로 피상속인의 채무를 변제할 필요는 없는 것이다.

단 주의해야 할 점이 있는데, 한정승인을 통해 상속된 부동산이 채무변제 등을 위해 경매로 매각되는 경우 부동산 매각으로 인한 양도소득세는 전액 상속인들이 부담해야 한다는 것이다(대법원 2010두13630, 2012. 9. 13.). 따라서 상속재산 중 부동산이 있는 경우 반드시 세무사의 사전 검토 하에 한정승인 신청하여야 한다.

상속 포기

상속을 받지 않는 '상속 포기'란, 상속인이 피상속인의 재산에 대한 모든 권리·의무의 승계를 부인하고 처음부터 상속인이 아니었던 효력을 발생시키는 단독의사 표시를 말한다. 상속 포기는 상속개시를 안 날로부터 3월 내에 피상속인 주소지 관할 가정법원에 상속 포기에 대해 신고를 하는 것이다. 상속인이 상속을 포기한 경우에는 처음부터 상속인이 아니었던 것으로 피상속인의 재산에 대한 모든 권리·의무가 승계되지 않는다. 상속을 포기한 사람의 상속분은 동 순위 또는 후순위 상속자에게 귀속된다.

그런데 상속 포기와 관련해서 재미있는 판례가 있다. 피상속인의 사망으로 상속인이 받게 되는 보험금은 비록 상속 포기를 하더라도 상속인이 받을 수 있다는 것이다. 그래서 피상속인이 보험금도 있고 빚도 많은 경우에는 상속인은 상속 포기를 하고 보험금을 챙길 수 있다. 다만, 이 보험금은 세법상 의제 상속재산으로 보아 상속세를 과세하기 때문에 상속 포기자도 상속세 납세의무자가 될 수 있다는 점은 알아둘 필요가 있다.

단순승인 vs. 한정승인 vs. 상속포기 비교

구분	단순승인	한정승인	상속포기
재산 상속	○ (전부)	○ (재산 한도 내)	× (전혀 없음)
부채 상속	○ (전부)	○ (재산 한도 내 책임)	× (책임 없음)
신청 필요 여부	× (자동 성립 가능)	○ (법원 신청)	○ (법원 신청)
기한	3개월 이내 미신청 시 확정	3개월 이내 신청	3개월 이내 신청

상속세와 증여세를 당장 낼 수 없다면
나누어 내는 방법은?

 양도소득세를 신고·납부할 때는 대부분 현금으로 들어온 양도대금이 있어 세금을 납부하는데 큰 어려움이 없다. 그런데 상속세와 증여세는 일반적으로 현물자산을 받는 경우가 많기 때문에 현금으로 납부해야 하는 세금이 부담될 수 있다.

분납제도

 개인이 납부하는 상속세 및 증여세를 포함한 대부분의 직접세*는 두 번에 걸쳐 나누어 낼 수 있다. 이를 '분납'이라고 한다.

* 세금을 실제 부담하는 자와 법률상의 납세의무자가 같은 조세를 직접세라고 하며 소득세, 상속세, 증여세가 대표적이다.

납부할 세액이 2천만 원에 미달하면 신고할 때 1천만 원을 내고, 신고기한 경과 후 2개월 안에 잔여 세금을 낼 수 있다. 또한 납부할 세액이 2천만 원을 초과할 경우에는 신고할 때와 신고기한 경과 후 2개월 안에 각각 그 세액의 50%씩을 납부할 수 있다.

연부연납제도

상속세와 증여세의 경우에는 이런 분납 외에 연도별로 나누어 낼 수 있는 '연부연납제도'와 상속받은 재산으로 납부할 수 있는 '물납제도'를 두고 있다. 연부연납이란 상속세 또는 증여세 납부세액(신고분, 수정신고분, 기한 후 신고분)이 2천만 원을 초과할 경우 납세자가 납세담보를 제공할 것에 동의하고, 증여세는 5년·상속세는 10년 안에 나누어 낼 것을 과세관청에 신청하는 제도이며, 관할 세무서장의 허가가 필요하다.

다만, 1회차의 분납세액이 1천만 원을 초과하도록 연부연납 기간을 설정해야 한다. 예를 들어, 상속세 2억 2천만 원을 납부해야 한다면, 과세표준 신고 시 2천만 원을 납부하면서 나머지 2억 원을 향후 10년간 나누어 내겠다고 과세관청에 신청하는 것이다. 다만, 가업상속받은 경우에는 연부연납기간을 더 길게 설정할 수도 있다.

또한 연부연납을 신청할 때는 반드시 납세담보를 제공해야 하는데, 납세담보의 제공 물건은 금전·납세보증보험증권·납세보증서·토지 또는 건물 등이다. 납세담보로 제공할 물건은 담보할 국세(연부연납가산금 포함)의 120%(금전·납세보증보험증권 또는 납세보증서는 110%) 이상의 가액에 상당해야 한다. 아울러 연부연납은 납부할 상속세 또는 증여세를 늦게 납부하는 것이기 때문에 이자를 더해서 납부한다. 이자율은 국세환급가산금 이율(현행 3.5%, 2025년 시행규칙에서 3.1%로 개정 예정)과 같은데, 각 분할 납부세액의 납부일 현재 고시된 이율에 따른다.

물납제도

물납이란, 상속세의 현금 납부가 어려운 경우 상속받은 재산으로 납부하는 제도를 말한다. 상속재산 가운데 부동산과 유가증권이 상속재산가액의 50%가 넘고 상속세 납부세액이 2천만 원이 넘는 경우로서, 상속받은 현금성 자산이 상속세액을 초과할 때는 상속받은 부동산과 유가증권으로 상속세를 납부할 수 있다.

한편 2023년 1월 1일 이후 상속이 개시되는 경우, 역사적·학술적·예술적 가치가 있어 문화체육부 장관이 요청하는 문화재 및 미술품 중 국고 손실 위험이 크지 않은 것에 한하여 물납할 수 있다. 단, 상속세 납부세액이 2천만 원이 넘고, 상속받은 현금성 자산이 상속세액을 초과하는 경우에 한하며 문화재 및 미술품에 대한 납부세액에 한하여만 물납이 가능하다.

다만, 과세관청에서는 물납을 신청한 재산의 관리와 처분이 부적당하다고 인정되면 허가하지 않을 수도 있다. 그래서 과세관청은 환가(換價)가 용이한 재산 순서로 물납에 충당하는 재산을 정하고 있다.

연부연납과 물납의 요건에 동시에 충족되는 때에는 전체 세액 중 일부는 연부연납, 나머지는 물납으로 각각 신청할 수 있다.

상속세(증여세) 연부연납허가(변경, 철회) 신청서

(앞쪽)

관리번호	–		
신 청 인	① 성 명		② 주민등록번호
	③ 주 소 (☎ :)		④ 전자우편주소
재산별 구분	⑤ [ ]「상속세 및 증여세법」제71조제2항제1호가목의 상속재산 [ ] 그 밖의 상속재산 [ ]「조세특례제한법」제30조의6을 적용받은 증여재산 [ ] 그 밖의 증여재산		
피상속인(증여자)	⑥ 성 명		⑦ 주민등록번호

세무대리인	성 명	사업자등록번호	생년월일	연락처

⑧ 신고 (고지)납부기한	⑨ 총 납부세액	⑩ 최초 납부세액	⑪ 연부연납 대상금액(⑨-⑩)

구 분	1 회	2 회	3 회	4 회	5 회	6 회	7 회	8 회	9 회	10회
납부예정일										
납부예정 세액										
구 분	11회	12회	13회	14회	15회	16회	17회	18회	19회	20회
납부예정일										
납부예정 세액										

「상속세 및 증여세법」제71조 및 같은 법 시행령 제67조·제68조에 따라 위와 같이 연부연납 허가를 신청([ ]최초,[ ]변경,[ ]철회)합니다.

년   월   일

신청인	(서명 또는 인)
신청인	(서명 또는 인)
신청인	(서명 또는 인)
신청인	(서명 또는 인)
세무대리인	(서명 또는 인)

등 기 승 낙 서

년 월 일 납세담보제공서에 표시된 부동산에 대하여 납세담보의 목적으로 저당권을 설정할 것을 승낙합니다.

년   월   일

신청인   (서명 또는 인)

세무서장 귀하

신청인 제출서류	1. 유가증권인 경우 공탁영수증 1부 2. 은행의 지급보증서 1부 3. 납세담보제공서 1부	수수료 없음
담당공무원 확인사항	1. 토지 등기사항증명서 2. 건물 등기사항증명서	

행정정보 공동이용 동의서

본인은 이 건 업무처리와 관련하여 담당 공무원이「전자정부법」제36조제1항에 따른 행정정보의 공동이용을 통하여 위의 담당 공무원 확인 사항을 확인하는 것에 동의합니다. ＊ 동의하지 않는 경우에는 신청인이 직접 관련 서류를 제출해야 합니다.

신청인   (서명 또는 인)

210mm×297mm[백상지 80g/㎡]

상속세 물납(변경, 철회)신청서

※ 뒤쪽의 작성방법을 읽고 작성하시기 바랍니다. (앞쪽)

관리번호		—			
신청인	① 성명			② 주민등록번호	
	③ 주소	(☎)		④ 전자우편주소	
신청 내용	⑤ 납부세액			⑥ 물납신청세액	
	⑦ 유형	[ ] 신고분 [ ] 고지분 [ ]연부연납분		⑧ 납부기한	

물납대상 재산명세

⑨ 종류	⑩ 소재지 (유가증권은 발행기관)	⑪ 평가기준일	⑫ 평가기준	⑬ 단위당가액	⑭ 수량	⑮ 총액	⑯ 비고
⑰ 계							

「상속세 및 증여세법」 제73조 및 같은 법 시행령 제70조, 제72조부터 제75조까지에 따라 위와 같이 물납을 신청([ ]최초,[ ]변경,[ ]철회)합니다.

년 월 일

신청인 (서명 또는 인)

세무서장 귀하

※ 「국유재산법」 제11조에 따라 사권이 설정된 재산은 국유재산으로 물납할 수 없습니다.

신청인 제출서류	공과금 납세필증 1부	수수료
담당공무원 확인사항	1. 토지 등기사항증명서 2. 건물 등기사항증명서	없음

행정정보 공동이용 동의서

본인은 이 건 업무처리와 관련하여 담당 공무원이 「전자정부법」 제36조제1항에 따른 행정정보의 공동이용을 통하여 위의 담당 공무원 확인사항을 확인하는 것에 동의합니다.   • 동의하지 아니하는 경우에는 신청인이 직접 관련 서류를 제출하여야 합니다.

신청인 (서명 또는 인)

210mm×297mm[백상지 80g/㎡]

취득·양도·상속·증여 절세의 기초와 노하우

Q 43

자녀의 상속세와 증여세,
대신 내주어도 될까?

상속세의 대납

최근 A씨는 배우자가 사망하였다. 배우자는 평가액 10억 원의 부동산과 5억 원의 현금을 가지고 있었다. 부동산에 대해서는 추후 가치상승 여력을 이유로 자녀 B씨가 상속받게 하였고, 본인은 5억 원의 현금을 상속받았다. 세무사가 상속세는 약 7천만 원이라고 한다. 그런데 자녀는 부동산을 상속받았기 때문에 본인분 상속세를 낼 현금이 없다. 이 상속세를 모친인 A씨가 대신 내준다면 이는 증여에 해당할까?

세법상 피상속인, 즉 망인의 총 상속재산에 대한 상속세는 상속인들이 상속받은 지분에 비례하여 내는 것이 원칙이다. 단, 공동상속의 경우 과세관청이 상속세를 용이하게 징수할 수 있도록 각 상속인들에게 연대납세의무를 지우고 있다. 연대납세의무란 둘 이상의 납세의무자가 납세의무에 대해 독립적으로 전액의 납세의무를 이행할 책임을 지는 것이다. 이 경우 연대납세의무자 중 한 명 이상이 납세의무를 이행하면, 이행한 부분에 대하여 다른 연대납세의무자의 납세의무도 소멸된다. 단, 상속세의 경우 상속인 각자 받았거나 받을 재산을 한도로 하여 연대납세의무를 지우고 있다.

A씨는 5억 원의 현금을 상속받았는데, 상속세는 7천만 원으로 상속받은 재산인 5억 원 이내의 금액이므로 A씨가 자녀 B를 대신하여 상속세를 전액 대신 내주어도 연대납세의무에 해당하는 것을 이행한 것이므로 B에게 증여한 것에 해당되지 않는다.

크게 보면, 상속이란 한 세대의 자산이 사망을 원인으로 하여 다음 세대에게 이전되는 절차이다. 상속세를 일방 배우자가 전액 대납한다면 실질적으로는 자녀가 납부하여야 할 상속세액만큼 자녀의 재산은 증가하고 본인의 재산은 줄어든다. 재산이 감소한 만큼 다음 상속 시 상속세는 그만큼 감소될 것이므로, 상속세를 전액 대납하는 것이 세대 단위로 보면 당연히 유리하다.

증여세의 대납

그렇다면 증여세도 대신 내주어도 될까? 세법상 증여세의 경우 증여받은 자가 증여재산에 대한 증여세를 전부 부담하여야 하며, 상속세와는 다르게 예외적인 경우를 제외하고는 연대납세의무를 규정하고 있지 않다. 그러므로 자녀의 증여세를 대신 내준다면, 대신 내준 증여세 또한 증여재산으로 보아 증여세가 부과된다. 만일 증여한 자와 동일한 자가 증여세를 대납해주는 경우, 그 증여세 대납분이 기존 증여재산에 포함되어 더 큰 증여세가 나오게 된다.

부모가 자녀에게 5억 원을 증여하는 경우 증여세는 7,760만 원이나, 증여로 인해 발생되는 증여세 전부를 대납하는 경우 대납분까지 고려한 증여세는 1억 2백 60만 원이다. 자녀가 부동산을 취득할 때 부족자금을 지원하는 등의 경우, 증여세를 대신 내주면 추가적으로 증여세가 부과된다. 따라서 이러한 경우에는 증여세 납부 후 남는 자금을 고려하여 증여하거나, 증여세 대납액을 고려하여 증여하여야 할 것이다.

그런데 증여세를 대납하는 경우 대납분 증여세까지 증여세가 부과되면 세부담이 상당히 증가한다. 만약 조부모나 외조부모 등이 금전적인 여유가 있는 경우 해당 증여세를 조부모 등이 대납해준다면 부모가 증여해준 재산가액에는 합산되지 않고 따로 증여세를 계산하므로 일부 증여세를 절세할 수 있는 방법이 될 수 있다. 이런 절세방법이 가능한 이유는 증여세는 증여자별·수증자별 과세이기 때문이다.

수증자가 비거주자인 경우 증여세의 대납

그러나 수증자가 비거주자인 경우에는 그렇지 않다. 비거주자란 기본적으로 국내에 주소가 없고 1년에 183일 이상 국내에 거소를 두지 않는 자를 말한다. 추가적으로 국내에 가족이 있는지 여부나 직업, 자산상태 등에 따라 종합적으로 판단된다. 이민을 가서 해외에 터 잡은 자녀들은 비거주자에 해당할 것이다. 비거주자에 대해서는 국내에서 과세관청이 과세권을 행사하는데 어려움이 있어 증여받은 자 뿐 아니라 자산을 증여한 자에 대해서도 증여세 연대납세의무를 지우고 있다. 따라서 부모가 비거주자 자녀의 증여세를 내주는 것은 본인의 연대납세의무를 이행하는 것일 뿐이므로 대신 내주어도 된다.

Q44

세금과 관련하여 증여를 하는 이유는?

대기업에서 주식이나 채권을 이용해 우회적으로 2세 경영자에게 부(富)를 무상 이전해 천문학적인 증여세를 추징당했다는 이야기가 사람들의 입방아에 오르내리곤 한다. 물론 극소수에게나 해당하는 일이다. 현실적으로 증여세는 주로 가족이나 친인척 사이에 증여등기 등을 통해 재산을 무상 이전할 때 발생하는 세금이다. 그런데 가족이나 친인척 간에 세금과 관련해 증여를 하는 이유는 다양하다.

증여를 통한 상속세 절세

증여를 통해 향후 발생할 상속에 따른 상속세의 부담을 줄일 수 있다. 다만, 상속세 계산 시 상속개시일로부터 10년 이내에 증여한 재산을 합산해 정산하기 때문에 고액 자산가들은 젊었을 때부터 배우자와 직계비속에게 증여를 한다. 10년마다 한 번씩 증여재산공제를 받을 수 있다는 점도 유용하다. 배우자의 증여재산공제는 6

억 원, 직계비속의 증여재산공제는 5천만 원(미성년자는 2천만 원)인 점
을 감안할 때, 고액 재산가의 기대여명(life expectancy)이 40년이라면
사전에 최소 3회 이상 총 20억 원 이상의 재산을 세금 한 푼 안 내고 배
우자와 직계비속에게 증여할 수 있다. 또한, 증여한 만큼 상속으로 남긴
재산이 줄어들어 상속세 부담도 줄어들게 된다.

구분	부모가 증여세를 대납한 경우	조부모가 증여세를 대납한 경우	
		부모 증여분	조부 증여분
증여재산가액	500,000,000	500,000,000	77,600,000
+증여세 대납액	102,609,308*1	–	11,197,345*2
−증여재산공제	50,000,000	50,000,000	–
=과세표준	552,609,308	450,000,000	88,797,345
×세율	30%	20%	10%
−누진공제	60,000,000	10,000,000	–
=산출세액	105,782,792	80,000,000	8,879,734
+세대생략할증가산액	–	–	2,663,920*3
−신고세액공제	3,173,484	2,400,000	346,309*4
=납부세액	102,609,308	77,600,000	11,197,345
상황별 총 증여세	102,609,308	88,797,345	
절세효과	조부모가 증여세를 대납한 경우가 13,811,958원 절세효과 있음		

*1 대납분 증여세를 X로 두고 다음과 같이 계산함
  {(500,000,000+X−50,000,000)×30%−60,000,000}×(1−3%)=X
  ∴X=102,609,308
*2 대납분 증여세를 X로 두고 다음과 같이 계산함
  {(77,600,000+X)×10%}×1.3×(1−3%)=X ∴X=11,197,345
*3 8,879,734×30%=2,663,920
*4 (8,879,734+2,663,920)×3%=346,309

배우자 증여를 통한 양도소득세 절감

현재 자신이 보유한 재산의 양도차익이 커서 당장 매각하면 양도소득세 부담이 클 때가 있다. 이때는 배우자에게 증여하고 10년(2022년 12월 31일 이전 수증분 5년) 뒤에 양도하면 절세된다. 배우자에게 증여할 때는 6억 원까지 증여세 부담이 없고, 배우자의 증여재산 취득가액은 증여 당시 평가액이기 때문에 향후 동 재산의 매각 시 양도소득세를 줄일 수 있다.

다만, 이 규정을 악용하는 것을 방지하기 위해 배우자 · 직계존비속에게서 증여받은 재산을 10년(2022년 12월 31일 이전 수증분 5년) 이내에 매각하면 그 취득가액은 증여 당시 평가액이 아니라 증여자의 당초 취득가액으로 계산하는 '배우자 등 이월과세'가 적용된다. 그러므로 배우자 등에게 증여받았다면 반드시 10년(2022년 12월 31일 이전 수증분 5년)이 지난 뒤 양도해야 절세효과가 있다. 단, 증여하려는 재산이 주택인 경우 취득세 중과세를 고려하여야 한다.

증여를 통한 1세대 1주택 비과세 혜택 적용

1세대 다주택자의 경우 주택 수를 줄여서 1가구 1주택 양도소득세 비과세 혜택을 받고자 증여를 이용하기도 한다. 세대 분리된 직계비속에게 주택을 증여하거나 친인척에게 증여하여 본인의 주택 수를 줄여 1세대 1주택으로 만들어 비과세를 받을 수 있는 방법이다. 물론 이 경우 증여세와 증여로 인한 취득세를 고려하여야 한다. 참고로 증여로 인한 취득세율은 조정대상지역 외의 주택의 경우 3.5%이고 조정대상지역의 공시가격 3억 원 초과의 주택은 12%의 세율이 적용된다.

이 경우 직계비속이나 친인척이 무주택자인 경우라면 증여 후 2년 이상 보유(거주가 필요한 경우 2년 이상 거주)하고 양도하면 직계비속이나 친인척 역시 1세대 1주택 비과세를 적용받을 수 있다. 물론 직계비속의 경우 증여 후 10년 이내 양도하면 배우자 등 이월과세 규정이 적용되어야 하겠지만, 양도가액이 12억 원 이하라면 배우자 등 이월과세 규정이 적용되어 취득가액을 당초 증여자 기준으로 계산하더라도 어차피 비과세가 적용된다. 따라서 수증자가 비과세가 적용되는 경우 배우자 등 이월과세 규정이 적용되지 않는다.

이를 이용하여 무주택자인 별도세대원인 자녀에게 비조정대상지역의 주택을 증여 또는 부담부증여하고 2년 이상 보유만 하고 양도하는 경우 자녀는 별도의 세금 없이 비과세를 적용받을 수 있어 자녀에게 부를 이전해 줄 수 있는 좋은 방법이 될 수 있다.

재산의 평가 규정을 이용한 증여세 및 상속세 절세

증여세와 상속세 계산 시 재산의 평가 규정을 활용한 절세를 위해 증여를 하기도 한다. 증여세는 증여 당시 재산 평가액을 기준으로 계산한다. 따라서 주로 가격 등락이 심한 재산인 상장주식 등의 가격이 많이 내려갔을 때 자녀에게 증여해주면 증여세 부담을 줄일 수 있다.

또한, 상속세 계산 시 상속개시일로부터 10년 이내에 증여한 재산을 합산할 때도 상속개시일 현재의 시가가 아니라 증여일 현재의 가격으로 합산하기 때문에 가격이 오르기 전에 증여하면 증여세와 상속세를 효과적으로 줄일 수 있다.

취득가액이 낮은 주택을 배우자에게 증여하여 추후 양도소득세 절세

주택의 취득시기가 오래되었으면 그 취득가액도 낮을 것이다. 또한 주택을 여러 개를 보유하고 있는 경우 취득가액이 낮은 주택을 양도하는 경우 비과세가 적용되지 않고 양도소득세가 과세되는데 양도차익이 크다면 세금이 과다하게 나온다.

예를 들어 십 년 전 취득한 주택이 1억 원이었는데, 현재 시가가 6억 원이라면 이를 배우자에게 증여하는 경우 증여받은 배우자의 취득가액은 증여재산가액인 6억 원이 된다. 배우자에게 증여하는 경우 6억 원까지 배우자 증여공제를 받을 수 있으므로 증여세는 없고, 취득세만 납부하면 된다. 이렇듯 취득시기가 오래되어 취득가액이 낮은 주택을 배우자에게 증여함으로써 수증자의 취득가액을 상승하는 결과로 추후 양도소득세를 절세하는데 도움이 된다. 다만, 배우자 등 이월과세의 문제로 이런 방법을 이용하기 위해서는 증여 후 10년이 지나 양도하여야 증여를 통한 취득가액 상승효과를 누릴 수 있다는 점에 주의하자!

Tax
Q45

증여세 비과세 규정에 맞추어
절세하는 방법은?

비과세 증여재산

사실 배우자나 부모·자식 간에는 무상으로 재산을 주고받는 경우가 많지만, 그때마다 증여세를 고민해본 사람은 많지 않을 것이다.

세법은 비과세 증여재산이라는 규정을 마련해 일상적인 상황에서 발생할 수 있는 증여세 문제를 해소하고 있다. 비과세 증여재산은 조세 정책적인 목적에서 여러 가지로 규정되고 있지만, 현실에서 알아야 할 비과세 증여재산은 다음과 같다.

사회 통념상 인정되는 이재구호금품, 치료비, 피부양자 생활비, 교육비, 학자금, 장학금, 기념품, 축하금, 부의금, 혼수, 외국으로부터 기증

물품, 주택취득보조금, 불우이웃 성금에 대하여는 증여세를 부과하지 아니한다(상증법 제46조, 상증령 제35조).

그 가운데 생활비와 교육비, 기념품, 축하금과 부의금, 혼수용품 등에 대해서는 그 실질에 따라 증여세 비과세 여부의 판단이 달라질 수 있다.

생활비와 교육비

증여세가 비과세되는 생활비 또는 교육비란, 필요할 때마다 그 비용을 직접 충당하기 위해 증여로 취득한 재산을 말한다. 따라서 생활비 또는 교육비 명목으로 취득한 재산의 경우에도 그 재산을 정기예금, 적금 등에 사용하거나 주식, 토지, 주택 등의 매입 자금으로 사용하는 경우에는 증여세가 비과세되는 생활비 또는 교육비로 보지 않는다.

그런데 요즘은 '금수저 집안'이라고 해서 조부모가 손자녀의 생활비나 교육비를 부담하는 일을 흔히 볼 수 있다. 부모가 생존해 있는 손자녀에게 조부모가 생활비나 교육비를 지원하는 것은 비과세 증여일까?

그 판단은 손자에 대한 조부모의 부양 의무 여부에 따라 달라지기 때문에 손자에 대한 부양 의무가 필요 없는 조부모가 부담하는 손자의 생활비나 교육비는 증여세 과세대상이 된다. 이때 쟁점은 손자가 조부모의 부양이 필요할 만큼 자력이 없는지 여부와 부모가 과연 자녀를 부양할 경제적 능력이 없는지 여부가 된다.

기념품, 축하금, 부의금

증여세가 비과세되는 기념품, 축하금, 부의금은 그 물품이나 금액을 지급한 자를 기준으로 사회 통념상 인정되는 물품이나 금액을 말하는 것이다. 예를 들어, 혼주(대부분 부모)가 받은 결혼 축하금이나 상주(대부분 상속인)가 받은 부의금은 전체로 보면 큰돈이 될 수 있지만, 지급한 자를 기준으로 사회 통념상 인정되는 금품 등이 모인 경우라면 증여세 문제가 없다. 다만, 특정인이 결혼이나 문상을 이유로 거액의 재산을 혼주나 상주에게 증여할 경우에는 혼주나 상주에게 증여세 납세의무가 발생한다.

그런데 혼주인 부모가 결혼한 자녀에게 이 결혼 축하금을 무상으로 이체한다면 어떻게 될까? 자녀의 지인들이 낸 축의금을 제외하고는 대부분 부모의 지인이 부모에게 준 금전이기 때문에, 결혼 축하금을 이체받은 자녀는 부모로부터 현금증여를 받은 것으로 보아 증여세 문제가 발생한다.

실제로 이 문제로 증여세를 부과받은 자녀가 행정심판을 제기한 적이 있는데, 자신의 지인에게서 받은 결혼 축하금을 제외하고는 증여세가 확정되었다.

혼수용품

증여세가 비과세되는, 통상 필요하다고 인정되는 혼수용품은 일상생활에 필요한 가사용품에 한하며, 호화·사치용품이나 주택과 차량 등은 포함되지 않는다.

예를 들어, 일상생활에 필요한 가사용품을 부모가 사주는 경우는 증여세 비과세 대상이지만, 혼수를 이유로 부모에게서 주택이나 차량 등 고가의 재산을 받으면 증여세가 과세된다.

증여세가 크면
부담부증여를 하는 것이 좋다?

부담부증여의 정의와 세금

부담부증여란 증여받는 사람이 증여를 받는 동시에 채무를 부담하는 조건의 증여계약을 말한다. 부담부증여를 받게 되면 증여받는 사람은 재산과 동시에 채무도 증여받게 되므로, 증여세를 계산할 때 증여받은 순재산(=재산−부채)을 기준으로 증여세를 부담하게 된다.

예를 들어, 시가 5억 원의 아파트를 부모에게서 증여받는데 전세보증금 3억 원을 부담하라는 조건이 있으면, 결과적으로 자녀가 증여받은 순재산은 2억 원이 된다. 따라서 2억 원을 기준으로 증여세를 계산하게 된다. 이 경우 증여세는 2천만 원(=2억 원−5천만 원→1.5억 원×20%−1천만 원)으로 산출된다.

반면, 증여자의 입장에서는 무상으로 증여한 것이 아니라 채무를 넘긴 것이므로 유상의 대가를 받은 것이 된다. 따라서 재산의 유상 이전에 따른 양도소득세 납세의무도 발생한다. 만일 이전할 재산에 대해 시가 상당액의 양도대금을 받고 유상 이전하면 양도하는 사람에게 양도소득세 납세의무만 발생한다. 그리고 완전히 무상으로 증여하면 증여받는 사람에게 증여세 납세의무만 발생한다.

그런데 그 중간인 부담부증여를 하게 되면 증여한 사람에게는 양도소득세가, 증여받은 사람에게는 증여세 납세의무가 발생하는 것이다.

실제로 부담부증여 시 세금 부담 총액(증여세와 양도소득세)을 계산해 보면, 세금 부담의 정도가 순수 증여의 중간 정도가 되는 것이 보통이다. 따라서 특수관계인 간에 대금 수수가 없는 경우로, 증여세 부담이 크다면 부담부증여를 고려하는 것이 좋다.

부담부증여의 경우 증여세는 당연히 절세되지만 양도소득세가 추가로 나오기 때문에 일반적인 증여세보다 적은지 세금을 비교해야 한다.

이때 부담부증여에 따른 증여자의 양도차익은 다음과 같이 세 가지로 구분해 상황에 맞게 판단하면 된다.

증여재산의 시가가 있고 당초 취득 시 실제 취득가액이 확인되는 경우

부담부증여 시 증여재산의 시가가 있고 당초 취득 시 실제 취득가액이 확인되는 경우, 예를 들어 시가를 파악할 수 있는 아파트나 조합원입주권 등 재산에 대해 적용한다.

$$양도차익 = (자산의\ 시가 - 실제\ 취득가액 - 기타\ 필요경비) \times \frac{채무인수액}{자산의\ 시가}$$

부담부증여의 양도차익은 일반적인 양도차익을 계산한 뒤, 채무부담비율을 곱한다고 생각하면 쉽다.

증여재산의 시가가 있으나 당초 취득 시 실제 취득가액이 확인되지 않는 경우

부담부증여 시 증여재산의 시가가 있으나 당초 취득 시 실제 취득가액이 확인되지 않는 경우, 예를 들어 양도소득세에서 언급한 환산취득가액을 적용하는 재산에 대해 적용하는 것으로 양도소득세 계산 시 환산취득가액을 적용하는 원리와 같다.

$$양도차익 = (자산의\ 시가 - 환산취득가액 - 필요경비개산공제) \times \frac{채무인수액}{자산의\ 시가}$$

증여 시 증여재산의 시가가 불분명해서 기준시가만 확인되는 경우

부담부증여 시 증여재산의 시가가 불분명해서 기준시가만 확인되는 경우에는 취득가액도 기준시가로 계산하여야 한다.

또한 부담부증여 시 시가가 불분명한 경우 상속세 및 증여세법에서는 기준시가를 증여재산가액으로 보지만 임대보증금과 월세가 있는 경우 '임대료 등 환산가액(임대보증금＋월세×12÷12)'이 기준시가보다 더 큰 경우 임대료 등 환산가액을 증여재산가액으로 한다. 이때 임대료 등 환산가액은 시가가 아니라 기준시가로 보므로(기획재정부 재산세제과－1147, 2022. 9. 16.) 부담부증여의 부채 분에 대한 양도소득세 계산 시 취득가액도 반드시 기준시가로 계산해야 한다. 실무적으로 많이 놓치는 부분이다.

2007년부터 양도차익 계산 시 실지거래가액을 이용해야 한다. 그러나 부담부증여 양도차익 계산에 있어 증여재산가액을 기준시가로 산정하는 경우 예외적으로 취득가액도 기준시가를 적용해야 한다. 이 경우 취득가액을 기준시가로 계산해야 하지만 실지거래가액으로 계산하여 신고하면 추징당하는 사례가 제법 발생하므로 주의해야 할 부분이다.

$$\text{양도차익} = (\text{자산의 기준시가} - \text{취득 시 기준시가} - \text{필요경비개산공제}) \times \frac{\text{채무인수액}}{\text{자산의 기준시가}}$$

부담부증여 사례

부담부증여의 절세 효과는 사례별로 다르기는 하지만, 다음의 예로 절세액을 예상해보자.

시가 5억 원의 아파트를 성인 자녀에게 증여할 때 일반적인 증여와 부담부증여의 세금 부담액 총액을 비교해 계산하는 방식으로 살펴본다. 이 아파트의 실제 취득가액은 3억 원이고, 채무액(전세보증금)이 3억 원(시가 대비 채무부담비율 60%)이며, 보유기간은 10년, 양도소득세는 일반 과세를 적용한다고 가정한다.

구분	일반증여 시 증여세	부담부증여 시 증여세
증여재산가액	500,000,000	500,000,000
−채무액	−	300,000,000
=증여세 과세가액	500,000,000	200,000,000
−증여재산공제	50,000,000	50,000,000
=증여세 과세표준	450,000,000	150,000,000
×세율	20%	20%
=증여세 산출세액	80,000,000	20,000,000
−신고세액공제(3%)	2,400,000	600,000
=증여세 결정세액(①)	77,600,000	19,400,000

구분	일반증여 시 양도소득세	부담부증여 시 양도소득세
양도가액	–	500,000,000
−취득가액	–	300,000,000
=양도차익	–	200,000,000
×채무부담비율	–	60%
=부담부증여 시 양도차익	–	120,000,000
−장기보유특별공제	–	24,000,000
=양도소득금액	–	96,000,000
−양도소득기본공제	–	2,500,000
=과세표준	–	93,500,000
×세율	–	35%
=산출세액	–	17,285,000
+지방소득세	–	1,728,500
=양도소득세 결정세액(②)	–	19,013,500
=세 부담 총계(①+②)	77,600,000	38,413,500

위 사례처럼 부담부증여는 이전하는 재산의 양도차익이 아주 큰 경우
만 아니라면 일반증여보다 부담부증여의 총부담세액이 적으므로 절세의
수단으로 권장된다.

참고로 조정대상지역의 다주택자가 부담부증여를 계획하고 있는 경우
2022년 5월 10일부터 2026년 5월 9일까지의 한시적 중과배제 기간 동
안 부담부증여를 한다면 부채 부분에 대한 양도소득세 역시 중과가 되지
않기 때문에 절세효과를 볼 수 있다.

앞 사례의 경우, 양도차익이 꽤 높은데도 일반증여보다 부담부증여에
서 예상 세금 총액이 50% 가량 낮아졌다. 게다가 만일 증여자가 1세대

1주택자라면 부담부증여에 따른 양도소득세가 비과세되므로, 거의 완벽한 절세가 이루어진다.

　다만, 조정대상지역의 경우 증여분의 증여취득세가 중과될 수 있으며, 다주택자가 부담부증여하는 경우에는 주택의 양도소득세 및 취득세가 중과세되는 경우가 발생해 부담부증여가 오히려 증가되는 경우가 있으니 사전에 반드시 세무사와 상담하기를 권한다.

증여세의 과세표준 및 세액의 계산구조

| 증여재산가액 | • 증여일 현재의 시가에 의한 평가. 단, 시가산정이 어려우면 개별공시지가 등 보충적 평가방법으로 평가 |

−

| 증여세과세가액 불산입재산 등 | • 비과세(사회통념상 인정되는 피부양자의 생활비, 교육비 등) 및 과세가액 불산입 증여재산(공익법인 등에 출연한 재산 등) |

−

| 채무부담액 | • 증여재산에 담보된 채무인수액(증여재산 관련 임대보증금 포함) |

⇩

증여세과세가액

+

| 증여재산가산액 | • 당해 증여 전 동일인으로부터 10년 이내에 증여받은 재산의 합계액이 1천만 원 이상인 경우 당해 증여재산가액 합계 (동일인이 증여자의 직계존속이면 그 배우자 포함) |

−

증여재산공제

증여유형＼증여자	배우자	직계존속	직계비속	기타친족
일반	6억 원	5천만 원 (수증자가 미성년자인 경우 2천만 원)	5천만 원	1천만 원
혼인 · 출산	−	1억 원	−	−

* 일반의 경우 10년, 혼인 4년(혼인 이전 · 이후 2년), 출산 후 2년간의 누계 합계 기준 1억 원 한도

−

| 감정평가수수료 | • 감정평가의 수수료는 500만 원 한도로 공제 |

⇩

| 증여세과세표준 | • 기초공제 · 가업상속공제 · 배우자공제 · 기타 인적공제 · 일괄공제 · 금융재산 상속공제 · 재해손실공제 · 동거주택 상속공제 (위의 공제액은 공제 적용한도 내 금액만 공제 가능) |

×

세율

과세표준	1억 원 이하	5억 원 이하	10억 원 이하	30억 원 이하	30억 원 초과
세율	10%	20%	30%	40%	50%
누진공제	−	1천만 원	6천만 원	1억 6천만 원	4억 6천만 원

⇩

| 산출세액 | • (증여세 과세표준×세율)−누진공제액 |

+

| 세대생략할증세액 | • 수증자가 증여자의 자녀가 아닌 직계비속(손자녀)이면 할증(30% 또는 40%) 단, 직계비속의 사망으로 손자녀에게 대습상속하는 경우 제외 |

| 세액공제＋ 세액 감면 | • 신고세액공제(3%), 기납부세액공제, 외국납부세액공제, 영농 자녀 증여세 감면 등 |

⇩

자진납부할세액

증여세과세표준신고 및 자진납부계산서
(기본세율 적용 증여재산 신고용)

| 관리번호 | - |

[ ]기한 내 신고 [ ]수정신고 [ ]기한 후 신고

※ 뒤쪽의 작성방법을 읽고 작성하시기 바랍니다. (앞쪽)

수증자	① 성 명		② 주 민 등 록 번 호		③ 거 주 구 분 [ ] 거주자 [ ]비거주자
	④ 주 소				⑤ 전자우편주소
	⑥ 전화번호 (자 택)		(휴대전화)		⑦ 증여자와의 관계 증여자의 ( )
증여자	⑧ 성 명		⑨ 주 민 등 록 번 호		⑩ 증 여 일 자
	⑪ 주 소				⑫ 전 화 번 호 (자 택) (휴 대 전 화)
세 무 대리인	⑬ 성 명		⑭ 사업자등록번호		⑮ 관 리 번 호
	⑯ 전화번호 (사무실)		(휴대전화)		

구 분	금 액	구 분	금 액
⑰ 증여재산가액		㊴ 박물관자료 등 징수유예세액	
⑱ 비과세재산가액		세액공제 ㊵ 세액공제 합계 (㊶ + ㊷ + ㊸ + ㊹)	
과세가액 불산입 ⑲ 공익법인 출연재산가액 (「상속세 및 증여세법」 제48조)		㊶ 기납부세액 (「상속세 및 증여세법」 제58조)	
⑳ 공익신탁 재산가액 (「상속세 및 증여세법」 제52조)		㊷ 외국납부세액공제 (「상속세 및 증여세법」 제59조)	
㉑ 장애인 신탁 재산가액 (「상속세 및 증여세법」 제52조의2)		㊸ 신고세액공제 (「상속세 및 증여세법」 제69조)	
㉒ 채무액		㊹ 그 밖의 공제·감면세액	
㉓ 증여재산가산액 (「상속세 및 증여세법」 제47조제2항)		㊺ 가업승계 납부유예 세액 (「조세특례제한법」 제30조의7)	
㉔ 증여세과세가액 (⑰ - ⑱ - ⑲ - ⑳ - ㉑ - ㉒ + ㉓)		㊻ 신고불성실가산세	
증여재산공제 ㉕ 배우자		㊼ 납부지연가산세	
㉖ 직계존속		㊽ 공익법인 등 관련 가산세 (「상속세 및 증여세법」 제78조)	
㉗ 직계비속		㊾ 자진납부할 세액 (합계액) (㊲ + ㊳ - ㊴ - ㊵ - ㊺ + ㊻ + ㊼ + ㊽)	
㉘ 그 밖의 친족		납부방법	납부 및 신청일
㉙ 혼인		㊿ 연부연납	
㉚ 출산			
㉛ 재해손실공제 (「상속세 및 증여세법」 제54조)		현금 ⑤¹ 분납	
㉜ 감정평가수수료		⑤² 신고납부	
㉝ 과세표준 (㉔ - ㉕ - ㉖ - ㉗ - ㉘ - ㉙ - ㉚ - ㉛ - ㉜)		「상속세 및 증여세법」 제68조 및 같은 법 시행령 제65조제1항에 따라 증여세의 과세가액 및 과세표준을 신고하며, 위 내용을 충분히 검토하였고 신고인이 알고 있는 사실을 그대로 적었음을 확인합니다.	
㉞ 세율			
㉟ 산출세액		년 월 일	
㊱ 세대생략가산액 (「상속세 및 증여세법」 제57조)		신고인 (서명 또는 인)	
㊲ 산출세액 계(㉟ + ㊱)		세무대리인은 조세전문자격자로서 위 신고서를 성실하고 공정하게 작성하였음을 확인합니다.	
㊳ 이자상당액		세무대리인 (서명 또는 인)	
		세무서장 귀하	

신고인 제출서류	1. 증여재산 및 평가명세서(부표 1) 1부 2. 채무사실 등 그 밖의 입증서류 1부	수수료 없음
담당공무원 확인사항	1. 주민등록표등본 2. 증여자 및 수증자의 관계를 알 수 있는 가족관계등록부	

행정정보 공동이용 동의서
본인은 이 건 업무처리와 관련하여 담당 공무원이 「전자정부법」 제36조제1항에 따른 행정정보의 공동이용을 통하여 위의 담당 공무원 확인 사항을 확인하는 것에 동의합니다. * 동의하지 않는 경우에는 신고인이 직접 관련 서류를 제출해야 합니다.

신고인   (서명 또는 인)

210mm×297mm[백상지 80g/㎡]

증여재산 및 평가명세서

| 관리번호 | - |

(앞쪽)

※ 뒤쪽의 작성방법을 읽고 작성하시기 바랍니다.

① 재산구분 코 드	② 재산종류 코 드	국외자산 여부	국외재산 국 가 명	③ 소 재 지 · 법 인 명 등	④ 사업자등록 번 호 (지분율)	⑤ 수 량 (면 적)	⑥ 단가	⑦ 평가 가액	⑧ 평가기준 코 드
		[ ]여 [ ]부							
		[ ]여 [ ]부							
		[ ]여 [ ]부							
		[ ]여 [ ]부							
		[ ]여 [ ]부							
		[ ]여 [ ]부							
		[ ]여 [ ]부							
		[ ]여 [ ]부							

계	⑨ 증 여 재 산 가 액		
	⑩ 비 과 세 재 산 가 액		
	과세가액 불산입액	⑪ 공익법인 출연재산가액	
		⑫ 공익신탁 재산가액	
		⑬ 장애인 신탁재산가액	
	⑭ 증 여 재 산 가 산 액		
	⑮ 합 계		

| 첨부서류 | 증여재산 증명서류 [예: 주주(증권계자)번호 및 진고증명서, 예금통장 사본 등] | 수수료 없음 |

210mm×297mm[백상지 80g/㎡]

증여재산공제로
증여세를 절세하는 방법은?

상속세의 과세 방식

현행 상속세는 이론적으로 '유산과세형'으로 되어있다. 이는 피상속인이 남긴 모든 재산에 대해 상속세를 계산하고, 그 상속세를 공동상속인 다수가 상속지분별로 나누어서 내는 방식이다. 따라서 상속재산이 크면 전체적인 상속세도 많이 산출된다.

2025년 3월 12일에 기획재정부에서 「상속세 과세체계 합리화를 위한 유산취득세 도입 방안」을 발표하면서 현행 상속세의 유산과세형 방식에서 취득과세형으로 개정하는 안을 발표함에 따라 상속세도 증여세의 과세방식과 마찬가지 방식으로 전환할 예정이다. **현재 법개정 여부는 확실하지 않고 개정이 되더라도 시행시기는 2028년부터이므로 공청회와 의견을 수렴하는 과정을 거친 후 세부적인 법의 보완 등이 필요할 것으로 보인다.**

상속세가 취득과세형으로 전환되는 경우 어떤 식으로 개정될지에 대한 큰 틀은 첨부하는 기획재정부의 보도자료를 참고하기 바란다.

증여세의 과세 방식

반면, 증여세는 이론적으로 '취득과세형'으로 되어있다. 증여를 받은 사람이 증여받은 재산에 대해 각자의 증여세를 계산하고, 그 증여세를 증여받은 사람 각자가 부담하는 방식이다. 따라서 각자가 받은 증여재산의 크기에 따라 각각 증여세가 산출된다.

증여세와 상속세의 관계

그런데 개인이 사전(死前)에 증여하고 사망한 뒤 상속이 개시되면, 상속세 계산 시 상속개시일부터 10년(상속인 외의 자 5년) 이내에 증여한 재산을 상속재산에 가산하게 되어있다. 따라서 이때 가산되는 증여재산은 유산과세형으로 정산되고, 당초 취득과세형으로 계산한 증여세의 효과는 사라지게 된다.

증여 시 증여재산공제

이러한 점에 착안한다면, 향후 상속할 재산이 많아 상속세 부담이 클 것으로 예상될 때는 젊었을 때부터 미리 배우자와 직계존비속에게 증여해두는 것이 좋다. 증여를 받은 경우에는, 다음과 같이 증여재산공제를 한다.

수증자	증여재산공제
1. 배우자	6억 원
2. 직계존속	5천만 원
3. 직계비속	5천만 원(미성년자*는 2천만 원)
4. 친인척	1천만 원

* 미성년자는 성년에 이르지 않은 자로서 만 19세 미만인 자를 의미함

　이 경우 증여받은 자를 기준으로 증여받기 전 10년 이내에 증여재산공제를 받은 금액과 해당 증여에서 받은 잔여 공제액이 한도를 초과하면 초과 부분은 공제하지 않는다. 즉, 증여받는 자는 10년을 주기(週期)로 증여재산공제를 다시 받을 수 있다는 뜻이다.

증여재산공제를 이용한 절세 사례

　　　　　　만일 배우자와 자녀 1인이 있는 고액 재산가의 기대여명이 40년이라면 증여를 통해 최소 3회 이상, 총 20억 원 이상(배우자에게 6억 원씩 3회, 자녀에게 5천만 원씩 3회)의 재산을 증여세 한 푼 안 내고 배우자와 자녀에게 넘겨줄 수 있다. 또한 증여한 만큼 상속으로 남길 재산이 줄어들어 상속세 부담도 줄어들게 된다.

부모의 증여재산공제 적용 방법

이번에는 증여재산공제를 부모·자식 관계에서 따져보자. 부모에게는 여러 명의 자녀가 있을 수 있고, 각각의 자녀가 부모로부터 증여받게 되면 그 각각의 자녀가 증여재산공제를 받을 수 있다. 하지만 각각의 자녀에게 부모는 한 쌍이기 때문에 자녀가 부모로부터 증여받게 되면 아버지가 한 번, 어머니가 한 번만 증여재산공제를 받을 수가 있다.

조부모의 증여재산공제와 할증과세

그리고 세법이 말하는 직계존속이나 직계비속은 부모·자식 같은 최근친뿐만 아니라 조부모나 손자녀를 포함하는 개념이다. 그러다 보니 조부모가 손자녀에게 증여하는 경우에도 직계비속 증여재산공제가 적용될 수 있다. 다만, 증여받은 사람이 증여자의 자녀가 아닌 직계비속인 경우에는 증여세산출세액의 30%(미성년자인 경우로서 증여재산이 20억 원을 초과하면 40%)를 할증 과세한다는데 유의하여야 한다.

[참고] 상속세 과세체계 합리화를 위한 유산취득세 도입 방안(2025. 3. 12. 기획재정부 보도자료)

<table>
<tr><td>보도자료</td><td>이 자료는 2025년 3월 12일(수) 11:30부터 보도하여 주시기 바랍니다.</td></tr>
</table>

상속세 과세체계 합리화를 위한

유산취득세 도입 방안

2025. 3. 12.

기 획 재 정 부

순 서

Ⅰ. 추진배경

1 상속세 과세방식

□ (과세방식 분류) 유산세와 유산취득세 방식으로 구분

ㅇ (유산세) 사망자(피상속인)의 전체 유산을 기준으로 과세

- 전체 유산 규모만 파악하면 과세가 가능하므로 집행 용이

- 각자 받은 재산에 관계없이 내야할 전체 세금이 결정

ㅇ (유산취득세) 상속인들이 취득한 각 상속재산별로 과세

- 각자 받은 재산에 따라 세금이 결정되어 과세형평 개선

- 상속인별 유산취득 현황 파악, 과세정보 관리 등 행정부담 추가

유산세(현행)	유산취득세(개정)
피상속인의 전체 상속재산	**피상속인의 전체 상속재산**
(-) 일괄공제 등	상속인별 상속취득재산 / 상속인별 상속취득재산
상속세 과세표준	(-) 상속인별 공제 / (-) 상속인별 공제
(×) 세율	상속인별 과표 / 상속인별 과표
상속세 세액	(×) 세율 / (×) 세율
상속인별 납부세액 / 상속인별 납부세액	**상속인별 세액** / **상속인별 세액**

□ (각국 동향) 상속세가 있는 OECD 국가 대부분 유산취득세 채택

  * **(유산세)** 한국, 미국, 영국, 덴마크 / **(유산취득세)** 일본, 프랑스, 독일 등 **20개국**

ㅇ OECD, IMF는 유산취득세가 상속인 특성을 반영하고, 부의 분산을 유도할 수 있으므로 형평 측면에서 바람직하다고 평가

---

* OECD, 「Inheritance Taxation in OECD countries, '21.5.」
"Inheritance tax may be more equitable than estate tax …(중략) may encourage the division of estates and further reduce concentrations of wealth"

* IMF, 「How to tax wealth, '24.5.」
"In terms of equity outcomes, an inheritance tax is preferable to an estate tax, because it is directly linked to the wealth inequality after the transfer"

2 유산취득세 전환 필요성

1 받은 만큼 세금을 부담함으로써 과세형평 제고

○ 물려받은 유산 크기가 같다면 세금도 같은 것이 형평에 부합

○ 현 제도는 사망자의 전체 유산을 기준으로 상속세 과세
→ 각 상속인이 받은 유산에 비해 높은 세율 적용(과도한 누진과세)

 * 예) 자녀 1인 가구 상속재산 10억원 vs 자녀 5인 가구 상속재산 50억원(각각 10억원)
 각자 받은 유산은 동일(10억원)해도 5인 가구 각 자녀가 약 4배 더 상속세 부담

⇒ 상속인이 받은 만큼 세금을 내도록 개편하여 세부담 형평 개선

2 납세자별로 공제를 적용하여 공제의 실효성 개선

○ 각 상속인에게 부여된 공제는 각자가 혜택을 받는 것이 타당

○ 현재는 전체 유산에서 상속인들이 받는 공제 합계를 일괄 차감
→ 특정 상속인의 공제를 다른 상속인들이 수혜 가능(공제효과 이전)

 * 예) 장애인 공제 효과를 다른 상속인도 함께 받아 장애인 지원 실효성 저하

⇒ 상속인별 받은 유산에서 공제를 적용함으로써 공제 실효성 개선

3 상속과 증여간 과세기준 일치로 과세범위 합리화

○ 자산 무상이전인 '증여'와 '상속(마지막 증여)'은 동일 방식 과세가 합리적

○ 증여세는 받는 자(수증자)가 받은 재산(10년간 받은 재산 합산)에 과세,
상속세는 주는 자(피상속인) 입장에서 피상속인이 상속인 외에
제3자에게 생전 증여한 재산도 모두 합산하여 과세

→ 상속인은 유산 외에 제3자가 받은 재산에 대한 세금도 부담*

 * 창업자인 피상속인이 임직원에게 생전 증여한 재산도 상속세 계산시 합산과세

⇒ 상속도 증여와 같이, 취득자 기준으로 자기가 받은 재산(유산
+사전증여재산)만 과세함으로써 세부담 합리화

【참고1】 상속세 개편 설문조사 결과

* (2.26~3.5) 일반국민(10,000명) 및 전문가(34명) 대상 온라인 · 대면 설문조사 실시

□ 일반국민 · 조세전문가 중 상당수가 현행 상속세 제도 개편과 유산취득세로의 전환 필요성에 동의

○ **(상속세 개편)** 일반국민은 82.3%, 전문가는 85.3%의 응답자가 상속세 제도의 개편이 필요하다고 응답

○ **(유산취득세 전환)** 일반국민은 71.5%, 전문가는 79.4%의 응답자가 유산취득세로의 전환이 필요하다고 응답

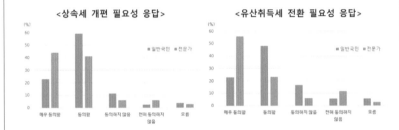

<상속세 개편 필요성 응답>   <유산취득세 전환 필요성 응답>

【참고2】 '00~'23년간 상속세 세수 및 과세자 수 추이

□ 국세수입 중 상속세수 비중은 5.1배('00 0.48% → '23 2.48%) 증가

○ 과세자 인원은 14.4배('00 0.14만명 → '23 1.99만명), 과세자 비율은 10.4배('00 0.66% → '23 6.82%) 증가

<상속세 세수(단위: 조원)>

구 분	'00	'10	'15	'20	'21	'22	'23
국 세(A)	92.9	177.7	217.9	285.5	344.1	395.9	344.1
상속세(B)	0.4	1.2	1.9	3.9	6.9	7.6	8.5
비중(B/A)	0.5%	0.7%	0.9%	1.4%	2.0%	1.9%	2.5%

<과세자 비율(단위: 만명)>

구 분	'00	'10	'15	'20	'21	'22	'23
결정인원(A)	21.2	32.5	32.4	35.2	34.4	34.8	29.3
과세인원(B)	0.14	0.45	0.66	1.02	1.27	1.58	1.99
비율(B/A)	0.7%	1.4%	2.0%	2.9%	3.7%	4.5%	6.8%

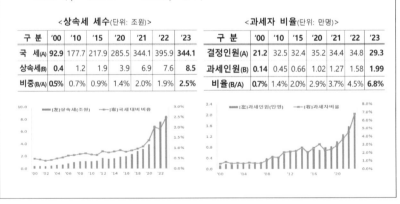

Ⅱ. 유산취득세 전환 방안

유산취득세 개편·추진 기본원칙

◎ 최고세율 인하 등은 유산취득세 전환과 별개로 사회적 합의 등을 바탕으로 별도 검토

① 유산취득세 전환을 위해 반드시 필요한 제도 중심으로 개편

▶ 과세방식을 전체 유산 → 각 상속인별 취득 유산으로 변경

▶ 과세대상(국내-해외 재산)을 유산취득세 전환에 맞게 조정

▶ 세액공제, 부과방식 등 기본 체계는 현행 유지

② 자녀, 배우자 등에 대한 인적공제의 실효성 강화

▶ 자녀 등: 현행 일괄공제 수준 등을 고려한 기본공제 현실화

▶ 배우자: 받은 재산만큼 공제받을 수 있도록 제도 합리화

▶ 일률 적용되는 기초공제와 일괄공제는 인적공제로 흡수

③ 가업상속공제, 금융재산공제 등 물적공제 현행 혜택 유지

▶ 현행 제도에서의 혜택을 그대로 받도록 설계

④ 납세 편의 고려

▶ 상속인들이 각자 신고하거나 공동으로 신고도 가능

▶ 신고기한(6개월) 이후 별도 상속재산 분할기한(9개월) 설정

⑤ 조세회피 방지 및 과세행정 효율성 고려

▶ 위장분할, 우회상속 등에 대한 조세회피 대응 방안 마련

▶ 과세관할(납세지)은 피상속인 주소지로 단일화(현행 유지)

1 과세방식 및 과세대상

(1) 과세방식

☐ **(현행)** 피상속인(사망자)의 전체 상속재산을 기준으로 과세

☐ **(개정)** 상속인이 취득하는 상속재산(상속취득재산) 기준으로 개편

(2) 납세의무

☐ **(현행)** 전체 상속세를 상속인·수유자* 간 연대납세(각자 받는 상속재산 한도)

> * 상속인이 아니면서 유언 등에 따라 상속재산을 취득하는 자

☐ **(개정)** 각자의 상속세에 대한 납세의무를 부담하되, 상속인 간에는 조세채권 확보가 어려운 경우 등 제한적으로 연대납세의무 부과

(3) 과세대상

☐ **(현행)** 피상속인 기준만으로 판단

○ 피상속인이 거주자인 경우 전세계 상속재산 과세, 비거주자인 경우 국내 소재 재산만 과세

☐ **(개정)** 피상속인 및 상속인 기준을 종합하여 판단

○ 피상속인 또는 상속인이 거주자인 경우 전세계 상속재산 과세, 모두 비거주자면 국내 소재 재산만 과세 → 現 증여세 체계와 동일

○ 다만, 상속인 또는 피상속인이 외국 국적자로 국내 단기 거주*한 거주자인 경우 국내 소재 재산만 과세("예외 허용")

> * 상속개시일 이전 10년 동안 국내에 주소·거소를 둔 기간 합계가 5년 이하

< 현 행 >

피상속인 / 상속인	거주자	비거주자
거주자	전세계 상속재산	국내 소재 상속재산
비거주자	전세계 상속재산	국내 소재 상속재산

⇒

< 개 정 >

피상속인 / 상속인	거주자	비거주자*
거주자	전세계 상속재산	전세계 상속재산
비거주자*	전세계 상속재산	국내 소재 상속재산

> * 단기 거주 외국인 포함

[4] 사전증여재산

□ **(현행)** 피상속인이 생전에 증여한 재산(사전증여재산)도 상속 재산에 합산하여 상속세 과세(→ 누진 과세 적용)

○ 상속인은 피상속인 사망전 **10년**(증여세 합산기간과 동일)까지, 수유자 등은 **5년전***까지 사전증여재산 합산

* 5년으로 제한한 것은 합산으로 인한 상속인의 과도한 상속세부담 경감 취지

→ 생전 제3자 증여(예: 기부)도 상속재산에 합산되어 상속인이 받지도 않은 재산에 상속세 부담

□ **(개정)** 각자 받은 사전증여재산만 각자의 상속세 계산시 합산

○ 상속인·수유자 동일 기간(10년) 합산 → 증여세 합산기간과 같아짐

○ 그 외 제3자는 상속세 과세 없음 → 기부과된 증여세로 종결

	현 행	개 정
상속인	**10년** 이내 증여받은 재산	**10년** 이내 증여받은 재산˙
수유자	**5년** 이내 증여받은 재산	
그 외	**5년** 이내 증여받은 재산	**불필요(증여세 부과로 종결)**

※ (경과조치) 법시행 전 이미 5년이 경과한 수유자의 사전증여재산은 합산에서 제외

< 관련 해외제도 >

▪ 사전증여재산 합산기간: 독일(10년), 프랑스(15년) / 상속인·수유자의 합산기간 동일

◆ 【사례】 A기업 창업주는 사망 전 임직원에게 25억원 기부, 자녀(1인)에 15억원 상속

	현 행	개 정
과세대상	40억원 (상속재산 15억원 + 사전증여재산 25억원)	15억원
공제	5억원(가정)	
과세표준	35억원(공제: 5억원 차감후)	10억원
세율	50% 세율 구간	30% 세율 구간

2 인적 공제제도

◇ 현행과 달리 유산취득세는 인적공제 효과를 당사자가 직접 받을 수 있으므로 상속인의 개별 인적 특성을 고려하여 제도 재설계

- (유산세) 모든 공제액을 합산하여 피상속인의 상속재산에서 차감하므로 특정 상속인 대상 공제의 효과가 다른 상속인에게 영향
- (유산취득세) 상속인별 각자의 상속취득재산에 각자의 공제액 차감

○ 피상속인의 상속재산에서 일률 차감하는 일괄공제·기초공제를 인적공제로 흡수

○ 자녀공제 등을 현 일괄공제 수준을 고려하여 상향하고, 추가공제 (미성년, 장애인, 연로자) 실효성 강화

○ 배우자공제는 배우자가 받은 재산만큼 공제받도록 제도 합리화

○ 현행 인적공제 최소금액을 고려하여 인적공제 최저한 설정

---

① 자녀 등에 대한 공제 개편

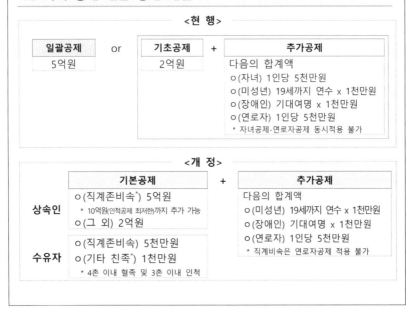

<현 행>

일괄공제	or	기초공제	+	추가공제
5억원		2억원		다음의 합계액 ○(자녀) 1인당 5천만원 ○(미성년) 19세까지 연수 x 1천만원 ○(장애인) 기대여명 x 1천만원 ○(연로자) 1인당 5천만원 * 자녀공제-연로자공제 동시적용 불가

<개 정>

	기본공제	+	추가공제
상속인	○(직계존비속*) 5억원 　* 10억원(인적공제 최저한)까지 추가 가능 ○(그 외) 2억원		다음의 합계액 ○(미성년) 19세까지 연수 x 1천만원 ○(장애인) 기대여명 x 1천만원 ○(연로자) 1인당 5천만원 * 직계비속은 연로자공제 적용 불가
수유자	○(직계존비속) 5천만원 ○(기타 친족*) 1천만원 　* 4촌 이내 혈족 및 3촌 이내 인척		

□ **(현행)** 자녀공제 대신 **대부분 일괄공제**(총 5억원) 적용

○ **기초·자녀공제** 합계와 **일괄공제**(5억원) 중 큰 금액을 공제하나, **자녀공제**(1인당 5천만원)가 **매우 적어 대부분 일괄공제** 적용
  → 자녀 수가 1명이든 6명이든 공제액 동일*

  * '일괄공제 5억원' = '기초공제 2억원 + 자녀공제 0.5억원 x 6인'

○ 또한, 일괄공제 선택에 따라 **미성년·장애인·연로자**에 대한 추가 공제 적용도 **매우 저조***

  * 적용 비율: (미성년자 공제) 0.3%, (장애인 공제) 3.0%, (연로자 공제) 0.4%

□ **(개정)** 일괄공제 및 기초공제를 자녀 등 **상속인별 공제로 흡수**

○ **(기본공제)** 상속인·수유자별로 공제액 규정

  - 피상속인과의 **친소관계**(생계보장 필요 정도) 등 고려

  ・**(상속인)** 직계존비속(예: 자녀) **5억원**, 기타 상속인(예: 형제) **2억원**

  * 자녀인 상속인은 각자 현행 일괄공제(5억원) 만큼 받도록 상향
    기타 상속인은 기초공제(2억원) 수준

  ・**(수유자)** 직계존비속 **5천만원**, 기타 친족 **1천만원**

  * 現 증여공제 수준과 동일(직계존비속 5천만원/4촌이내 혈족 등 1천만원)
  ※ 현행에서는 수유자에 대해 사실상 인적공제 배제

○ **(추가공제)** 자녀공제 등 상속인별 공제 개편으로 제도 실효성 강화

◆ 【사례】 미성년자 자녀 2인이 상속받는 경우

		현 행	개 정
자녀A	14세	일괄공제 5억원	기본공제 5억원 + 추가공제 0.5억원* * 미성년자 공제 5년 x 0.1억원
자녀B	9세		기본공제 5억원 + 추가공제 1억원* * 미성년자 공제 10년 x 0.1억원
합계		5억원	11.5억원

② 배우자공제 합리화

현 행	개 정
(기본) 배우자 실제 상속분	(기본) 배우자 실제 상속분
(최저) 5억원(배우자 상속이 없어도 공제)	**10억원까지 법정상속분 초과도 인정**
(최대 한도) min(법정상속분, 30억원)	(최대 한도) min(법정상속분, 30억원)

☐ **(현행)** 배우자가 실제 상속받은 금액과 관계 없이 피상속인의 전체 상속재산에서 5억원 전액 공제

☐ **(개정)** 배우자가 받은 상속재산이 10억원 이하인 경우 법정상속분과 관계없이 전액 공제

　→ 배우자가 상속받은 만큼 배우자의 상속세 경감

◆ 【사례】 배우자+자녀 3인 가구, 상속재산: 18억원*
　　　　* 법정상속분= 배우자 6억원 + 자녀 3인 각각 4억원

「상황1」	실제 상속재산	공제액	
		현 행	개 정
배우자	9억원	**배우자공제 6억원*** * 5억원 초과시 법정상속분 한도 일괄공제 5억원	**배우자공제 9억원**
자녀A	3억원		기본공제 3억원
자녀B	3억원		기본공제 3억원
자녀C	3억원		기본공제 3억원
합계	18억원	11억원	18억원

③ 인적공제 최저한 설정

□ **(현행)** 배우자, 자녀 등이 상속받는 경우 통상 전체 상속재산 10억원*까지는 인적공제가 적용되어 상속세가 과세되지 않음 → 일종의 면세점 기능

  * 10억원 = 배우자공제 최소공제액 5억원 + 일괄공제 5억원

□ **(개정)** 현행 면세점 수준을 고려하여 인적공제 최저한을 10억원 (모든 상속인·수유자의 공제합계 기준)으로 설정

○ 인적공제 합계가 10억원 미만인 경우 그 미달액을 직계존비속인 상속인에게 추가 공제 적용

◆【사례】배우자+자녀 1인 가구, 상속재산: 10억원

	실제 상속재산	공제액	
		현 행	개 정
배우자	3억원	배우자공제 5억원 일괄공제 5억원	배우자공제 3억원
자녀A	7억원		기본공제 5억원 + 최저한 추가 공제 2억원*
합계	10억원	10억원	10억원

  * 인적공제 합계액 8억원(= 배우자공제 3억원 + 기본공제(자녀) 5억원) < 10억원
    → 미달액인 2억원(=10억원-8억원)을 자녀A에게 추가 공제

④ 비거주자 등에 대한 인적공제*

  * 피상속인과 상속인이 모두 비거주자인 경우

□ **(현행)** 기초공제(2억원)만 허용

  ※ 비거주자는 국내 소재 상속취득재산에 한정하여 제한적 납세의무를 지는 점 고려

□ **(개정)** 인별 공제액 설정(현행 공제수준, 피상속인과 친소관계 등 고려)

○ (상속인) 배우자 2억원, 그 외 1억원

○ (수유자*) 1천만원   * 4촌 이내 혈족 및 3촌 이내 인척 한정

3 　물적 공제제도

◇ 가업상속공제 등 물적공제는 피상속인이 보유한 재산의 특성
(가업, 영농, 금융 등)에 기반한 공제항목

→ 해당 재산을 취득하는 상속인에게는 현행 공제혜택 유지

① 가업상속공제

□ **(현행)** 10년 이상 계속하여 경영한 중소·중견기업 상속시, 가업
상속 재산가액에 상당하는 금액 공제

○ 공제한도는 가업상속공제 300~600억원[*]

　　* 경영기간: (10~20년) 300억원 / (20~30년) 400억원 / (30년 이상) 600억원

□ **(개정)** 현행과 같이 가업을 승계하는 상속인에 적용

　　※ 공동 승계시 가업재산 비율로 한도 안분하되 상속인간 협의한 한도도 인정

◆ **【사례】** 자녀 2인, 상속재산 1,200억원(가업재산 600억원, 가업외재산 600억원)
　　※ 30년이상 경영한 기업: 총 한도 600억원

　　< 상황: 자녀A 가업재산 취득 가업승계, 자녀B 가업외재산 취득 >

(단위: 억원)	실제 상속재산			현 행		개 정	
	가업	가업외	계	공제한도	공제액	공제한도	공제액
자녀A	600	-	600	600	600	600	600
자녀B		600	600			-	-
합 계	600	600	1,200	600	600	600	600

　　※ 영농상속공제도 같은 방식으로 적용

② 기타 물적공제

□ **(현행)** 금융재산공제, 동거주택상속공제 등 운영 중

□ **(개정)** 현행과 같이 적용　※ 상속인 2인 이상 해당시 인별 안분

◇ 현행 납세절차의 기본틀을 유지하는 가운데, 상속재산의 분할 관련 별도의 분할기한 설정

□ **(신고의무)** 각 상속인 및 수유자가 각자 신고하되 공동신고도 허용

□ **(과세관할)** 피상속인 기준*으로 과세관할을 결정하는 현행 제도 유지

    * 피상속인의 주소지(거소지)가 국내: 주소지(거소지) 관할 세무서장
                     〃   국외: 주된 국내 상속재산 소재지 관할 세무서장

□ **(신고기한)** 상속개시 후 6개월 이내   ※ 현행과 동일

□ **(분할기한)** 신고기한 후 9개월내 분할 허용

    ※ 현행 배우자 상속재산 분할기한인 9개월과 동일기간 적용

○ 신고기한 내 상속재산 분할을 완료하지 못했더라도 법정상속분에 따라 분할된 것으로 하여 신고 후 재산분할 확정시 수정 허용

    ※ 수정신고 등에 따른 가산세 면제

○ 소송 등 특별한 사정없이 분할을 지연하여 분할기한을 도과한 경우 법정상속 비율에 따라 과세(이후 분할시 별도의 증여로 의제)

상속재산 분할기한

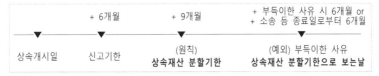

□ **(납부)** 분납, 연부연납, 물납 등 납부절차는 현행과 같이 운영

5 조세회피 대응

◇ 유산취득세 전환 시 발생할 수 있는 **조세회피를 방지하기 위해 위장분할, 우회상속** 등에 대한 **대응방안 마련**

　ㅇ 처분재산의 사용처 불분명시 **상속재산으로 추정하는 현행 제도 등 유지**

　※ 위장분할, 우회상속이 있는 경우 그와 관련된 자들 간 연대납세 적용

① 위장분할에 대한 부과제척기간 보완

□ **(현행)** 상속세의 경우 10년, 허위·누락신고 등 부정행위 15년

□ **(개정)** 위장분할*이 있는 경우 부과제척기간 10년 → 15년 연장

　* 상속취득재산의 명의자와 사실상의 귀속되는 자가 다르게 분할하여 상속세 과세표준과 세액을 거짓으로 신고한 경우

② 우회상속 비교과세 특례 신설

□ 우회상속 결과, 실제 상속세 부담이 줄어드는 경우 **추가 과세***

　* 피상속인의 특수관계인이 **상속받은 재산을 다른 상속인에게 증여**한 경우, **피상속인이 해당 상속인에게 직접 상속**한 경우와 비교하여 감소액 과세

　ㅇ **(대상)** 상속재산 30억원 이상 / **(기간)** 상속개시후 5년내 증여

　※ 현행 고액상속자 사후관리 기준(상속재산 30억원 이상, 상속후 5년내) 고려

③ 영리법인을 활용한 상속에 대한 과세방식 합리화

□ **(현행)** 영리법인에 피상속인이 유증시, 그 법인의 주주인 상속인 (상속인의 직계비속 포함)에게 **상속세 과세**

□ **(개정)** 특정법인*에 피상속인(지배주주와 특수관계)이 유증시, 그 법인의 지배주주등이 상속재산으로 취득한 것으로 보아 **상속세 과세**

　* 지배주주등(지배주주 및 그 친족)의 직·간접 주식보유비율이 30% 이상인 영리법인

Ⅲ. 시행시기 및 향후 추진계획

□ **(시행시기)** '28년 시행 ('25년 법률안 국회 통과 전제)

□ **(향후 추진계획)**

  ○ **('25년)** 입법예고, 공청회 등 의견수렴을 거쳐 법률안 국회 제출

   - (3월) 「상속세 및 증여세법」 등 관련 법률안 입법예고

   - (4월) 공청회

   - (5월) 법률안 제출

  ○ **('26~'27년)** 유산취득 과세 집행시스템 마련 및 보완 입법

Q 48

증여재산공제의 이모저모

증여세 계산에 있어 증여세 과세표준 계산 시 증여재산에서 공제하는 증여재산공제는 다음과 같다.

수증자	증여재산공제
1. 배우자	6억 원
2. 직계존속	5천만 원
3. 직계비속	5천만 원(미성년자*는 2천만 원)
4. 친인척	1천만 원

* 미성년자는 성년에 이르지 않은 자로서 만 19세 미만인 자를 의미함

이 경우 증여받은 자를 기준으로 증여받기 전 10년 이내에 증여재산공제를 받은 금액과 해당 증여에서 받은 잔여 공제액이 한도를 초과하면 초과 부분은 공제하지 않는다. 즉, 증여받는 자는 10년을 주기(週期)로 증여재산공제를 다시 받을 수 있다는 뜻이다. 이와 관련하여 자세히 살펴보자.

10년 이내에 동일인에게 재차 증여를 받은 경우

증여세는 증여를 받는 자가 신고·납부하는 세금이므로, 여러 사람에게서 각각 증여를 받았다면 그 각각의 증여에 대해 증여세를 신고·납부하면 된다. 그런데 10년 이내에 동일인에게서 2회 이상 증여를 받으면 이전 증여분을 합산해 정산해야 한다. 이때 주의할 것은 동일인이 직계존속이면 그의 배우자도 동일인으로 간주한다는 점이다.

아버지가 한번 증여했는데 그다음에 어머니가 증여하면 각각 증여세를 계산하는 것이 아니라, 재차 증여로 보아 합산해서 정산한다. 다만, 증여일 전에 증여자 1인이 사망한 경우에는 그 사망한 자로부터 생전에 증여받은 재산은 합산과세가 되지 않는다.

증여재산공제의 적용

증여재산공제는 증여받는 자가 배우자이면 6억 원, 직계존비속은 5천만 원(미성년자는 2천만 원), 친인척은 1천만 원을 증여재산에서 공제할 수 있는데 증여받는 사람을 기준으로 10년에 딱 한 번씩만 받을 수 있다.

예를 들어, 아버지가 자녀에게 1억 원을 증여하고, 자녀가 증여재산공제 5천만 원을 받아 증여세를 신고했다고 가정하자. 이후에 그 자녀가 10년 이내에 할머니에게서 1억 원을 증여받게 되면 아버지에게 증여받은 재산에 대해 증여재산공제를 이미 한 번 사용했기 때문에 할머니에게 증여받은 재산 1억 원에 대해서는 증여재산공제 없이 증여세를 계산해야 한다.

만일 할머니가 아니라 어머니에게 1억 원을 증여받았다면 어떻게 될까? 그러면 동일인(부모)에게 재차 증여를 받은 것이 되기 때문에 아버지 1억 원, 어머니 1억 원, 총 2억 원의 증여재산가액으로 합산하고 증여재산공제 5천만 원을 적용해 증여세산출세액을 정산한다. 그런 다음 당초 아버지에게 증여받았을 때 산출된 증여세를 공제하면 된다. 이 사례에서 상황별 증여세의 계산을 표로 나타내면 다음과 같다.

상 황	당초 증여	10년 이내	10년 이내
증여자	아버지	상황 ① 할머니	상황 ② 어머니
증여재산가액	100,000,000	100,000,000	100,000,000
−채무액	−	−	−
+10년 이내 증여재산가산	−	−	100,000,000
=증여세 과세가액	100,000,000	100,000,000	200,000,000
−증여재산공제	50,000,000	−	50,000,000
=증여세 과세표준	50,000,000	100,000,000	150,000,000
×세율	10%	10%	20%
=증여세산출세액	5,000,000	10,000,000	20,000,000
+세대생략 할증세액*	−	3,000,000	−
−신고세액공제**	150,000	390,000	600,000
−납부세액공제	−	−	4,850,000
=자진납부세액	4,850,000	12,610,000	14,550,000

* 증여를 받는 자가 증여자의 자녀가 아니라 손자녀인 경우에는 증여세산출세액에 30%(미성년자인 경우로서 증여재산이 20억 원을 초과할 때는 40%)를 할증과세한다. 이를 '세대생략 할증과세'라 한다.
** 상속세 및 증여세를 신고기한 내에 신고하면 산출세액(할증세액 포함)의 3% 상당액을 신고세액공제 한다.

신설된 혼인·출산 증여재산공제는 무엇일까?

2024년에 자녀의 혼인과 출산에 대해 기본공제 외에 추가로 증여재산공제를 받을 수 있는 「혼인·출산 증여재산공제」 규정이 신설되었다. 이는 혼인과 출산에 따른 재정적인 부담을 덜어주는 제도로서 직계존속으로부터 증여받은 재산에 대하여 추가로 최대 1억 원까지 공제받을 수 있는 제도이다.

혼인공제

자녀가 직계존속(부모 또는 조부모)로부터 혼인일 전후 2년 이내에 증여받은 경우 일반증여로 받은 증여재산공제와 별도로 1억 원을 증여세 과세가액에서 공제한다. 이 경우 혼인일은 「가족관계등록 등에 관한 법률」에 따른 혼인관계증명서상 신고일을 기준으로 하며, 해당 증여세 과세가액에서 공제받을 금액과 이미 혼인 증여로 공제받은 금액을 합한 금액은 1억 원을 한도로 공제한다. 혼인공제는 2024년 1월 1일 이후 증여받은 재산에 한하여 적용한다.

해당 규정은 2024년에 신설되었고 2024년 1월 1일 이후 증여받은 분부터 적용되므로 해당 규정의 신설 전에 혼인을 했더라도 혼인일 전후 2년 이내에 증여를 하는 경우로서 2024년 이후 증여를 하였다면 혼인공제를 적용받을 수 있다. 예를 들어 2023년 5월에 혼인한 자녀가 있는 경우 2024년 1월 1일부터 혼인일인 2023년 5월의 2년 후인 2025년 5월까지 증여를 하였다면 최대 1억 원의 혼인공제를 적용받을 수 있다.

출산공제

자녀가 직계존속(부모 또는 조부모)로부터 자녀의 출생일 또는 입양일부터 2년 이내 증여를 받는 경우 일반증여로 받은 증여재산공제와 별도로 1억 원을 증여세 과세가액에서 공제한다. 이 경우 출생일은 「가족관계등록 등에 관한 법률」에 따른 출생신고서상 출생일을, 입양일은 「가족관계등록 등에 관한 법률」에 따른 입양신고일을 기준으로 한다.

또한 해당 증여세 과세가액에서 공제받을 금액과 이미 출산 증여로 공제받은 금액을 합한 금액이 1억 원을 초과하는 경우 그 초과하는 부분은 공제하지 않는다.

또한 혼인공제와 출산공제는 각각 1억 원을 한도로 공제가 되는 것이 아니라 혼인공제와 출산공제를 합하여 1억 원을 한도로 하는 것에 주의하여야 한다.

혼인을 앞둔 자녀가 있는 경우 양가에서 각각의 자녀에게 증여를 하는 경우 기본공제 5천 만원과 혼인공제 1억 원까지 받을 수 있으므로 각각 1.5억 원씩 총 3억 원에 대하여 증여세 없이 증여할 수 있으므로 이를 적극적으로 이용하는 경우 증여세를 절세할 수 있다.

혼인·출산 증여재산공제가 적용되지 않는 경우

혼인 · 출산 증여재산공제는 모든 재산의 증여에 대해 적용하는 것이 아니라 적용이 배제되는 증여가 있다. 대표적으로 특수관계자 간 저가양도를 하여 매수자에게 증여세가 과세되는 경우 또는 특수관계자에게 빌린 돈을 면제함으로써 얻게되는 채무면제이익에 대한 증여 등은 혼인 · 출산 증여재산공제가 적용되지 않는다.

🗐 **혼인 · 출산 증여재산공제가 적용되지 않는 증여재산**

- 보험을 이용한 증여행위
- 저가 또는 고가매매에 따라 얻은 이익
- 채무면제 또는 변제를 받아 얻은 이익
- 부동산을 무상으로 사용하여 얻은 이익
- 금전을 무이자 또는 저리로 대출받아서 얻은 이익

- 재산을 자력으로 취득한 것으로 보기 어려운 자가 취득자금을 증여받아 얻은 이익
- 재산의 실제 소유자와 명의자가 다를 때 명의자에게 증여한 것으로 보는 경우

2년 이내 혼인신고를 하지 않거나 혼인이 무효되는 경우

　　　　　　　자녀가 혼인을 예정으로 미리 증여하고 혼인공제를 적용받은 후 약혼자의 사망이나 파혼 등으로 증여일로부터 2년 이내 혼인신고를 하지 못하게 되었거나 혼인이 무효가 되는 경우가 있을 수 있다.

　약혼자의 사망이나 민법상 파혼 사유가 발생한 경우 해당 사유가 발생한 달의 말일로부터 3개월 이내에 증여자(부모 또는 조부모)에게 반환하며 처음부터 증여는 없었던 것으로 본다. 다만, 반환하지 않는 경우 '결혼'이라는 공제 사유가 없어지는 것이므로 추가 세액을 납부해야 한다. 따라서 증여일로부터 2년이 되는 날이 속하는 달의 말일부터 3개월이 되는 날까지 수정신고(또는 기한 후 신고)를 하고 본세와 이자상당액을 납부해야 하는데, 이때는 무신고·과소신고·납부지연가산세 등은 일부 또는 전부 면제된다.

혼인·출산 증여재산공제 관련 몇 가지 Q&A

혼인 · 출산 증여재산공제가 2024년에 신설되다 보니 납세자들이 궁금해하는 내용이 많다. 이하에서는 몇 가지를 Q&A 형태로 다뤄보기로 한다.

첫째, 혼인도 하고 동시에 아이까지 출생하는 경우 각각 1억 원씩 총 2억 원이 공제되는가?

혼인공제와 출산공제의 중복 적용은 인정되지 않는다. 혼인과 출산 시 증여받은 금액을 합쳐서 1억 원까지 공제된다.

둘째, 증여받고 2년 이내 혼인신고를 했는데, 다시 이혼하는 경우 세금이 부과되는가?

이혼한 경우에도 혼인공제는 그대로 유지된다. 다만, 조세회피를 목적으로 증여받은 후 이혼한 것이 확인되는 경우 공제를 받을 수 없다.

셋째, 출산공제는 첫 아이만 적용되는가?

출산공제는 아이의 출산 순서와는 무관하게 적용되며, 첫째든 둘째든 자녀가 태어난 후 2년 이내만 증여가 이루어지면 된다.

넷째, 혼인신고를 하지 않은 사실혼 상태에서 출산한 경우에도 출산공제를 적용받을 수 있나?

미혼인 상태에서 자녀를 출산하거나 입양을 하더라도 출산공제 혜택을 받을 수 있다. 다만, 출생일이나 입양일 이후 2년 이내에 증여가 이루어져야 한다.

다섯째, 자녀가 출산을 해서 1억 원을 증여하려고 하는데, 출산한 자녀가 아닌 출생한 손자나 손녀에게 증여해도 공제의 대상이 되나?

해당 공제는 직계존속으로부터 '자녀'의 출생일 또는 입양일로부터 2년 이내 증여받는 경우만 적용이 된다. 따라서 수증자가 출생한 손자 또는 손녀인 경우 적용되지 않는다.

여섯째, 혼인이나 출산으로 증여받은 재산의 사용 범위가 따로 있나?

혼인이나 출산으로 증여받은 재산에 대한 사용에는 별도의 제한이 없다. 증여받은 재산을 주택 구입 · 전세금 지급 · 학자금 · 생활비 등 다양한 용도로 사용할 수 있다.

이민 간 자녀에게 증여하면
어떻게 될까?

비거주자에 대한 증여재산공제

앞서 '이민 간 자녀 등 비거주자에게 증여하면 증여자에게도 증여세 연대납세의무가 생겨 자녀의 증여세를 증여자가 대신 내줘도 괜찮다.'라고 밝힌 바 있다. 그렇다면 비거주자에게 증여하는 것이 무조건 좋기만 할까? 그렇지 않다.

배우자로부터 증여받는 경우에는 6억 원, 직계존비속으로부터 증여받는 경우에는 5천만 원(단, 미성년자가 직계존속으로부터 증여받는 경우 2천만 원), 그 외 6촌 이내 혈족 및 4촌 이내 인척으로부터 증여받는 경우에는 1천만 원의 증여재산공제가 적용되는데, 비거주자에게는 증여재산공제가 적용되지 않기 때문이다.

그러나 직계존비속 간 증여하는 경우로서 증여세 대납을 고려할 경우 여러 가지 양상이 나올 수 있다. 왜냐하면 거주자 자녀에게 증여하는 경우 증여재산공제는 가능하지만 증여세 대납 시 증여세 상당액이 재차 증여에 해당하는 반면, 비거주자 자녀에게 증여하는 경우 증여재산공제는 불가능하지만 증여세 대납 시 증여세 대납액이 재차 증여에 해당하지 않기 때문이다.

증여세 대납의 사례

어머니가 비거주자인 성인 자녀 A와 거주자인 성인 자녀 B에게 각각 5억 원씩 증여하고 증여세를 대납하는 경우와 대납을 하지 않는 경우의 증여세를 비교하여 보도록 하자(계산의 편의상 신고세액공제는 고려하지 아니한다).

구분	비거주자 A의 증여세	거주자 B의 증여세
증여재산가액	500,000,000	500,000,000
−증여재산공제	−	50,000,000
=과세표준	500,000,000	450,000,000
=증여세액	90,000,000	80,000,000
전액 대납 시 증여세	90,000,000	107,142,857

이 사례에서 보는 바와 같이 증여세 대납을 고려하지 않는다면 비거주자 A에 대해서는 증여재산공제가 적용되지 않아 9천만 원의 증여세가 발생하고, 거주자 B에 대해서는 증여재산공제 5천만 원이 적용되어 8천만 원의 증여세가 발생한다.

그러나 증여세를 대납하는 경우에는 비거주자 A에 대한 증여세의 경우 증여자가 연대납세의무를 부담하므로 대납을 하지 않는 경우와 동일한 9천만 원의 증여세가 발생한다. 반면, 거주자 B에 대한 증여세를 증여자가 대납하면 증여세도 증여재산으로 보아 증여세가 추가로 부과되기 때문에 17,142,857만 원의 증여세가 추가되어 총 107,142,857원의 증여세가 발생한다.

따라서 대납액을 고려한다면 비거주자 A에 대한 증여가 거주자 B에 대한 증여보다 유리하다.

Q 51

재산의 평가 규정을 이용해
절세하는 방법은?

↓

기준시가냐 감정가액이냐

상속세 또는 증여세 신고를 의뢰하는 분들 가운데 상당수는 상속·증여재산 중 부동산의 평가액을 정부가 고시한 기준시가에 따라 산정하는 것으로 알고 있다. 그러나 상속세 또는 증여세가 부과되는 재산의 가액은 상속개시일 또는 증여일 현재의 '시가'에 따른다.

시가는 불특정 다수 사이에서 자유롭게 거래가 이루어지는 경우에 성립된 가액이며, 이 시가가 확인되지 않을 때는 기준시가에 따르게 되어 있다. 그러다 보니 국토교통부에서 고시하는 아파트 혹은 오피스텔의 실제 거래가격이 시가를 확인할 때 중요한 역할을 한다. 다만, 단독주택이나 토지는 사실상 호가만 있지 시가를 확인하기 어렵기 때문에 실무상 기준시가에 따라 산정한다.

하지만 시가를 확인할 필요가 있을 때는 2인 이상의 감정평가업자(기준시가 10억 원 이하 부동산에 대해 하나의 감정평가도 인정)를 통해 시가감정을 받기도 한다. 세법은 상속개시일 전후 6개월 또는 증여일 전 6개월부터 이후 3개월 내의 매매가격, 감정가격, 수용가격, 공매가격을 시가로 보기 때문이다. 그렇다면 재산의 평가 규정을 이용해 절세하는 방법을 알아보자.

재산 가격이 급락한 경우

특정 사유로 가격이 급락한 재산을 증여함으로써 증여세를 절세할 수 있다. 왜냐하면, 증여재산의 평가는 증여일 현재의 시가로 하기 때문이다. 대표적으로 주식을 예로 들 수 있다. 회사는 우량하지만, 주식시장의 상황에 따라 가격이 낮을 때에 배우자 · 직계존비속에게 증여하면 증여세를 절세할 수 있다. 다만, 상장주식의 경우 시가는 증여일 현재 최종 거래가액이 아니라 평가 기준일 이전과 이후 각 2개월 간의 최종 시세 가액의 평균액으로 한다는데 유의하여야 한다.

재산의 가격 상승이 예상되는 경우

보유재산의 가격이 계속 오른다면 상속개시일 이전에 배우자 · 직계존비속에게 증여함으로써 증여세와 상속세를 절세할 수 있다. 가격이 오르기 전에 10년마다 한 번씩 증여재산공제 규정을 이용해 증여하면 증여세를 절세할 수 있다. 또한, 상속세 계산 시 상속개시일부터 10년 이내에 증여한 재산을 상속재산에 가산한다 해도 그 증여한 재산은 당초 증여일을 기준으로 평가하기 때문에 상속세도 절세할 수 있다.

감정평가를 이용한 양도소득세 절세

상속개시일 현재 상속재산의 시가가 불분명한 경우에는 필요에 따라 감정평가를 받아 양도소득세를 절세할 수 있다. 왜냐하면, 양도소득세 계산 시 상속으로 취득한 재산의 취득 가격은 상속개시일 현재의 평가액이기 때문이다. 단독주택, 일반상가 또는 토지 등 시가를 확인하기 어려운 부동산에 대해서 감정평가가 없으면 기준시가가 평가액이 되지만, 2인 이상의 감정평가업자(기준시가 10억 원 이하 부동산에 대해 하나의 감정평가도 인정)에게 감정을 받아 시가로 상속받은 것을 신고하면 추후 해당 단독주택, 일반상가 또는 토지 등을 양도할 때 취득가액이 높게 적용되어 양도소득세를 줄일 수 있다.

예를 들어, 상속개시일 현재 기준시가 3억 원, 시가 감정 시 5억 원인 일반상가가 있다고 가정하자. 2년 뒤 해당 상가를 6억 원에 양도했다. 이 경우 만약 제때 시가 감정을 받지 않았다면 상속개시일 현재의 기준시가를 해당 부동산의 취득가액으로 하기 때문에 양도차익은 3억 원으로 산출된다. 하지만 시가 감정을 받아두었다면 취득가액은 5억 원이 되어 양도차익이 1억 원으로 줄어들게 된다. 감정평가수수료는 법으로 정해져 있는 데다 그리 부담스러운 가격도 아니다. 그러니 상속이 발생하면 상속재산 평가를 기준시가로 할지 아니면 시가 감정을 받아야 할지 그 유불리에 대해 반드시 세무사와 상담할 것을 권한다.

평가 기간 경과 후 발생한 매매사례가액 등의 시가 인정 절차 도입

그런데 평가 기간 경과 후 발생한 매매사례가액 등의 시가 인정 절차가 세법에 도입됨에 따라, 재산의 평가 규정을 이용한 절세법의 검토가 매우 신중해졌다.

일반적으로 상속·증여재산의 시가는 상속의 경우 상속개시일 전후 6개월, 증여의 경우 증여일 전 6개월부터 이후 3개월까지의 평가 기간 내에 발생한 매매가액, 감정가액, 수용가액을 말한다. 그리고 평가 기간 전(과거)에 발생한 매매사례가액 등의 시가 인정 절차가 있었는데, 이는 평가 기간 전에 발생한 매매사례가액 등을 과세관청이 시가 인정신청을 하고 평가심의위원회의 심의를 거쳐 시가로 인정하는 제도이다.

그러나 2019년 세법이 개정되어 종전 제도에 적용 대상을 추가하여 평가 기간 이후(미래) 법정 결정기한까지, 즉 상속세는 신고기한부터 9개월, 증여세는 신고기한부터 6개월까지 발생한 매매사례가액 등을 시가로 인정할 수 있게 되었다. 이는 미래의 매매사례가액으로 과세될 수 있어 납세자 입장에서 예측가능성과 법적안정성을 현저히 떨어뜨리는 불안정한 규정이다. 하지만 상속과 증여 시 감정평가를 적극적으로 이용하면 세금도 줄이고 법적안정성도 확보할 수 있어 납세자는 다양한 방식을 검토하는 것이 중요하다.

2020년부터는 상속이나 증여 시 국세청에서 비주거용 부동산과 나대지에 대하여 감정평가 사업을 벌이고 있다. 납세자가 시가를 알 수 없는 비주거용 부동산과 나대지에 대해 기준시가로 신고한 경우 일정 요건에 해당하는 부동산에 대하여 국세청에서 소급하여 감정평가를 할 수 있게 상속세 및 증여세 사무처리 규정을 두고 있다.

국세청은 법률, 시행령, 시행규칙 외 내부적으로 업무지침인 사무처리 규정을 만들어 업무에 활용을 하고 있으며, 법원은 아니지만 국세청 내부에서 이를 근거로 업무 처리가 되므로 납세자 역시 중요한 규정으로 사료된다.

현재는 비주거용 부동산과 나대지로서 "추정시가와 보충적 평가액(기준시가 등)의 차이가 10억 원 이상" 또는 "추정시가와 보충적 평가액 차이의 비율이 10% 이상"인 경우 강제로 평가를 실시하고 있었는데, 2025년 1월 1일 이후부터 상속세 및 증여세 법정 결정기한(상속세: 법정 신고기한부터 9개월 이내, 증여세: 법정 신고기한부터 6개월 이내)이 도래하는 부동산부터는 "주택"도 포함되며, "추정시가와 보충적 평가액(기준시가 등)의 차이가 5억 원 이상" 또는 "추정시가와 보충적 평가액 차이의 비율이 10% 이상"인 경우로 그 범위가 확대된다.

따라서 2025년 이후부터 단독주택이나 상가 등이 상속이 되거나 이를 증여하는 경우 기준시가로 신고하기보다는 납세자 스스로 적극적인 감정평가를 하여 추후 기준시가 신고로 인하여 추징당하는 사례를 줄이도록 해야 할 것이다. 국세청 소급감정으로 추징되는 경우 과소신고가산세와 납부지연가산세는 부담하지 않고 본세만 부담하는 것으로 되어 있지만 국세청의 감정가액은 납세자가 하는 감정가액보다 훨씬 클 위험이 있어 자발적인 감정평가를 할 필요성이 대두된다.

[참고] 국세청 보도자료(2024. 12. 3.)

국세청
National Tax Service

보도참고자료

보도 시점 2024. 12. 3.(화) 12:00 배포 2024. 12. 3.(화) 10:00

부동산 감정평가 확대로
상속·증여세가 더욱 공정해집니다

- 초고가 아파트, 호화 단독주택도 감정평가 실시, 선정 기준 공개
- 감정가액으로 신고하면 감정평가 비용 공제되고 향후 양도세 줄어

□ 국세청은 강민수 국세청장 취임 이후 국세청 **본연의 업무인 공정한 과세**에 역량을 집중하여 덜 내거나 더 내지 않고 누구나 **정당한 몫의 세금을 부담**하도록 노력하고 있습니다.

○ 그 일환으로 상속·증여하는 부동산을 시가에 맞게 평가하여 과세하기 위해 **부동산 감정평가 대상을 추가**하고 **범위를 확대**할 예정입니다.

1 꼬마빌딩 감정평가 시행 배경 및 성과

□ 상속·증여재산은 시가(매매가·감정가 등)로 평가하는 것이 원칙이며, 예외적으로 시가를 산정하기 어려운 경우에 보충적 평가 방법(기준시가 등)을 이용합니다.

○ 상증세법은 국세청이 감정평가를 통해 시가를 산정할 수 있도록 규정하고 있으며, 이에 따라 '20년부터 꼬마빌딩* 감정평가 사업을 시행해 왔습니다.
  * 개별 기준시가가 공시되지 않는 중소규모의 건물(상가·사무실 등)

□ 국세청에서는 사업 시행 이후 4년간('20~'23년) 총 156억 원의 예산으로 기준시가로 신고한 꼬마빌딩 727건을 감정평가하여 신고가액(총 4.5조 원)보다 71% 높은 가격(총 7.7조 원)으로 과세하였습니다.

○ 또한, 꼬마빌딩을 상속·증여하면서 납세자가 스스로 감정평가하여 신고하는 비율이 큰 폭으로 증가('20년 9.0% → '24년 24.4%)하는 등 꼬마빌딩에 대해서는 시가에 근접하여 과세하는 비율이 늘어나고 있습니다.

2 감정평가 대상 추가 : 주거용 부동산

□ 최근 주거용 부동산의 거래 가격이 높아지면서 **일부 초고가 아파트 및 호화 단독** 주택의 공시가격이 매매가의 절반에도 미치지 못하는 사례가 발생하고 있습니다.

○ 또한, 초고가 아파트 및 호화 단독주택 등은 비교 대상 물건이 거의 없어 시가를 찾기 어렵다는 점에서 꼬마빌딩과 그 성격이 유사합니다.

< 주요 초고가 아파트 추정시가 및 공시가격 사례 >

아 파 트	전용면적	추정시가(①)	공시가격(②)	비율(②/①)
나인원한남	273㎡	220억	86억	39.1%
아크로리버파크	235㎡	180억	75억	41.7%
아크로서울포레스트	198㎡	145억	59억	40.7%

< 주요 호화 단독주택 추정시가 및 공시가격 사례 >

소 재 지	전용면적	추정시가(①)	공시가격(②)	비율(②/①)
강남 신사동	599㎡	180억	76억	
용산 한남동	1,257㎡	163억	68억	42%
강남 청담동	653㎡	130억	55억	

* 출처 : 국토부 실거래가 공개시스템(rt.molit.go.kr) 및 부동산 공시가격 알리미(realtyprice.kr)

○ 그럼에도 주거용 부동산은 감정평가 사업에서 제외되어 시가보다 훨씬 낮은 공시가격으로 **상속·증여가 가능**하며, 심지어 중형 아파트보다 대형 초고가 아파트의 증여세가 낮아지는 역전 현상이 발생할 우려가 있습니다.

< 초고가 아파트의 증여세가 적게 나오는 사례(예시) >

구 분	초고가 아파트	중형 아파트	
아파트	타워팰리스(도곡)	트리마제(성수)	래미안퍼스티지(반포)
전용면적	223.6㎡	84㎡	84㎡
기준시가	**37억**	25억	25억
시가	70억(추정)	**40억**	**43억**
증여세	**13.7억**	15.2억	16.7억

* 출처 : 국토부 실거래가 공개시스템(rt.molit.go.kr) 및 부동산 공시가격 알리미(realtyprice.kr)

□ 이에 국세청은 **실제 가치에 맞게 상속·증여세를 부담하도록** '25년부터 시가보다 현저히 낮은 가격으로 신고한 주거용 부동산 등을 감정평가 대상으로 추가할 예정입니다.

3 **감정평가 범위 확대 : 선정 기준 완화**

□ 국세청은 감정평가 사업의 대상과 선정 기준을 국세청 훈령인 「상속세 및 증여세 사무처리 규정」에 명시하고 있으며, **내년에는** 감정평가 범위를 확대하기 위해 **선정 기준도 낮출 예정**입니다.

○ **지금은** 신고가액이 국세청이 산정한 추정 시가[1]보다 **10억 원 이상 낮거나**, 차액의 비율[2]이 **10% 이상인 경우** 감정평가 대상으로 선정하고 있으며,

1) 5개 감정평가 법인에 추정 시가 산출 의뢰, 최고액과 최저액을 제외한 가액의 평균값으로 산정
2) [(추정 시가 − 신고가액) / 추정 시가]

○ **내년부터는** 신고가액이 추정 시가보다 **5억 원 이상 낮거나**, 차액의 비율이 10% 이상이면 감정평가하도록 범위를 확대합니다.

□ 국세청은 이러한 내용을 담은 「**상속세 및 증여세 사무처리 규정**」 개정안을 **행정 예고**하였으며, 20일간의 의견수렴을 거쳐 '25.1.1.부터 시행합니다.

○ 개정안의 **상세 내용**은 국세청 **홈페이지**에서 누구나 확인할 수 있으며,

* 국세청 누리집(nts.go.kr) → 알림·소식 → 고시·공고·행정예고 → 행정예고

○ **'25.1.1. 이후** 상속·증여세 법정 결정기한이 도래하는 부동산부터 개정 규정이 적용됩니다.

< 상속·증여세 신고기한 및 법정 결정기한 >

구 분	신고기한	법정 결정기한
상속세	상속개시일이 속하는 달의 말일부터 6개월	신고기한부터 9개월
증여세	증여받은 날이 속하는 달의 말일부터 3개월	신고기한부터 6개월

부모가 자식에게 몰래
부동산(또는 자금)을 주면 어떻게 될까?

증여추정

우리나라는 가족을 기준으로 하는 재산 보유의 개념이 강하다. 즉, 부모·자식은 재산을 공유하고 재산 증식도 함께하는 하나의 공동체로 생각하는 것이 일반적이다.

그러다 보니 경제적으로 여유 있는 부모는 자녀 명의로 부동산을 매입하기도 하고, 자녀에게 본인 소유의 부동산을 무상으로 이전해주기를 바라기도 한다.

재산취득자금 등의 증여추정

만일 부모가 자녀 명의로 부동산을 매입해주고 별도의 증여세 신고를 하지 않는다면 세무상 어떤 문제가 발생할까? 세법에는 '재산취득자금 등의 증여추정'이라는 규정이 있다. 이는 직업이나 연령 등에 비추어 재산을 자력으로 취득했다고 인정하기 어려운데도 재산을 취득했다면 해당 재산의 취득자금을 그 재산의 취득자가 증여받은 것으로 추정한다는 것이다. 이때 증여로 추정된 재산에 대해서는 증여세 문제가 발생한다.

물론 재산 취득자가 본인의 재력으로 재산을 취득했다는 것을 과세관청에 입증하면 재산취득자금 등의 증여추정 규정은 적용되지 않는다. 예를 들어 본인의 소득금액 신고 자료가 있거나 신고한 상속·증여재산이 있거나 보유재산을 처분한 대금이 있거나 대출을 받은 금전이 있는 경우 그것으로 소명하면 된다. 또한, 그 취득자금의 입증은 통상적으로 취득재산가액의 80%까지만 하면 된다.

그런데 실제로는 재산취득자금 소명 의뢰를 받으면 대부분은 제대로 소명하지 못하고 부모가 자녀에게 재산취득자금을 증여해 준 것을 시인하고 증여세를 부담한다. 따라서 부모가 자녀에게 부동산을 매입해주고 싶다면 자녀 부담의 대출을 이용하는 것이 바람직하다. 그런 다음 재산취득가액에서 대출금을 뺀 나머지 금액에 대해 증여세를 신고·납부하면 된다. 이때 그 대출금을 부모가 갚아주면 이 또한 증여에 해당하므로 대출금은 해당 재산을 매각할 때 갚는 것이 현명하다.

배우자와 직계존비속에게 양도한 재산의 증여추정

만일 자녀에게 본인 소유의 부동산을 무상으로 이전하면 세무상 어떤 문제가 발생할까? 증여로 등기를 한다면 증여세를 부담할 수 있다. 그런데 증여세의 부담이 클 때는 매매(양도)로 등기를 하고 싶어 하는데, 이는 이전하려는 재산이 1세대 1주택 양도소득세 비과세 규정을 적용받거나 해당 자산의 양도차익이 적어 양도소득세 부담이 적은 경우에 해당할 때이다. 그래서 일부 사람들은 증여가 아닌 매매로 자녀에게 부동산을 무상 이전해준다.

그런데 세법에는 '배우자 등에게 양도한 재산의 증여추정'이라는 규정이 있다. 이는 배우자 또는 직계존비속에게 양도한 재산은 양도자가 해당 재산을 양도한 때에 그 재산의 가액을 배우자 또는 직계존비속이 증여받은 것으로 추정한다는 의미이다. 따라서 양도소득세로 신고하려면 배우자 또는 직계존비속에게 대가를 지급받고 양도한 사실을 명백히 입증할 수 있어야만 한다.

실제 등기할 때도 매매대금 증빙이 필요하지만, 가장 매매 시 매매대금을 융통해서 매매거래 증빙을 만들기도 한다. 하지만 실제 매매대금이 오간 것이 아니고 가족 간 금전을 자전거래(自轉去來)한 것이라면 그런 증빙은 아무 의미가 없다. 자금 출처 조사를 받으면 매매대금의 출처를 입증해야 하고, 추후에 매매대금이 어디로 귀속되었는지도 조사 대상이 되기 때문이다.

그러다 보면 중간에 친인척을 개입시키는 경우가 종종 발생한다. 예를 들어 홍길동이 본인 자녀에게 고가의 부동산을 무상으로 이전해주려 하는데 증여세 부담이 크면, 홍길동이 친인척에게 그 부동산을 양도하는 형식을 취하고, 그 친인척이 다시 홍길동의 자녀에게 양도해주는 형식을 취한다. 이렇게 하면 매매(양도) 등기는 수월하게 할 수 있을지 모르지만, 추후에 각 거래에서의 매매대금을 입증하지 못하면 홍길동이 자녀에게 직접 증여한 것으로 추정되기 때문에 주의하여야 한다.

Q 53

부모가 자식에게 부동산을
싸게 팔면 어떻게 될까?

부모·자식 간, 배우자 간, 가까운 친인척 간에 부동산을 거래할 때도 특수관계가 없는 사람과 거래하듯 정상적으로 거래하면 세무상 아무런 제재 규정이 없다. 그러나 세금을 피하려고 특수관계인 간에 저가 거래를 하거나 우회 거래를 할 경우 일반인이 예상치 못하는 세금 문제가 추가로 발생한다.

가령, 자녀에게 돈을 받고 부동산을 이전하려고 하는데 양도소득세를 줄이려고 시세보다 낮은 금액으로 양도하면 어떻게 될까?

양도소득세 부당행위계산부인

세법은 특수관계인 간에 부당한 행위나 부당한 계산을 통해 세금 부담을 낮추면 더 큰 제재를 가한다. 시가보다 낮은 금액(시가의 5% 이상 차이*)으로 양도하면 양도차익이 줄어들기 때문에 언뜻 보면 양도자의 양도소득세가 적게 산출될 수 있다. 하지만 이 경우 양도소득세 부당행위계산부인 규정이 적용되어 양도자의 양도차익은 실제 거래가액(저가)이 아니라 '시가'를 양도가액으로 보아 계산해 양도소득세를 추징한다.

* 양도소득세 부당행위계산부인 요건=(시가-대가) ≥ min[시가×5%, 3억 원]

저가양수 시 증여 규정

그런데 이것으로 끝이 아니다. 자녀와 시가보다 30% 이상* 차이가 나는 가격으로 저가 거래를 했다면, 과세관청은 그 자녀에게 '저가양수 증여 규정'을 적용해 그 시세차액을 증여받았다고 보고 증여세를 추징한다.

* 저가양수 증여 규정 요건=(시가-대가) ≥ min[시가×30%, 3억 원]

양도소득 부당행위계산부인과 저가양수 시 증여 적용 사례

예를 들어 부모가 3억 원을 주고 취득한 주택의 시세가 6억 원이 되었다고 하자. 이 상가를 6억 원에 양도하면 양도차익 3억 원에 대한 양도소득세가 나올까 봐 부모는 자녀에게 4억 원에 매각하는 방식으로 거래했다면 어떻게 될까?

거래가액 4억 원은 시가 6억 원보다 낮기 때문에 과세관청은 우선 양도소득세 부당행위계산부인 규정을 적용해 양도가액을 시가 6억 원으로 보아 부모에게 양도소득세를 추징한다. 또한 저가로 주택을 매입한 자녀에게는 시가 6억 원의 70%인 4억 2천만 원과 거래가액 4억 원의 차액인 2천만 원을 증여받은 것으로 보아 증여세를 추징한다.

만약 정상적으로 그 자녀가 시가 6억 원에 주택을 매입했다면 매입가액이 6억 원이기 때문에 추후 7억 원에 주택을 양도할 때 양도차익 1억 원에 대해서만 양도소득세를 부담하면 된다. 당초 저가인 4억 원에 거래했기 때문에 저가로 매입함에 따라 과세되는 그 증여이익 상당액인 2천만 원을 취득가액에 가산하여 취득가액은 4.2억 원이 된다. 추후 7억 원에 주택을 양도하는 경우 그 양도차익은 2.8억 원이 되어 오히려 양도소득세 부담이 증가하게 된다.

이처럼 특수관계인 간에 저가 거래를 하면 ① 매도자는 부당행위계산부인에 따른 양도소득세 시가 과세 문제, ② 매수자는 저가양수에 따른 증여세 과세 문제, ③ 매수자가 시가 취득을 하지 않음에 따른 추후 양도소득세 과다 문제가 발생하므로 저가 거래는 신중하게 접근하여야 한다. 하지만 현실에서는 부모와 자식 간에 저가 양도·양수 거래를 많이 한다. 왜냐하면 저가 거래가 유리한 상황도 존재하기 때문이다.

부모·자식 간 매매 시 시가의 70%로 거래?

그런데 요즘 부모·자식 간 부동산 매매 시 시가의 70%로 하면 절세된다는 말이 종종 들려온다. 위에서 설명한 바와 같이 부모와 자식 간에 저가 거래를 하면 다양한 세법적 문제점이 존재한다고 했는데 왜 현실에서는 저가 거래를 하는 것일까?

특수관계자 간 저가 거래가 유리한 상황은 매도자인 부모가 "1세대 1주택 비과세"나 "일시적 2주택 비과세" 등이 적용되는 상황이다. 시가의 70% 정도로 거래하면 매수자인 자녀는 증여세가 줄어들고, 매도자인 부모는 부당행위계산 부인 규정이 적용되어 시가로 양도소득세를 계산해야 하지만, 부모 세대가 1세대 1주택 등으로 비과세가 되는 상황이면 저가든 시가든 세금이 발생하지 않게 된다. 시가가 12억 원을 초과하는 고가주택인 경우에도 양도차익의 12억 원 초과분만 과세되니 양도소득세의 부담이 없거나 현저하게 낮아진다.

그러나 만약 부모 세대가 다주택자이며 중과세율이 적용되는 경우는 이러한 저가 거래에서 발생되는 양도소득세가 너무 과다해지므로 저가 거래를 하지 않느니만 못하다.

그런데 매수자인 자녀는 시가보다 30% 정도로 저렴하게 주택을 구입하는 효과가 있으므로 실질적인 자금 마련 측면에서도 부담이 상당히 줄어든다. 결국 자녀는 사실상 시가의 30% 정도는 증여세 없이 증여받은 셈이 된다.

그리고 자녀가 실질적인 세대 분리가 된 상황이고 부모의 주택을 저가 거래로 매수하는 경우 자녀가 저가 매수 후 2년 이상 보유(거주요건이 있는 경우 2년 이상 거주)하여 1세대 1주택자가 되면 추후 자녀 역시 1세대 1주택자로서 비과세의 혜택을 누릴 수 있어서 앞서 설명한 다양한 문제점이 오히려 자녀에게는 유리한 결과로 바뀌게 된다.

이처럼 주택의 보유 수 등의 상황이 각각 다르기 때문에 부모가 자식에게 주택을 이전하려고 하는 경우 각자가 처한 상황에 맞게 저가 거래를 할지 부담부증여를 할지 등을 선택하여야 한다. 물론 이런 판단은 일반 개인이 하기에는 복잡하므로 전문가에게 상황별 세금 시뮬레이션을 의뢰하여 의사결정에 대한 조언을 받아야 한다.

마지막으로 특수관계자 간 저가 거래를 하는 경우 반드시 감정평가를 받아 추후 과세관청과 시가에 대한 시비 다툼을 최소화하는 것이 중요하다. 공인중개사가 말하는 시세나 매매사례가액을 어설프게 잘못 사용하여 저가 거래를 했다가 추징당하는 사례가 종종 발생하기 때문이다.

가족 간에 부동산을 양도할 것이냐,
증여할 것이냐?

부동산 세무 실무의 중심에는 늘 가족 간 부동산 이전 문제가 있다. 부동산을 이전할 때는 통상 다음의 5가지 경로로 하는데, 각 경로마다 검토되는 세법이 다르다.

부동산을 무상 증여하는 경우

먼저 부모 명의의 부동산을 자식에게 무상으로 증여하는 경우이다. 이 경우 자녀에게 증여세가 부과된다. 그런데 증여세라는 것이 성인 자녀에게 5천만 원까지 증여재산공제를 해주고 그 초과 부분에 대해 10~50%까지 과세하다 보니, 예를 들어 3억 원짜리 주택을 성인 자녀에게 증여해주면 증여세가 4천만 원(=3억 원-5천만 원 → 2.5억 원×20%-1천만 원)이 나오게 되니 일반적으로 순수 증여를 선호하는 경우는 드물다.

일반증여의 경우 증여세가 상대적으로 많이 나오지만, 증여세나 취득세를 부담할 능력이 없는 자녀라면 공실 상태의 주택을 자녀에게 증여한 후 새로운 임차인을 받아서 그 임대보증금을 증여세나 취득세 납부에 사용할 수 있어 실무상 충분히 이용할 수 있다.

자녀 명의로 부동산을 매입해주는 경우

부동산의 무상 증여는 등기부등본으로 조회된다. 이처럼 과세 자료가 노출됨에 따라 많은 사람들이 증여세를 피하기 위해 자녀 명의로 부동산을 매입하게 하고, 그 매입 대금은 현금으로 주거나 통장에 입금해준다. 이는 현금증여에 해당하는데 세무당국에 적출되면 증여세가 나오지만, 낮은 적출 확률에 기대어 많은 사람들이 이러한 방식으로 자녀에게 재산을 물려주고 있다.

세법은 "재산취득자금의 증여추정"이라는 규정을 두어 재산을 자력으로 취득하기 어려운 자가 재산을 취득한 경우 그 취득자금을 누군가로부터 증여받았다고 추정하지만, 그런 재산취득자금의 입증 책임을 일일이 납세자에게 묻기가 쉽지 않고 세무조사할 확률도 낮은 것이 현실이다. 그러나 최근 부동산투기로 인한 집값 상승으로 편법 증여 등이 사회적 이슈가 되어 일정한 규모 이상의 주택 취득 시 자금출처 확인서 제출 의무가 생기고 부동산 편법 증여 등 이상 거래에 대하여 조사에 착수하는 등 재산취득자금의 입증 책임이 강화되는 추세이므로 현금 증여 없이 자녀 명의로 부동산을 매입해주는 것은 자제할 필요가 있다.

부동산을 양도하는 경우

부모가 자녀에게 부동산을 양도하는 경우도 있다. 양도란 본래 대가를 지급하는 것을 전제로 하기 때문에 세법은 부모가 자식에게 부동산을 양도했다고 신고하면 그 대금 수수 여부를 입증하라고 한다. 이를 "배우자 및 직계존비속 간 양도한 재산의 증여추정"이라고 하는데 통상 가족 간에 돈을 주고 부동산을 거래하는 일이 흔치 않으니 실질은 증여인데, 형식만 양도의 형식을 빌린 것이 아닌지 의심해보는 것이다.

부담부증여하는 경우

부담부증여란 재산을 증여함과 아울러 그 재산에 담보된 채무도 같이 증여하는 것을 말한다. 증여받는 사람의 입장에서는 증여재산에 증여채무를 공제한 순증여재산에 대해서 증여세 부담을 지는 것이고, 증여한 사람은 채무를 떠넘긴 만큼 증여와 양도가 동시에 발생했다고 보아 양도소득세를 물게 된다. 다만, 그 재산이 1세대 1주택이라면 증여자의 양도소득세는 비과세된다. 또한 부담부증여 후 과세관청은 그 채무에 대하여 향후 5년간 사후관리를 하여 채무의 상환이나 이자 지급 등을 누가 부담하였는지 지속적으로 파악하므로 주의가 필요한 부분이다.

상속하는 경우

부모가 살아생전 재산을 가지고 있다가 부모 사망 이후 자녀에게 상속되는 경우이다. 이때 상속인에게는 상속세가 발생하지만 상속공제가 최소 5억 원, 배우자가 생존한 경우에는 추가 5억 원을 상속재산에서 공제하기 때문에 10억 원 미만의 주택만을 상속하게 되는 경우에는 상속세가 없다.

양도와 증여의 편법

그런데 세무 상담을 하다 보면 가족이나 친인척 간에 부동산 소유권을 이전하려고 할 때, 양도가 나은지 증여가 나은지에 대한 질문을 많이 받는다. 사실 증여는 거래대금이 없기 때문에 본인들끼리 의사결정만 하면 그뿐이다. 다만, 양도와 증여는 거래대금의 수수 여부로 판단되기 때문에 실제 양도가 증여로 바뀌거나 실제 증여가 양도로 바뀌는 일은 없다.

그런데 왜 상담인들은 이런 질문을 할까? 이것은 현행 부동산 등기 실무에서 계약서를 어떻게 썼느냐에 따라 증여로 등기해주거나 매매(양도)로 등기해주기도 하기 때문이다. 실질적인 거래가 어떻든 계약서 형식만 갖추어 원하는 대로 등기를 하면, 과세관청에서 양도인지 증여인지 잘 모를 것이라고 믿는 것 같다. 따라서 양도와 증여 가운데 어느 쪽이 나으냐는 질문은 사실상 이런 뜻이다. "증여를 하고 싶은데 증여세가 부담되니 양도로 신고를 하면 안 될까요?"

만일 증여가 맞는다면 증여세의 절세 포인트는 1차적으로 증여재산공제이다. 배우자는 6억 원, 직계존비속은 5천만 원, 친인척은 1천만 원을 증여받은 재산에서 공제하고 과세한다. 따라서 성인 자녀인 경우 5천만 원(미성년 자녀는 2천만 원)이 넘는 재산을 증여받을 때, 친인척인 경우 1천만 원이 넘는 재산을 증여받을 때 증여세가 나온다.

그러므로 이때 이전할 재산의 평가액이 적으면 증여로 하겠지만, 재산의 평가액이 증여재산공제보다 커서 증여세가 부담되면 매매(양도)로 등기해 양도소득세를 내는 것이 어떨까 궁리하게 된다. 왜냐하면 증여세는 재산의 평가액을 기준으로 과세하는 반면, 양도소득세는 양도차익에 대해 과세하므로 상대적으로 양도소득세가 적게 나오기 때문이다. 설령 이전할 재산의 평가액이 크더라도 취득가액과 현재 시세의 차이가 크지 않으면 양도소득세가 적게 나오고, 특히 주택이라면 1세대 1주택 비과세 규정을 적용받을 수도 있다.

하지만 아무리 매매로 등기하더라도 거래대금의 수수가 없으면 세법상 증여이고, 증여로 등기하더라도 거래대금이 수수되면 세법상 양도이다. 특히 요즘은 배우자나 직계존비속 간에 부동산 거래를 하고 매매(양도)로 등기하려면 등기서류를 받는 해당 구청에서 등기권리자에게 반드시 매매대금 증빙을 가져오게 한다. 이는 배우자나 직계존비속 간에 양도한 재산은 증여로 추정한다는 세법의 규정에 따른 것이다. 이처럼 배우자 간 또는 직계존비속 간에 증여를 하면서 양도로 등기하는 것이 쉽지 않아졌다.

필자는 이런 세무 상담 요청이 들어오면 '부담부증여'를 추천한다. 부담부증여란 증여하려는 재산에 담보된 채무가 있을 때 재산과 채무를 함께 증여하는 것을 말한다. 증여세는 증여한 재산에서 담보된 채무를 차감해 과세하는 세금이므로 부담부증여를 하면 증여세를 줄일 수 있다. 다만, 재산과 함께 넘겨준 채무는 증여자가 받은 양도 대가로 보기 때문에 증여자에게는 양도소득세가 부과된다. 따라서 부담부증여에 따른 증여세와 양도소득세의 합계가 일반적 증여에 따른 증여세보다 적으면 절세를 할 수 있다. 아울러 양도대금을 별도로 마련하지 않아도 되므로 직접적인 대금 수수가 없는 점을 고민할 필요가 없어서 좋다.

부모가 자식에게
자금을 대여해줄 수 있을까?

직계존비속 간 자금 대여 가능 여부

많은 부모님들은 자녀에게 금전적 지원을 하고 싶어 한다. 그러나 3억 원만 증여한다 해도 4천만 원의 증여세가 나온다. 그러다 보니 차용증을 쓰고 자녀에게 돈을 빌려주어도 되냐는 문의가 많이 온다.

결론부터 말하면 부모 · 자식 간에 금전대여 거래를 할 수 있으나 금전대여 거래임을 입증할만한 확실한 증거가 필요하다. 왜냐하면 다음의 대법원 판례 및 행정심판례와 같이 부모 · 자식 간 금전거래는 매우 엄격하게 해석하기 때문이다.

- 과세관청에 의하여 증여자로 인정된 자 명의의 예금이 인출되어 납세자 명의의 예금계좌 등으로 예치된 사실이 밝혀진 이상 그 예금은 증여된 것으로 추정되므로, 그와 같은 예금의 인출과 납세자 명의로의 예금 등이 증여가 아닌 다른 목적으로 행하여진 것이라는 특별한 사정이 있다면 이에 관한 입증의 필요는 납세자에게 있다(2005두8139).

- 직계존비속 간의 금전소비대차는 차용 및 상환 사실이 차용증서, 이자 지급사실 등에 의하여 객관적으로 명백하게 입증되지 아니하는 한 인정하기 어렵다(조심 2012서259).

이와 같이 계좌이체 등으로 직계존비속에게 송금하였다면 이는 일반적으로 증여로 추정되고, 금전소비대차거래(대여)를 주장하려면 그 대여사실을 납세자가 입증해야 한다. 그래서 대여거래로 인정받고자 한다면 금전소비대차계약서(또는 차용증)을 쓰고, 이자와 원금의 상환이 있어야 한다.

금전의 무상 또는 저가 대여에 대한 증여세

그렇다면 부모 · 자식 간 금전대차거래 시 이자는 연 몇 % 정도로 책정하는 것이 좋을까? 이와 관련하여 상속세 및 증여세법은 적정 이자율을 연 4.6%로 정하고 있고, 적정 이자액과 실제 이자액의 차액이 연 1천만 원 이상(연 단위)이면 그 이자액 전체를 증여재산으로 보아 증여세를 부과한다.

이것을 반대로 해석해 보면 부모가 자녀에게 3억 원을 대여해 주고 연 1천만 원의 이자만 받더라도 세법상 적정 이자인 1,380만 원(3억 원×4.6%)과 차이가 연 380만 원뿐이니 이 차액에 대해서는 증여세 문제가 없는 것이다.

그렇다면 연간 1천만 원이 안되는 이자는 아예 없어도 되는 것일까? 예를 들어, 2억 원을 대여하는 경우 상속세 및 증여세법상 적정 이자액은 920만 원(2억 원×4.6%)으로 1천만 원이 되지 않으니 아예 이자 책정을 안 해도 괜찮을 것일까?

그렇지 않다. 이자를 상환한 사실이 없으면 자녀에게 자금을 대여한 것이 아니라, 자금을 증여한 것으로 강력히 추정되기 때문이다. 따라서 자금을 대여하는 경우 반드시 세법상 적정 이자율(4.6%)보다 낮더라도 이자율을 특정하여 이자 정산을 하여야 한다.

자금 대여에 대한 사후관리

한편, 부모가 자녀에게 자금 대여를 하고 이자만 정산하다가 어느 정도 기간이 지난 뒤 이자 정산 및 원금 상환을 하지 않으면 어떻게 될까?

과세관청은 부모 · 자식 간에 금전채무에 대해 그 상환 여부 등을 아래 규정에 따라 정기적으로 사후관리한다. 따라서 추후 미상환 사실 등이 밝혀지면 다시 증여가 되니 유의하여야 한다.

- 상속세 및 증여세 사무처리규정[제2025-2663호]
  제54조(부채의 사후관리)

① 지방국세청장 또는 세무서장은 다음 각 호의 어느 하나에 해당하는 경우 해당 납세자의 채무정보를 NTIS(엔티스)에 입력하여야 한다.
   1. 상속세 및 증여세의 결정 등에서 인정된 채무
   2. 자금출처조사 과정에서 재산취득자금으로 인정된 채무
   3. 재산 취득에 사용된 채무 내역서로 제출된 채무
   4. 기타 유사한 사유로 사후관리가 필요한 채무

② 지방국세청장 또는 세무서장은 상환기간이 경과한 채무에 대하여 사후관리 점검을 실시하여야 한다. 다만, 상환기간 경과 전이라도 일정기간이 경과한 장기채무로서 변제사실 확인이 필요한 경우 점검 대상자로 선정할 수 있다.

③ 지방국세청장 또는 세무서장은 제2항의 부채 사후관리 대상자에게 해명할 사항을 기재한 「부채 상환에 대한 해명자료 제출 안내(별지 제17호 서식)」와 「권리보호 요청 제도에 대한 안내(별지 제25호 서식)」를 납세자에게 서면으로 발송하여야 한다.

④ 지방국세청장 또는 세무서장은 사후관리 결과 채권자 변동이나 채무감소(변동) 등이 확인된 경우에는 즉시 그 내용을 NTIS(엔티스)에 입력하여야 한다.

차 용 증

채권자 성   명 :

　　　주   소 :

　　　주민등록번호 :

채무자 성   명 :

　　　주   소 :

　　　주민등록번호 :

차용금액 및 상환방법

원금	일금 *일억* 원정 (*100,000,000*)		
이 자	연 (*3*)%	이자지급일	매월 (*10*)일
원금변제일	*2027년 12월 31일*		

채무자는 위 방법으로, 채권자로부터 위 금액의 현금을 차용하였습니다.

2025년 4월 23일

채 권 자 :　　　(인)

채 무 자 :　　　(인)

부부 공동명의의 이모저모(1) 금융자산

금융자산과 부부 공동명의

부부간에 6억 원까지는 증여세 없이 증여할 수 있으며, 증여를 통해 재산을 부부간에 공동명의로 하면 절세에 좋다고 하는 말은 있다. 이 말이 맞는다면 어떤 세금이 어떤 방식으로 절세되는 것일까? 어느 재산을 어떻게 나누어야 좋을까? 이와 관련하여 크게 네 가지 주제로 살펴보도록 하자. 첫 번째 주제인 금융자산의 공동명의이다.

일반적으로 부부 공동명의 절세에 관한 이야기는 부동산에 대해서 많이 나온다. 하지만 금융자산의 명의를 분산하는 것 또한 절세되는 부분이 존재한다. 금융소득이 연간 2천만 원이 넘는다면 종합과세가 된다. 금융소득만 있는 경우 7,650만 원까지는 당초 15.4%의 원천징수세액 외에는 추가되는 세금이 없고, 타 소득이 있는 경우에는 2천만 원을 초과하는 금융소득에 대해서 타 소득과 합산하니 종합소득세가 추가과세될 수 있다. 이러한 경우 금융자산을 부부 공동명의로 하여 절세를 도모할 수 있다.

금융자산 증여를 통한 소득세 절세

만일 금융소득을 제외한 종합소득 과세표준이 1억 원인 사람이 금융자산 15억 원을 보유 중이고, 한 해 이자소득 및 배당소득 3천만 원이 나와 종합과세가 된다고 하면, 금융소득으로 추가되는 세금은 약 385만 원 정도이다. 하지만 이 금융자산 가운데 5억 원을 배우자에게 증여하여 배우자 명의로 1천만 원의 금융소득이 이전된다면, 본인 명의 2천만 원의 금융소득은 분리과세대상이 되어 원천징수세액 외에 금융소득으로 인해 추가되는 세금은 없다.

금융자산 증여를 통한 건강보험료 절감

한편 건강보험료의 측면에서, 보유 부동산의 재산세 과세표준액이 5.4억 원을 초과하면서 9억 원 이하이면 1천만 원 이상의 소득이 있거나, 재산세 과세표준액이 5.4억 원 미만이더라도 2천만 원 이상의 소득이 있으면 피부양자 자격이 박탈되는데, 금융소득이 1천만 원을 초과하게 되면 해당 금융소득이 건강보험료 산정에 있어서 소득에 포함되니 금융자산을 증여함으로써 피부양자 요건을 유지할 수도 있다.

금융자산은 타 자산과 다르게 취득세가 없기 때문에 증여가 더 용이하므로, 적극 활용하여 금융소득 종합과세 및 건강보험료에 대처하도록 하자.

부부 공동명의의 이모저모(2) 상속세

부부 공동명의로 상속세 절세

이번에는 부부 공동명의가 상속세에 미치는 영향에 대해 알아보자. 상속세 계산 시 적용되는 상속공제 중 가장 강력한 공제액이 배우자 상속공제이다. 배우자가 있는 상태에서 상속이 이루어질 때 배우자가 상속재산을 받지 아니하여도 최소 5억 원을 공제하고, 배우자가 상속재산을 받는 경우에는 민법상 상속지분 이내에서 받은 금액에 대해 최대 30억 원까지 배우자 상속공제가 가능하기 때문이다.

부부의 재산 중 일방이 재산을 모두 가지고 있는 경우 부부 공동명의보다 상속세가 많아질 확률이 크다. 예를 들어, 재산을 가지지 않은 배우자가 먼저 사망하고, 재산을 모두 가진 배우자가 사망하면 특히 그렇다.

부부 공동명의의 상속세 절세 사례

20억 원 규모의 재산에 대해 배우자 사이인 A와 B가 각각 10억 원씩 가지고 있는 경우와, A가 20억 원을 모두 가지고 있는 경우를 상정해 보자. 편의상 배우자는 상속을 안 받고 자녀가 모두 받는다고 가정한다.

먼저 부부 공동으로 절반인 10억 원씩 가지고 있는 경우 순서와 관계없이 첫 번째 상속의 경우에는 일괄공제 5억 원과 배우자 상속공제가 5억 원이 적용되어 상속세는 없으며, 두 번째 상속의 경우 일괄공제 5억 원이 적용되어 상속세는 9천만 원이 된다.

반면, A만 20억 원을 가진 경우를 살펴보면, 재산을 가진 A가 먼저 사망하는 경우 일괄공제 5억 원과 배우자 상속공제 5억 원이 적용되어 상속세는 2억 4천만 원이 되며, 이후 B가 사망하면 B는 상속재산이 없으므로 상속세는 없다.

하지만 재산이 없는 B가 먼저 사망하게 되는 경우 상속재산이 없어 상속세는 0원이지만, 이후 재산을 모두 가진 A가 사망하게 되면 A는 배우자 상속공제를 받지 못하고 일괄공제 5억 원만 받게 되므로 상속세는 4억 4천만 원이나 된다.

위와 같은 이유로 필자는 강의를 하거나 상담을 할 때 "배우자와의 재산 포트폴리오를 잘 구성하라"라고 조언한다. 일방의 배우자한테 재산이 몰려있는 경우 재산이 없는 배우자가 먼저 사망하면 배우자 상속공제를 제대로 받을 수 없어 상속세가 과다 발생할 가능성이 있다. 건강할 때 배우자 증여재산공제(6억 원)를 잘 이용하여 적정한 증여세를 내면서 증여 후 10년이 지나면 추후 상속재산의 분산 효과와 배우자 상속공제의 합리적 적용 등으로 절세할 수 있으니 사전증여의 중요성은 두말하면 잔소리다.

유의사항

이처럼 부부 공동명의는 상속세 측면에서 유리할 수 있다. 그러나 부부 공동명의를 하는 과정에서 배우자 간 증여재산가액 6억 원이 넘으면 증여세가 나오고, 증여 이후 10년 이내에 증여자가 사망하면 해당 증여재산은 상속세 계산에 있어 사전증여재산으로 포함되므로 의미가 없을 수도 있다. 또한 보유재산 현황에 따라 적정 증여재산의 규모도 다르기 때문에 반드시 증여 의사결정 전 세무사와 충분한 논의를 해야 한다.

부부 공동명의의 이모저모(3) 소득세

부부 공동명의의 소득세 절세

이번에는 부동산 공동명의가 임대소득세 및 양도소득세에 미치는 절세효과에 대해 알아보자.

임대소득이 발생하고 있는 부동산을 공동명의로 하는 경우 임대소득 또한 각자의 소유 지분대로 나누어져 누진세율 완화로 인한 종합소득세 절세효과가 있으며, 부동산을 증여하여 공동명의로 하는 경우 분산 효과로 인한 누진세율 완화로 추후 양도소득세 역시 마찬가지 효과가 있다. 다만 동일한 부동산을 증여 후 10년(2022년 12월 31일 이전 수증분 5년) 이내에 양도하는 경우 배우자 등 이월과세가 적용되어 양도소득세 절세효과가 낮아질 수 있다.

부부 공동명의의 종합소득세 절세 사례

단독소유의 상가를 공동명의로 한 뒤 10년 보유하고 매각하는 경우 절세효과를 살펴보자. A씨는 감정가액 10억 원의 상가를 보유하고 있고 해당 물건을 단독명의로 3년 전 8억 원에 취득하였다. 현재 공시가격은 6억 원이다. 월세가 300만 원으로 연간 총 3,600만 원의 임대소득이 발생되고 있으며, 타 소득으로는 연간 4천만 원의 사업소득금액이 있다.

그런데 절세를 목적으로 해당 상가의 절반을 전업주부인 배우자에게 증여하고자 한다. 그렇다면 얼마나 절세가 될까?

현재 A씨의 임대소득세는 지방소득세를 포함하여 약 1천 372만 원 정도 산정(필요경비 및 기본공제 등 무시하고 계산)된다. 그런데 만일 해당 부동산 절반을 증여한다면 월세로 인한 수입의 절반이 A씨의 배우자 귀속이 되어 A씨의 종합소득세는 지방소득세를 포함하여 약 897만 원으로 감소한다. 한편, A씨 배우자의 임대소득세는 약 158만 원 정도 산정된다.

즉, A씨의 임대소득세가 약 475만 원만큼 줄어들고 배우자의 임대소득세가 약 158만 원만큼 발생하니, 결국 매년 약 317만 원의 소득세 절감 효과가 있다. 한편, 증여재산가액은 감정가액 기준 10억 원의 50%인 5억 원이며 부부간 증여재산공제 6억 원 이내의 금액이므로 증여세는 발생하지 않는다. 취득세의 경우 공시가격 6억 원의 50%의 4%인 1,200만 원 가량 발생한다.

부부 공동명의의 양도소득세 절세 사례

위의 상가를 10년 뒤에 16억 원에 매각하는 경우를 단독명의일 때와 배우자에게 일부 증여하여 공동명의일 때로 나누어 살펴보자.

만일 A씨가 배우자 증여를 하지 않고 단독 양도한다면 13년 전 8억 원에 취득한 상가를 16억 원에 매도하는 것이므로, 8억 원의 양도차익에 대해서 필요경비 및 장기보유특별공제(13년 보유 26%)를 반영하면 지방소득세를 포함하여 약 2억 3천만 원의 양도소득세가 발생된다.

그러나 A씨와 배우자가 공동명의로, A씨의 경우 지분이 50%로 줄어들었으므로 양도차익은 4억 원(전체 양도차익 8억 원의 50%)이다. 이에 대해 필요경비 및 장기보유특별공제를 반영하면 지방소득세를 포함하여 약 1억 원의 양도소득세가 발생된다. 한편, A씨의 배우자는 증여로 인하여 취득가액이 5억 원이 되고, 3억 원의 양도차익이 발생한다. 이 경우 필요경비 및 장기보유특별공제(10년 보유 20%)를 반영하여 지방소득세를 포함한 양도소득세를 계산하면 약 7천7백만 원 정도 발생된다. A씨와 A씨의 배우자의 양도소득세를 합하면 약 1억 7천7백만 원으로, 단독명의로 보유하고 양도한 경우인 약 2억 3천만 원보다 약 5천3백만 원이 절세되었다.

정리하면 A씨가 상가에 대해서 절반을 배우자에게 증여하는 경우 1,200만 원의 취득세가 있지만 10년간 약 3천170만 원의 종합소득세가 절세되며, 약 5천3백만 원의 양도소득세가 절세되므로 배우자에게 증여할 충분한 이유가 있다.

　　　　　　　단, A씨의 경우 타 소득이 있어 종합소득
세 세율구간이 높아 절세액이 큰 것이고, 타 소득이 없다면 종합소득세
절세규모가 작다. 또한 임대물건이 주택인 경우 다주택자에 대한 취득세
중과세를 고려하여야 하며, 증여대상이 배우자가 아닌 경우 증여공제액
이 낮아 증여세가 발생한다. 또한 A씨가 건강보험료 직장가입자이고 배
우자가 A의 피부양자인 경우에는 새로이 발생한 사업소득으로 인하여 피
부양자가 박탈될 수 있어 그로 인한 건강보험료 부과액까지 고려해야 할
것이다.

　이러한 경우 양도소득세나 종합소득세 절세액보다 더 큰 비용이 들
수 있다. 따라서 반드시 증여 의사결정 전 세무사와 충분한 논의를 해
야 한다.

Tax
Q 59

부부 공동명의의 이모저모(4) 종합부동산세

부부 공동명의의 종합부동산세 절세

이번에는 부동산 공동명의가 종합부동산세에 미치는 절세효과에 대해 알아보자. 주택분 종합부동산세는 인별로 주택의 공시가격을 합산하고, 공제금액 9억 원(1세대 1주택자의 경우 12억 원)을 차감한 금액에 공정시장가액비율(현재 60%)을 곱한 과세표준에 보유주택별 차등세율을 적용한다. 그 후 각종 공제액과 재산세 중복분을 제외하여 나온 세액으로 하며, 해당 세액의 20%를 농어촌특별세로 별도 납부하여야 한다.

반대로 표현하자면 1세대 1주택자는 주택의 공시가격 12억 원, 그 외의 자는 9억 원이 초과하면 종합부동산세 납세의무자가 된다.

1세대 1주택자가 공동명의 시 종합부동산세 절세가 될까?

1세대 1주택자이며 주택 공시가격이 16억 원이라면 약 270만 원 정도의 재산세를 부담하고 종합부동산세는 92만 원 정도로 총 362만 원을 부담할 것이다. 단 장기보유자 공제와 고령자 공제가 없다는 가정 하에 그렇다.

그런데 만일 위의 주택을 절반씩 부부 공동명의로 한다면 어떨까? 주택 전체의 공시가격이 16억 원이니 각자 보유하는 공시가격은 8억 원이 되고, 이때 부부 각각에게 부과되는 재산세는 259만 8천 원, 종합부동산세는 없다. 부부가 총 519만 원 정도를 부담하게 되어 오히려 재산세와 종합부동산세만을 놓고 보았을 때는 부부 공동명의의 의미가 없다.

종합부동산세에 적용되는 공제액이 6억 원에서 9억 원으로 인상되었고, 공정시장가액비율이 60%로 낮아졌다. 그리고 2021년부터 부동산 시장의 경기의 침체로 공동주택공시가격 등 공시가격이 전국적으로 10% 정도로 감소되었으며, 2023년부터는 종합부동산세 세율의 중과세율이 일부 완화되어 현재는 종합부동산세를 줄이기 위해 증여하는 사례는 극히 드물다. 왜냐하면 증여로 인한 취득세가 줄어드는 종합부동산세보다 훨씬 크기 때문에 무리하면서 증여할 이유가 없기 때문이다.

이 책의 마지막 종합부동산세 파트에서 자세히 알아보기로 한다.

1세대 다주택자의 주택 공동명의 시 종합부동산세가 절세될까?

배우자 일방이 주택을 2채 보유한 경우 이를 절반씩 보유한 경우를 살펴보자. 부부가 공시가격 10억 원의 주택과 18억 원의 주택을 보유하였을 때를 가정하고, 배우자 일방이 두 물건을 단독으로 보유하는 경우 총 공시가격 28억 원에 대한 종합부동산세는 약 785만 원을 납부하여야 한다.

그러나 주택을 부부가 공동으로 보유하는 경우 각각이 보유하는 주택의 공시가격인 14억 원에 대해 각각 약 94만 원 정도씩이며 부부가 총 납부해야 하는 종합부동산세는 약 188만 원만 납부하면 된다.

단독명의로 보유하는 것보다 공동명의로 보유하는 경우의 종합부동산세의 차이는 약 597만 원으로 공동명의가 다소 유리하게 보일 수 있다. 하지만 해당 주택을 각각 절반씩 증여하면서 발생하는 취득세가 훨씬 크기 때문에 다주택자 역시 종합부동산세의 절세만을 위해서라면 절대로 증여해서는 안된다. 예를 들어 공시가격이 10억 원이면 실질 시가는 약 15억 원 정도 될 것이고 비조정대상지역의 주택이라고 할지라도 증여로 인한 취득세는 약 2,700만 원이나 되므로 공동명의를 하면서 발생되는 취득세가 절세되는 종합부동산세보다 과도하게 크기 때문에 실익이 없다.

다만 단편적인 종합부동산세만이 아닌 상속세, 종합소득세 및 양도소득세 등의 전체적인 절세의 측면에서는 일방의 배우자만 부동산을 보유하고 있는 것보다 일부를 증여하여 분산하는 것이 절세에 도움이 될 수도 있으니 세무전문가와 검토할 필요는 있다.

Q 60

부동산이나 주식을
명의신탁하면 안 되는 이유는?

서울시 체납 세금 징수를 담당하는 38기동대가 고액 상습 체납자를 찾아 은닉재산을 압류하는 과정을 TV로 시청한 사람들이 있을 것이다. 그런데 고액 상습 체납자는 한결같이 "내 명의의 재산은 하나도 없고 모두 배우자나 직계존비속, 친인척 명의로 되어있으니 압류하려면 법대로 하라"라고 큰소리를 친다. 왜 이런 일이 벌어지는지, 그리고 과세관청은 이에 어떻게 대응할 수 있는지 알아보자.

명의신탁의 정의

자신의 재산을 다른 사람의 명의로 해두는 것을 '명의신탁'이라고 한다. 명의신탁의 법률관계를 보면 당사자끼리는 명의신탁자(맡기는 사람)가 소유권을 가지고, 외부로 드러낼 때는 명의수탁자(맡은 사람)가 소유자인 것처럼 하는 것이다. 다만, 이러한 명의신탁은 등기부 등본처럼 공부(公簿)상 소유관계가 공시되는 부동산, 주식, 차량, 기계장비, 선박, 항공기나 각종 지적재산권에 국한된다. 소유관계가 공시되지 않는 재산에는 명의신탁이 적용되지 않는다.

그런데 명의신탁은 주로 세금 등 채무를 면탈하는 수단으로 악용된다. 쉽게 말해서 자기 소유의 재산을 형식상 타인 명의로 해놓고, 실질적으로는 자신이 재산을 관리·수익하면서도 채권자가 채무 변제를 요구할 때는 재산이 없다고 버티는 것이다.

그렇다면 고액 상습 체납자의 소유로 의심되는 재산을 왜 과세관청은 제때 압류하지 못할까? 그 이유는 과세관청이 부동산 등을 압류하려면 압류등기를 소관 등기소에 촉탁해야 하는데, 명의신탁 재산은 공부상 타인 소유의 재산으로 등재되어 있어 압류등기를 촉탁할 수 없기 때문이다. 다만, 동산의 압류는 과세관청의 점유로 가능하기 때문에 TV에서 보는 것처럼 동산을 압류하는 과정에서 체납자와 심한 마찰을 빚는다.

그러나 만일 명의신탁을 이용해 세금을 내지 않고, 그 밖의 채무도 변제하지 않는 행위가 늘 가능하다면 사회정의가 무너질 수 있다. 그래서 명의신탁을 규제하는 법령으로, 다음과 같은 세 가지 제도가 있다.

사해행위 취소소송 제기

과세관청이나 일반 채권자는 채무자의 명의신탁 재산을 압류하기 위해 국세징수법과 민법에 따라 '사해행위 취소소송'을 제기할 수 있다. 사해행위 취소소송이란, 채무자가 채권자에게 피해를 주는 법률행위를 할 경우 채권자가 이를 취소하는 소송을 말한다. 명의신탁 행위가 채권자의 압류 행위를 면하기 위해 이루어진 것이라면 이러한 명의신탁 행위(대개 양도 형식을 취함)를 취소해달라는 민사소송을 제기하고, 이에 승소하면 채무자 명의로 환원된 재산을 압류할 수가 있다. 이때 소송의 피고는 채무자가 아니라 명의수탁자(맡은 사람)이므로, 그를 상대로 소송을 제기해야 한다.

부동산실명제 위반으로 처벌

한편, 부동산의 명의신탁이 발각되면 부동산실명제 위반으로 처벌하게 된다. 부동산실명제의 정식 명칭은 「부동산 실권리자 명의 등기에 관한 법률」로, 명의신탁에 따른 폐해를 시정하고 경제정의를 실현하기 위해 1995년 7월 1일부터 시행되어왔다. 이 법률에 따르면 부동산을 명의신탁하는 경우 명의신탁자에 대해서는 부동산 가액의 30%에 상당하는 과징금을 부과한다. 그래도 만약 실명 등기를 하지 않을 때는 첫해에는 부동산 가액의 10%, 둘째 해에는 20%의 이행강제금을 부과하며, 아울러 5년 이하의 징역 또는 2억 원 이하의 벌금이 부과된다. 한편, 명의수탁자에 대해서도 3년 이하의 징역 또는 1억 원 이하의 벌금에 처한다.

명의신탁재산의 증여의제(부동산 제외)

그리고 부동산 외 명의신탁이 발각되면 상속세 및 증여세법에 따라 증여세를 부과한다. 부동산을 제외하고 권리의 이전이나 그 행사에 등기 등이 필요한 재산(특히 주식)에서 실제 소유자와 명의자가 다른 경우에는 실질과세원칙에도 불구하고 명의자로 등기 등을 한 날에 그 재산의 가액을 그 명의자가 실제 소유자로부터 증여받은 것으로 보는 것이다. 다만, 이 규정은 조세 회피 목적이 없는 명의신탁에 대해서는 적용하지 않는다.

그런데 증여세 납세의무자인지 판정함에 있어서는, 2019년 이전 증여의제된 경우에는 명의자가, 2019년 이후 증여의제된 경우에는 실제 소유자가 증여세 납세의무자가 된다. 다만, 2019년 이후 증여의제되어 실제 소유자가 증여세 납세의무를 지게 되는 경우로서 징수 부족한 경우에는 명의신탁재산에 물적 납세의무를 지운다.

Q61

거주자와 비거주자 판정에 따른
세금 문제는?

해외로 이민을 떠난 분이 한국에 사둔 주택을 양도하기 위해 양도소득세 신고 대리를 의뢰하러 찾아오는 경우가 종종 있다. 이들은 세법상 비거주자이기 때문에 1세대 1주택자라 해도 출국일로부터 2년 안에 매각한 경우를 제외하고는 1세대 1주택 양도소득세 비과세 혜택을 적용받을 수 없다.

다만, 국내 소재 부동산을 양도하기 위해서는 부동산 매도용 인감증명서를 발급받아야 하는데, 발급 전에 양도소득세를 신고·납부했는지 확인하기 때문에 세무사를 찾아와 신고 대리를 맡기는 것일 뿐이다.

거주자와 비거주자의 정의

이와 같이 세법은 거주자와 비거주자를 구분해서 달리 취급한다. 많은 사람들이 거주자와 비거주자를 국적으로 구분하는 것으로 알지만, 사실은 그렇지 않다. 비거주자의 구분은 국적이 아니라 대한민국에 주소 또는 거소를 두고 있는지 여부로 판단한다.

거주자란 국내에 주소를 두거나 1과세기간에 183일 이상 거소를 둔 개인을 말한다. 그리고 비거주자는 거주자가 아닌 개인을 말한다. 즉, 거주자 해당 사항을 먼저 살펴보고 해당 사항이 없을 때에 한해 비거주자로 분류하는 방식을 취한다.

여기서 '주소'란 주민등록등본에 기재된 주소가 아니라 국내에 생계를 같이하는 가족이나 자산이 있느냐를 말한다. 일반적 관념의 주소에 가까운 것은 오히려 '거소'로, 상당 기간에 걸쳐 거주하는 장소를 의미한다. 따라서 국내에 주소가 있으면 거주자가 되고, 주소는 없는데 계속해서 1과세기간에 183일 이상 국내에 거소를 두면 국적을 불문하고 거주자가 된다.

그런데 출입국 기록상 계속해서 1과세기간에 183일 이상 국내에 거소를 두지 않았다면 무조건 비거주자이고, 국내에 거소를 두었다면 무조건 거주자일까? 그렇지 않다. 통상 계속해서 1과세기간에 183일 이상 국내에 거주할 것을 필요로 하는 직업을 가졌거나, 국내에 생계를 같이하는 가족이 있고 그 직업 및 자산 상태에 비추어 계속해서 1과세기간에 183일 이상 국내에 거주할 것으로 인정된다면 거주자로 본다. 반대로 국외에서 거주 또는 근무하는 자가 외국 국적을 가졌거나, 외국법령에 따라 그 외국의 영주권을 얻은 자로서 국내에 생계를 같이하는 가족이 없고 그 직업 및 자산 상태에 비추어 다시 입국해서 주로 국내에 거주하리라 인정되지 않을 때는 국내에 주소가 없는 것으로 본다. 그리고 2026년 1월 1일부터 거주자 판정 기준이 보완되어 거소를 둔 기간(183일) 계산 시 1과세기간 중 183일 이상이 아니라 직전 과세기간 포함하여 계속하여 183일 이상으로 개정되어 시행될 예정이다.

외국 항행 선박 또는 항공기의 승무원은 그 승무원과 생계를 같이하는 가족이 거주하는 장소 또는 그 승무원이 근무 기간 외의 기간에 통상 체재하는 장소가 국내일 때는 거주자로 보고, 국외일 때는 비거주자로 본다.

또한 내국법인이 직·간접적으로 100%를 출자한 해외현지법인 등에 파견된 임원 또는 직원 등은 국내 거주기간이 183일이 되지 않더라도 거주자로 본다.

소득세에서의 거주자와 비거주자의 차이

그렇다면 세법은 거주자와 비거주자를 구분해서 어떻게 달리 취급할까? 먼저 종합소득세의 취급에 있어서는 거주자는 원칙적으로 국내외 모든 과세대상 소득에 대해 대한민국에 세금을 신고·납부하는 반면, 비거주자는 대한민국에서 얻은 과세대상 소득에 대해서만 세금을 신고·납부하면 된다.

그런데 거주자가 국내외 모든 과세대상 소득에 대해 대한민국에 소득세를 신고·납부해도 국외에서 납부한 외국 납부세액을 공제해주므로, 두 나라에서 이중으로 세금을 내는 것은 아니다. 오히려 거주자에게는 소득세 계산 시 각종 공제 및 감면 혜택을 주는 대신, 비거주자에게는 공제 및 감면에 제약을 두고 있다. 앞서 예를 든 대로 1세대 1주택 양도소득세 비과세 혜택은 원칙적으로 거주자에게만 해당하며, 종합소득세 계산 시 종합소득공제도 거주자에 대해서만 폭넓게 인정하고 있다.

상속세에서의 거주자와 비거주자의 차이

또한 피상속인이 거주자일 때는 국내외 모든 상속재산에 대해 대한민국에 세금을 신고·납부해야 하지만, 비거주자일 때는 국내 소재의 상속재산에 대해서만 세금을 신고·납부하면 된다. 하지만 소득세와 마찬가지로 상속세도 국외 소재의 상속재산을 얻으면서 낸 외국 납부세액을 공제해주므로, 두 나라에서 이중으로 세금을 내는 것은 아니다. 오히려 피상속인이 거주자이면 폭넓게 상속공제를 허용해주지만, 비거주자이면 기초공제 2억 원만 허용하고 있다.

증여세에서의 거주자와 비거주자의 차이

한편, 증여받는 사람이 거주자이면 국내외 모든 증여재산에 대해 대한민국에 세금을 신고·납부해야 하지만, 비거주자이면 국내 소재 증여재산에 대해서만 세금을 신고·납부하면 된다. 하지만 소득세와 마찬가지로 증여세도 국외 소재 증여재산을 얻으면서 납부한 외국 납부세액을 공제해주기 때문에, 두 나라에서 이중으로 세금을 내는 것은 아니다. 오히려 증여받는 자가 거주자일 때는 증여재산공제를 허용해주지만, 비거주자일 때는 증여재산공제를 받지 못한다.

주택임대소득에 대한
종합소득세 과세

주택임대소득 과세제도

　　　　　　기준시가 9억 원을 초과하지 아니하는 1주택 보유자를 제외하고는, 주택임대소득에 대해서 원칙적으로 종합소득세 납세의무가 있다. 그러나 2018년까지 연간 임대수입(매출)이 2천만 원 이하인 경우에는 주택임대소득에 대해서 비과세하는 규정을 두어 많은 다주택자들이 주택임대소득에 대해 종합소득세를 신고한 바가 없었다.

　그리고 연간 임대수입(매출)이 2천만 원을 초과하는 경우에는 예나 지금이나 주택임대소득에 대해 일반적인 사업소득금액 계산 방식에 따라 종합소득세를 신고 · 납부했어야 했지만, 이마저도 과세관청의 주택임대소득에 대한 미온적 세무 행정을 빌미로 적극적 신고가 이루어지지 않았던 것이 현실이었다. 그런데 2019년부터 연간 임대수입이 얼마이건 관계없이 모든 주택임대사업자(기준시가 12억 원을 초과하지 아니하는 1주택자 보유자를 제외)는 종합소득세를 신고·납부해야 한다. 이에 전반적인 주택임대소득 과세제도에 대해 살펴보자.

연간 임대수입 2천만 원 이하 주택임대사업자의 분리과세 선택

2018년까지 주택임대소득세부담이 없던 연간 임대수입(매출)이 2천만 원 이하인 납세의무자에 대해서는 다음과 같은 분리과세 특례를 적용받을 수 있도록 하였다.

> 분리과세 시 세액: [총수입금액×(1−필요경비율)−공제금액]×14%

이 계산식에 적용되는 필요경비율과 공제금액은 각각 다음과 같다. 의무임대 요건을 모든 갖춘 경우란 민간임대주택법에 따라 등록하고 소득세법에 따른 사업자등록 및 민간임대주택법에 따른 임대료 인상률(연 5%)을 준수하는 경우를 말한다.

- 필요경비율: 50%. 단, 민간임대주택법에 따라 임대주택으로 등록한 경우에는 60%
- 공제금액*: 200만 원, 의무임대 요건을 모두 갖춘 경우에는 400만 원

* 분리과세 주택임대소득 외 종합소득금액이 2천만 원 이하인 경우에만 공제

분리과세 이후 의무임대기간 미준수 시 사후 관리

그러나 분리과세 이후 민간임대주택법에 따른 의무임대기간을 미준수할 경우 미등록으로 의제하여 세액 차액을 추징하고 추징세액에 이자 상당액(연 8.03%)을 가산한다.

다만, 파산 · 강제집행 · 법령상 의무 이행 · 회생절차에 따라 임대주택 처분 및 임대 불가, 재개발 · 재건축 · 리모델링으로 등록 말소되는 경우 등 부득이한 경우에는 제외한다. 또한 「민간임대주택에 관한 특별법」 개정으로 인해 사업자등록이 자진 · 자동 말소되는 경우도 제외한다.

연간 임대수입 2천만 원 초과 주택임대사업자의 종합과세

연간 임대수입이 2천만 원을 초과하는 주택임대사업자는 일반적인 부동산임대업자와 같이 장부 작성(간편장부 또는 복식장부)에 의해 임대소득 금액을 계산하거나 추계 방식(단순경비율 또는 기준경비율 또는 배율법)에 의해 임대소득금액을 계산해 종합과세 한다.

전세보증금의 임대수입 환산

연간 임대수입은 대부분 월세 소득(규모 불문 모든 주택의 월세 소득)이 구성하는 것이나, 부부 합산 보유주택 3주택 이상으로서 전세보증금을 받은 경우에는 3억 원을 초과하는 전세보증금에 대해 다음의 간주임대료를 주택임대수입에 가산한다. 다만, 1호(또는 1세대당) 면적 40㎡ 이하와 기준시가 2억 원 이하를 모두 충족하는 소형주택은 3주택의 판단 및 보증금 합계액에서 제외한다. 그리고 2026년 이후부터 고가주택(기준시가 12억 원 초과) 2주택 보유자의 전세보증금 합계액이 12억 원을 초과하는 경우에도 간주임대료 계산 대상으로 추가될 예정이다.

- 간주임대료
  (보증금−3억 원)×60%×이자율−임대 관련 발생 이자 · 배당수입

임대주택 등록자의 세액 감면

임대주택 등록자에 대해서는 납부세액 계산 시 다음의 세액 감면을 적용한다. 이는 종합과세하는 경우뿐만 아니라 분리과세 선택 시에도 적용할 수 있다. 다만, 임대주택 미등록자는 세액 감면 적용 대상이 아니다.

- 4년간 임대등록 시(단기임대) 세액의 30% 감면
- 8년간 임대등록 시(장기임대) 세액의 75% 감면
- 임대주택을 2호 이상 임대 시 단기임대 20% 감면, 장기임대 50% 감면

소득세법상 주택임대사업자의 사업자등록 대상 확대

2019년 이후에는 모든 주택임대사업자에게 사업자등록 의무를 부여한다. 이 경우 주택임대소득은 규모와 관계없이 부가가치세 면세사업자에 해당하기 때문에, 부가가치세법이 아닌 소득세법상 각 임대물건 소재지별로 사업자등록을 신청하게 된다. 다만, 주소지 관할 지방자치단체에 민간 임대주택법상 임대사업자로 등록 신청하게 되면, 주소지에서 모든 의무임대 물건의 사업자등록을 함께 신청한 것으로 간주한다. 월세든 전세든 주택을 임대하는 사람이 세무서에 면세사업자등록을 하지 않으면 소득세법상 미등록가산세가 부과되는데, 임대수입의 0.2% 상당의 가산세를 부과한다. 적용 시기는 2020년 1월 1일 이후 발생하는 분부터 적용한다.

주택임대소득의 주택 수 계산 방법

주택임대소득이 비과세되는 1개의 주택 소유 여부를 판정할 때 공동소유 주택의 경우에는 원칙적으로 최다 지분

자의 소유 주택으로 계산한다. 최다 지분자가 복수인 경우 최다 지분자 간 합의에 따르되, 합의가 없으면 각각의 소유로 계산한다. 그러나 다음 ①, ② 중 하나에 해당하면 소수 지분자도 주택 수에 가산한다.

① 해당 주택에서 발생하는 임대소득이 연간 600만 원 이상
② 기준시가 9억 원을 초과하는 주택의 30%를 초과하는 공유지분 소유

다만, 동일 주택을 부부가 일정 지분 이상 소유한 경우에는 중복 계산을 방지하기 위해 다음 순서(① → ②)로 부부 중 1인의 소유 주택으로 계산하도록 한다. 이는 주택임대소득 과세 여부 판단 시 부부는 하나로 보아 취급하나, 부부 외 타인은 원칙적으로 각각 1주택자 여부를 판단하기 때문이다.

① 부부 중 지분이 더 큰 자
② 부부의 지분이 동일한 경우, 부부 사이의 합의에 따라 소유 주택에 가산하기로 한 자

종합부동산세의 개요

종합부동산세의 개념과 과세대상

종합부동산세란 고액의 부동산 소유자에게 부과하는 보유세로, 부동산 보유에 대한 조세부담의 형평성을 제고하고 부동산의 가격안정을 도모함으로써 지방재정의 균형발전과 국민경제의 건전한 발전에 이바지함을 목적으로 한다.

종합부동세는 과세대상을 과세기준일(매년 6월 1일) 현재 국내 소재 재산세 과세대상 주택(부수토지 포함) 및 토지로 하여 아래와 같이 세 가지 유형으로 구분하고 그 공시가격을 인별로 합산한 후 각각의 공제액을 차감한 후에 공정시장가액비율을 곱하여 과세표준을 계산한다. 현재 공정시장가액비율은 주택의 경우 60%이며, 별도합산토지 및 종합합산토지는 100%로 규정되어 있다.

🗋 과세대상

구분	공제액
주택 및 부수토지	9억 원[*1], 1세대 1주택자의 경우 12억 원
종합합산대상 토지 (나대지 등)	5억 원
별도합산토지 (상업용 건물 부속 토지 등)	80억 원

[*1] 주택 및 부수토지의 공제액 산정에 있어 법인의 경우에는 공제액이 없음

종합부동산세율

종합부동산세는 과세대상별로 그 세율을 달리하는데 먼저 주택분의 경우 주택 수 및 주택의 소재지에 따라 아래와 같이 두 가지로 구분하여 적용한다.

🗋 주택 및 부수토지 2주택자 이하(일반세율)

과세표준		3억 원 이하	6억 원 이하	12억 원 이하	25억 원 이하	50억 원 이하	94억 원 이하	94억 원 초과
개인	세율	0.5%	0.7%	1.0%	1.3%	1.5%	2.0%	2.7%
	누진 공제	–	60 만 원	240 만 원	600 만 원	1,100 만 원	3,600 만 원	1억 180 만 원
법인		2.7%						

과세표준		3억 원 이하	6억 원 이하	12억 원 이하	25억 원 이하	50억 원 이하	94억 원 이하	94억 원 초과
개인	세율	0.5%	0.7%	1.0%	2.0%	3.0%	4.0%	5.0%
	누진 공제	–	60 만 원	240 만 원	1,440 만 원	3,940 만 원	8,940 만 원	1억 8,340 만 원
법인		5.0%						

토지분 종합부동산세율의 경우 토지가 재산세 별도합산대상인지, 종합합산대상인지에 따라 다음과 같이 구분된다.

🗂 **별도합산대상 토지**

과세표준	200억원 이하	400억원 이하	400억원 초과
세율	0.5%	0.6%	0.7%
누진공제액	–	2천만 원	6천만 원

🗂 **종합합산대상 토지**

과세표준	15억원 이하	45억원 이하	45억원 초과
세율	1%	2%	3%
누진공제액	–	1,500만 원	6천만 원

참고로 재산세 분리과세 토지(전, 답, 과수원, 임야, 개발사업용 토지 등)에 대해서는 종합부동산세가 과세되지 아니한다. 한편 종합부동산세가 과세되는 별도합산대상 토지는 공장, 건축물의 부속토지 또는 차고용 토지 등 사업에 직접 사용되는 토지이고 종합합산대상 토지는 분리과세 대상 토지와 별도합산과세대상 토지가 아닌 대표적인 사례는 사업에 직접 사용하지 않고 건축물이 없는 나대지가 있다.

재산세액공제

종합부동산세의 실제 세부담을 확정하기 위해서는 과세대상 유형별로 구분하여 재산세로 부과된 부분 중 종합부동산세 과세표준에 해당하는 재산세 상당액을 공제하여 재산세와 종합부동산세의 이중과세를 제거한다.

세부담상한

또한 종합부동산세의 급격한 세 부담 증가를 방지하기 위하여 세부담 상한을 초과하는 세액은 공제하여 준다. 주택분 종합부동산세의 경우 개인의 경우 주택 수에 상관없이 150%의 상한을 두며, 법인의 경우에는 세부담 상한이 존재하지 않는다. 또한 종합합산토지나 별도합산토지의 경우에도 150%의 세부담 상한 규정을 둔다. 위 내용을 계산구조로 요약하면 다음과 같다.

🏠 종합부동산세 계산구조

구분	주택분	종합합산토지분	별도합산토지분
인별 공시가격 합계	인별 주택 공시가격 합계	인별 종합합산토지 공시가격 합계	인별 별도합산토지 공시가격 합계
(−) 공제금액	9억 원 1세대 1주택: 12억 원 일반 법인은 공제 없음	5억 원	80억 원
(×) 공정시장 가액비율	60%	100%	100%
(=) 과세표준	주택분 과세표준	종합합산토지분 과세표준	별도합산토지분 과세표준
(×) 세율	일반: 0.5~2.7% 중과: 0.5~5.0%	1.0~3.0%	0.5~0.7%
(=) 종합부동산세액	주택분 종합부동산세액	종합합산토지분 종합부동산세액	별도합산토지분 종합부동산세액
(−) 재산세액공제	종합부동산세 과세표준금액에 부과된 재산세상당액 (유형별로 구분공제)		
(=) 산출세액	주택분 산출세액	종합합산토지분 산출세액	별도합산토지분 산출세액
(−) 세액공제	1세대 1주택자 공제 (고령자, 장기보유자)	−	−
(−) 세부담상한 초과분세액	150%	150%	150%
(=) 결정세액			

(20　년도)종합부동산세 신고서
[　] 정기신고　　[　] 기한 후 신고

(앞쪽)

관리번호	-	

납세의무자	성　　명 (법인명 또는 단체명)		주민등록번호 (법인등록번호)		
	주　　소 (본점 소재지)			연락처	사무실(집)
	법인(본점) 사업자등록번호				휴대폰
					E-메일

구　　분	합　계	주　택	종합합산토지	별도합산토지
① 과 세 물 건 수				
② 과 세 표 준				
③ 세　　　　율				
④ 종 합 부 동 산 세 액				
⑤ 공 제 할 재 산 세 액				
⑥ 산 출 세 액 (④-⑤)				
세액공제액 ⑦ 고 령 자				
⑧ 장 기 보 유 자				
⑨ 세부담상한초과세액				
⑩ 결정세액(⑥-⑦-⑧-⑨)				
⑪ 이 자 상 당 가 산 액				
⑫ 과 소 신 고 가 산 세				
⑬ 납 부 지 연 가 산 세				
⑭ 자 진 납 부 할 세 액 (⑩+⑪+⑫+⑬)				

분납할세액	⑮ 현 금 납 부	
	⑯ 물　　　납	
	⑰ 계 (⑮+⑯)	
차감납부세액	⑱ 현 금 납 부	
	⑲ 물　　　납	
	⑳ 계 (⑱+⑲)	

농어촌특별세자진납부계산서

㉑ 과세표준(⑩+⑪)		
㉒ 세　　율	20 %	
㉓ 산출세액(㉑×㉒)		
㉔ 과소신고가산세		
㉕ 납부지연가산세		
㉖ 납 부 할 세 액 (㉓+㉔+㉕)		
㉗ 분 납 할 세 액		
㉘ 차 감 납 부 세 액 (㉖-㉗)		

※ 구비서류

1. 종합부동산세 과세표준 계산명세서
2. 과세대상 물건명세서
3. 세부담상한초과세액 계산명세서(세부담 상한에 해당하는 경우에만 제출합니다)
4. 합산배제 임대주택 등 합산배제 신고서 (합산배제 임대주택 또는 합산배제 기타주택이 있는 경우에만 제출합니다)
- 「민간임대주택에 관한 특별법 시행규칙」 제19조에 따른 임대차계약 신고이력 확인서 첨부

「종합부동산세법」 제16조제3항(정기신고), 「국세기본법」 제45조의3제1항(기한 후 신고) 및 「농어촌특별세법」 제7조제1항(신고·납부 등)에 따라 위와 같이 신고합니다.

년　　월　　일

신　고　인:　　　　　(서명 또는 인)

세무서장 귀하

세무대리인	성　명	(인)	사업자등록번호	-　　-	전화번호	

210mm×297mm[일반용지 70g/㎡(재활용품)]

주택분 종합부동산세의 요약

주택분 종합부동산세의 개요

1주택자의 종합부동산세 부담을 경감하고 다주택자의 종합부동산세 부담을 중과하기 위하여 종합부동산세 계산 시 1세대 1주택자의 경우 공제금액과 세율, 세액공제의 적용을 다주택자에 비해 훨씬 유리하게 적용한다.

다주택자는 공제금액이 9억 원인 데에 비해 1세대 1주택자는 12억 원이고 일반세율 0.5%~2.7%의 세율이 적용되는 반면, 3주택자 이상의 경우 세율이 0.5%~5.0%이기 때문에 과세표준이 12억 원을 초과하는 경우에는 중과세율이 적용되어 세율이 2배 정도 차이날 수 있다.

또한 아래 표와 같이 1세대 1주택자가 60세 이상의 고령자인 경우 연령에 따라 20%~40%까지 세액공제를 적용하며, 5년 이상 장기보유자인 경우 보유기간에 따라 20%~50%까지 세액공제를 적용받을 수 있다. 다만 두 가지 세액공제를 모두 적용받는 경우에는 최대 80%를 상한으로 세액공제가 된다.

📄 고령자 세액공제

연령	공제율
만 60세 이상 65세 미만	20%
만 65세 이상 70세 미만	30%
만 70세 이상	40%

📄 장기보유자 세액공제

보유기간	공제율
5년 이상 10년 미만	20%
10년 이상 15년 미만	40%
15년 이상	50%

1세대 1주택자의 정의

종합부동산세법상 1세대 1주택자란 과세기준일(매년 6월 1일) 현재 세대를 통틀어 1인이 주택 한 채를 단독으로 소유한 자이다. 양도소득세에서는 소유 지분과 관계없이 세대원들이 주택 한 채만을 보유하는 경우 1세대 1주택자인 반면, 종합부동산세에서는 1인 단독 소유인 경우에만 1세대 1주택자가 된다.

예를 들어 동일 세대를 구성하는 모친과 자녀가 5:5의 비율로 하나의 주택만을 소유한 경우 양도소득세에서는 1세대 1주택자이나, 종합부동산세에서는 1세대 1주택자에 해당하지 않는다. 다만 2021년 종합부동산세의 개정으로 부부 공동명의의 경우 1세대 1주택자의 세액 계산방식을 선택할 수 있다.

한편, 종합부동산세에서 1세대 1주택자만의 특례(공제금액 12억 원, 연령공제, 장기보유자공제)에서만 세대 단위로 주택 수를 따지며, 그 외 공시가격의 합산과 공제액 및 세율 적용에 있어서는 세대 단위가 아닌 인별로 주택 수를 따지게 된다. 이것이 종합부동산 절세의 핵심이 된다.

만일 모친이 1주택을 소유하고 자녀가 2주택을 소유한 경우에 1세대 1주택에 해당하지 않기 때문에 공제금액은 각각 9억 원이고 고령자 세액 공제 및 장기보유자 세액공제가 적용되지 않는다. 다만, 세율은 인별 판단이기 때문에 모친은 1주택 세율이며, 자녀도 2주택 세율을 적용받기 때문에 중과가 아닌 일반세율을 적용받는다. 그러나 만일 모친 명의로만 3주택을 보유한 경우라면 공제금액도 모친만 9억 원, 적용세율은 3주택 이상이기 때문에 0.5~5.0%가 적용된다.

부부 공동명의 1주택자 특례

앞서 서술한 바와 같이 부부가 1세대 1주택을 공동명의로 소유한 경우에는 부부 중 1인을 대표 납세의무자로 하여 단독명의 1세대 1주택자 세액계산 방식을 선택할 수 있다. 따라서 부부 공동명의로 1주택을 소유하고 있다면 부부 각각이 종합부동산세 납세의무를 부담하여 부부 각각 9억 원을 공제받는 방법과 부부 공동명의 1주택자로 신청하여 대표 납세의무자를 기준으로 12억 원과 고령자 세액공제 및 장기보유자 세액공제를 받는 방법 중 하나를 선택하여 신청할 수 있다.

또한 부부 공동명의 1주택자 특례는 세대원 중 1명과 그 배우자만이 주택분 재산세 과세대상인 1주택만을 소유한 경우로서 공동명의 중 지분율이 높은 사람이 납세의무자가 되며 지분율이 같은 경우에는 공동소유자 간 합의에 따른 사람을 뜻한다.

신청은 매년 9월 16일부터 9월 30일까지 관할세무서장에게 납세의무자가 직접 신청하여야 하며, 최초로 신청한 이후에는 신청 내용이 자동으로 적용된다. 만일 주택의 소유자 및 소유 지분이 변동되거나 대표납세의무자를 변경하려는 경우 등이라면 신청 기간에 변경신청을 할 수 있다.

실제 사례로 보자면 50%씩 부부 공동명의의 경우 1세대 1주택자 특례를 신청하지 않는 경우 각각 9억 원씩 공제되기 때문에 공시가격 18억 원 이하인 주택은 공동명의 특례를 신청하지 않는 것이 바람직하다. 하지만 18억 원이 넘어가는 경우에는 부부 각각 9억 원을 공제받는 것과 공동명의 특례 신청하는 세액을 비교해보아야 한다.

예를 들어 70세 이상의 부부가 15년 이상 보유한 공시가격 28억 원의 조정대상지역 내 주택을 보유하는 경우 1주택자 특례를 적용받지 않을 때 인별로 약 93만 원, 부부가 총 186만 원 정도 종합부동산세가 나오는 반면, 특례를 적용받으면 약 131만 원 정도 종합부동산세가 산출된다. 이 경우 공동명의로 1주택 특례를 신청하는 것이 종합부동산세 측면에서 유리하다. 이렇듯 공동명의로 1주택을 보유한 사람이라면 홈택스 사이트에서 제공하는 종합부동산세 간이세액계산 프로그램을 통해 유불리를 판단하여 기간 내에 신청하면 된다.

1세대 1주택자로 보는 경우

앞서 서술한 바와 같이 종합부동산세법상 1세대 1주택자란 과세기준일(매년 6월 1일) 현재 세대를 통틀어 1인이 주택 한 채를 단독으로 소유한 자이다. 원칙적으로 부부 공동명의의 경우 1세대 1주택자에 해당하지 않지만 1세대 1주택 특례를 둔 것이다. 이외에도 1세대 1주택자로 보는 경우가 있다.

① 1주택(주택의 부속토지만을 소유한 경우는 제외한다)과 다른 주택의 부속토지(주택의 건물과 부속토지의 소유자가 다른 경우의 그 부속토지를 말한다)를 함께 소유하고 있는 경우
② 1세대 1주택자가 1주택을 양도하기 전에 다른 주택을 대체취득하여 일시적으로 2주택이 된 경우로서 과세기준일 현재 신규주택을 취득한 날부터 3년이 경과하지 않은 경우
③ 1주택과 상속받은 주택으로서 과세기준일 현재 상속개시일로부터 5년이 경과하지 않거나 지분율이 40% 이하이거나 지분율에 상당하는 공시가격이 6억 원(수도권 밖의 지역은 3억 원) 이하인 주택
④ 1주택과 지방 저가주택을 함께 소유하고 있는 경우로서 공시가격이 4억 원 이하이며 비수도권으로서 광역시(군 제외)·특별자치시(읍·면 제외) 아닌 지역 소재 또는 인구감소지역&접경지역 모두 해당하는 수도권인 강화군·옹진군·연천군 주택

여기에서 주의해야 할 점은 1주택과 부속토지나 대체주택, 상속주택, 지방 저가주택 등을 1인이 소유해야 한다는 것이다. 예를 들어 1주택은 남편이 소유하고 상속주택은 배우자가 소유하는 경우에는 해당 규정을 적용받을 수 없다. 부속토지나 상속주택, 지방 저가주택도 마찬가지이다.

다만, 1주택을 공동명의로 50%씩 소유하고 있고 남편이 상속주택을 소유한 경우에는 공동명의 1주택자 특례로 남편을 특례 1주택자로 신청한다면 남편이 1주택과 상속주택을 소유하게 되기 때문에 해당 규정을 적용받을 수 있다.

만약 1주택을 남편이 40% 배우자가 60%를 소유한 상태에서 남편이 상속주택을 소유한 경우에는 해당 특례 1주택자는 배우자이며 남편이 상속주택을 소유하기 때문에 1세대 1주택자로 볼 수 없는 것이다.

이를 정리하면 아래와 같다.

1주택	특례주택	납세의무자
본인(50%), 배우자(50%)	배우자(100%)	배우자
본인(100%)	본인(50%), 배우자(50%)	본인
본인(50%), 배우자(50%)	본인(50%), 배우자(50%)	선택(본인, 배우자)
본인(70%), 배우자(30%)	배우자(100%)	특례 불가능
본인(70%), 배우자(30%)	본인(30%), 배우자(70%)	특례 불가능

* 출처: 한국세무사회 테마별 4편 실무 종부세

이외에도 1세대 1주택으로 볼 수 있는 경우로는 혼인과 동거봉양 합가의 경우가 있다. 혼인함으로써 1세대를 구성하는 경우에는 혼인한 날부터 10년 동안은 각각 1세대로 본다. 또한 60세 이상의 직계존속(직계존속 중 어느 한 사람이 60세 미만인 경우 포함)과 1세대를 구성하는 경우에는 합가한 날부터 10년 동안 각각 1세대로 본다.

주택 수의 판정

한편 인별 보유주택 수에 따라 3주택 이상인 경우 중과세율이 적용된다. 공동소유 주택은 공동소유자 각자의 소유로 간주하고 다가구주택은 1주택으로 간주한다. 합산배제주택은 주택 수에서 제외되는데 과세 대상, 세율 적용, 세 부담 상한에 모두 제외된다. 반면 상속주택은 상속개시일로부터 5년이 경과하지 않고 지분율이 40% 이하이며 지분율에 상당하는 공시가격이 수도권 6억 원(수도권 밖 3억 원) 이하인 경우에는 세율 적용 시 주택 수에서 제외된다.

주택부수토지만 보유한 경우

주택부수토지만 가지고 있는 경우에도 종합부동산세법상 주택 수에 포함한다. 그러나 한 세대 내에 1주택만 있고, 다른 주택의 주택부수토지를 함께 소유하고 있는 경우에는 1세대 1주택자로 본다.

합산배제주택

끝으로 다주택자는 종합부동산세가 중과세되는 것이나 일정한 임대주택, 사원용 주택, 기숙사, 어린이집 등 주택은 주택분 종합부동산세 계산에 있어서 주택 수에서 배제되어 잘 활용하면 중과세를 면할 수 있다. 이 경우 매년 9월 16일부터 9월 30일까지 관할 세무서에 합산배제 신청을 하면 다음 연도부터 그 신고한 내용 중 변동이 없는 경우에는 신고하지 않을 수 있다.

합산배제임대주택 중에서 실무적으로 많이 접하는 매입임대주택과 건설임대주택을 중심으로 합산배제임대주택의 요건을 정리하면 아래와 같다.

구분	민간건설임대주택	민간매입임대주택	장기일반민간임대주택 중 건설임대주택	장기일반민간임대주택 중 매입임대주택	단기민간임대주택 중 건설임대주택*3	단기민간임대주택 중 매입임대주택*3
사업자등록일자	2018. 3. 31. 이전 등록분		–			
전용면적	149㎡ 이하	–	149㎡ 이하	–	149㎡ 이하	–
주택 수	2호 이상	–	2호 이상	–	2호 이상	–
공시가격	9억 원 이하	6억 원 이하 (비수도권 3억 원 이하)	6억 원 (9억 원) 이하*1	6억 원 이하	6억 원	4억 원 이하 (비수도권 2억 원 이하)
의무임대기간	5년 이상		10년 이상*2	10년 이상*2	6년 이상	
지역요건	–		–	조정대상 지역 제외*4	–	조정대상 지역 제외*4
임대료증액제한	임대료 등 증액 5% 이하					

*1 2021년 2월 17일 이후 사용승인을 받은 분부터 적용 9억 원 적용, 2021년 2월 16일 이전 사용승인을 받은 분은 6억 원
*2 2020년 8월 18일 전에 임대사업자 등록을 신청한 경우 8년 의무임대기간 적용
*3 2025년 6월 4일 이후 시행되는 단기민간임대주택임

Tax
Q 65

다주택자의 종합부동산세 계산사례

다주택자의 종합부동산세 계산사례

        A는 서울 소재 시가 10억 원 상당의 아파트를 보유하고 동 아파트에 거주하고 있으며, 서울에 시가 7억 원 상당의 아파트와 서울에 3억 원 상당의 빌라를 보유하고 있다. 시가는 매년 5%씩 상승한다고 가정하고 공시가격 현실화율을 80%로 가정하고 공정시장가액비율을 계속 60%로 가정한다면 A씨가 부담할 10년간의 종합부동산세는 다음과 같다.

구분	주 택		
연도	시가합계액	현실화율	공시가격합계액
25년	2,000,000,000	80%	1,600,000,000
26년	2,100,000,000	80%	1,680,000,000
27년	2,205,000,000	80%	1,764,000,000
28년	2,315,250,000	80%	1,852,200,000
29년	2,431,012,500	80%	1,944,810,000
30년	2,552,563,125	80%	2,042,050,500
31년	2,680,191,281	80%	2,144,153,025
32년	2,814,200,845	80%	2,251,360,676
33년	2,954,910,888	80%	2,363,928,710
34년	3,102,656,432	80%	2,482,125,146

구분	종합부동산세		
연도	공시가격합계액	종부세	누적종부세
25년	1,600,000,000	1,903,627	1,903,627
26년	1,680,000,000	2,284,114	4,187,741
27년	1,764,000,000	2,516,929	6,704,670
28년	1,852,200,000	2,880,901	9,585,571
29년	1,944,810,000	3,338,168	12,923,739
30년	2,042,050,500	3,927,410	16,851,149
31년	2,144,153,025	4,527,848	21,378,997
32년	2,251,360,676	5,131,057	26,510,054
33년	2,363,928,710	5,762,606	32,272,660
34년	2,482,125,146	6,424,030	38,696,690

즉, A가 이 세 개의 아파트를 10년간 모두 보유한다면 누적 약 3,900만 원 상당의 종합부동산세를 부담하여야 한다.

종합부동산세를 절세를 위한 양도 또는 증여가 올바른 선택인가?

종합부동산세의 공정시장가액비율은 2021년까지 100%였다가 2022년에 60%로 개정이 되었고, 다주택자의 공제금액도 2023년부터 6억 원에서 9억 원으로 개정이 되었으며 2023년부터 세율도 개정이 되어 많이 낮아졌다.

2022년까지는 종합부동산세만을 줄이기 위해 보유주택을 양도하거나 세대 분리된 자녀에게 증여하거나 과세표준의 분산을 위해 배우자에게 주택을 증여하는 등의 선택을 하는 경우가 많았으나 2023년 이후의 종합부동산세 세액 부담은 굉장히 줄었다.

위 사례에서 현재 서울에 10억 원, 7억 원, 3억 원의 3개의 주택을 보유하여 시가 20억 원에 해당하는 10년간의 종합부동산세를 계산해 본 결과 약 3,900만 원의 종합부동산세가 산출되었고, 이를 10년으로 나누면 매년 390만 원씩의 종합부동산세를 납부하는 결과가 도출되었다.

즉, 종합부동산세를 줄이기 위해 보유주택을 양도하거나 세대 분리된 자녀에게 증여하거나 배우자에게 증여하는 것은 종합부동산세보다 양도소득세, 증여세, 취득세가 더 많이 발생되는 효과가 나타날 수 있어 크게 의미가 없다는 것을 뜻한다.

다만, 다주택자가 조정대상지역의 주택을 양도하는 경우 2022년 5월 10일부터 2026년 5월 9일까지 한시적 중과배제 기간을 두어 중과를 하지 않기 때문에 조정대상지역에 소재하는 주택인 경우 양도하는 것을 고려해보아야 하고 차후 상속세의 부담 등으로 자녀에게 주택을 증여하거나 자산을 분배시키고자 배우자에게 주택을 증여하는 등의 방법을 고려해보아야 한다. 주택을 증여하는 경우 취득세, 증여세, 그리고 경우에 따라 양도소득세가 발생될 수 있으니 전문가와 절세를 위한 내용을 상의해보아야 한다.

세무사 **장 보 원**

[현재]

- 장보원세무회계사무소 대표
- 한국세무사고시회 회장
- 한국지방세협회 부회장
- 법원행정처 전문위원
- 한국지방세연구원 쟁송사무지원센터 자문위원
- 중소기업중앙회 본부 세무자문위원
- 서울시 마을세무사
- 행정안전부 및 한국지방세연구원 직무교육강사

[경력]

- 서울시 지방세심의위원(2024. 12.)
- 한국세무사회 지방세제도연구위원장(2024. 11.)
- 우리경영아카데미 세법강사 및 온라인직무강사

[포상]

- 한국세무사회장 공로상 수상
- 조세학술상 수상
- 행정안전부장관상 수상
- 국회 사회공헌대상 수상

[저서·논문]

- 취득세 실무와 중과세 해설(삼일인포마인)
- 주요 부담금의 쟁점과 해설(삼일인포마인)
- 재개발, 재건축 권리와 세금 뽀개기(삼일인포마인)
- 양도·상속·증여·금융 절세의 기초와 노하우(삼일인포마인)
- 창업·법인·개인사업자 절세의 기초와 노하우(삼일인포마인)
- 가지급금 죽이기(삼일인포마인)
- 부동산개발관련 부담금의 문제점과 개선방안(박사학위논문)

세무사 **최 왕 규**

[학력]

- 고려대학교 경영학과 졸업
- 연세대학교 법무대학원 조세법 전공 석사 졸업

[현재]

- 참세무법인 마포지점 대표세무사
- 한국세무사 고시회 지방 · 청년부회장
- 사단법인 외식업중앙회 세법강사
- 인사이트러닝 삼성전자 DS 재산세제 분야 강사
- 서울외국어대학원대학교「채권과 부동산 개발(경매, 공매)」
  최고 경영자 과정 10기 강사
- 네이버 블로그 운영: cwk0104/blog.naver.com

[경력]

- 제44회 세무사 시험 합격
- 참세무법인 본점 근무
- 경복대학교 세무회계과 겸임교수
- 사단법인 외식업중앙회 경기도지회 세법강사
- (주)맥시머스, LHHDBM, 제이엠커리어 재산세제 분야 강사
- 세무TV 세무컨설팅최고전문가 과정 9기 양도소득세 분야 강의

[저서]

- 「공인중개사의 세금, 피할 수 없으면 줄이자!」, 부동산세금절세연구소(2012)
- 「부동산 절세의 기술」, 도서출판 지혜로(2022)
- 「재개발 재건축 권리와 세금 뽀개기」, 삼일인포마인(2025)

세무사 **안 준 혁**

[학력]
• 삼육대학교 컴퓨터시스템/경영학과 전공

[현재]
• 상승세무회계 대표세무사
• 국제공인재무설계사 CFP
• 한국세무사 고시회 지방·청년부 상임이사
• 한국공인중개사협회 남부회 전임교수
• 네이버 블로그 운영: blog.naver.com/cherry2404

[경력]
• 제52회 세무사 시험 합격
• 참세무법인 본점 근무
• 2019~2021 서초구청 지방세심의위원
• 2018~ 한국공인중개사협회 남부회 전임교수
• 2023~ 부동산중개사 강남구청 연수교육 강사

세무사 **김 광 진**

[학력]

• 서울시립대학교 세무학과 졸업

[경력]

• (현) 세무법인 호산 세무사
• (전) 신한은행 부동산투자자문센터 부동산팀장, 세무사
• (전) 농협은행 PB세무사
• 부동산투자자산운용사
• 매일경제, 해럴드경제 등 각종 언론기고
• 현대백화점, 각종 기업 강의출강 등